복 있는 사람

오직 여호와의 율법을 즐거워하여 그 율법을 주야로 묵상하는 자로다.
저는 시냇가에 심은 나무가 시절을 좇아 과실을 맺으며 그 잎사귀가 마르지 아니함 같으니
그 행사가 다 형통하리로다. (시편 1:2-3)

예수를 믿는다는 것은 고난으로 점철된 현실을 살아간다는 의미다. 이 믿음의 길은 이해할 수 없는 역설과 막막함이 전제된 길이다. 이 사실을 온전히 받아들이려면, 하나님과 그분이 일하시는 방식 곧 성육신과 고난의 십자가를 깊이 깨달아야 한다. 이 책『슬픔 중에 기뻐하다』에서 저자 토드 빌링스는 투병하는 중에 시편 기자 및 욥과 함께 씨름하면서 고난의 숨겨진 진면목을 발견한다. 또한 하나님 나라의 시선으로 덧없는 인생과 고통의 문제를 바라본다. 그는 자신의 처지에 대한 슬픔과 애통을 넘어, 모든 상황을 다스리시고 자신을 영원히 돌보시는 하나님 안에서 안식하는 법을 배운다. 저자와 상황은 다를지라도 우리 모두는 고통의 문제를 마주하고 거쳐 간다. 그 여정 가운데 있는 독자라면, 이 길을 앞서 걸어간 저자에게서 적지 않은 위로를 받을 수 있을 것이다.

박영선 남포교회 원로목사

아무런 예고 없이 갑작스럽게 질병이 찾아왔을 때, 저자는 놀람과 혼돈으로 반응한다. 하지만 시편과 욥기를 묵상하며 그는 자신의 삶이 하나님의 손안에 있음을 깊이 깨닫는다. 그리고 그분을 신뢰한다. 저자는 인간의 편에서 씨름하다가 하나님 편에서 조망하고, 지금 여기에서 펼쳐지는 고통스러운 삶을 영원한 나라의 관점으로 바라본다. 글이 너무 차분해서 저자가 진정 아픈 것이 맞는지 의심이 들다가도, 질병과 각종 의문과 씨름하는 그의 분투를 보며 큰 위로를 받기도 한다. 그렇게 독자들은 저자가 걸어간 믿음의 길을 자신도 갈 수 있는 힘을 얻는다. 이 책의 주제를 한마디로 표현하면 어떨까? "고난은 그리스도 안에 감추어진 생명이다!"

김병년 다드림교회 담임목사

저자 토드 빌링스는 혈액 암으로 인한 충격과 혼란, 그리고 투병 과정에서 겪은 고초와 두려움을 고스란히 토로하고 애통한다. 그리고 피부에 깊이 와닿는 방식으로 그 고난이 가져온 여러 의문과 씨름한다. "왜 나에게 이런 재앙이 찾아왔는가?"라는 실존적인 질문으로 시작해서 "하나님이 과연 이런 악을 의도하셨는가?"를 묻는 신정론 문제를 거쳐, 우리가 상투적으로 하는 말, 곧 "하나님이 우리와 함께 고통을 받으신다"라는 표현이 지닌 문제점 등을 설득력 있고 흥미롭게 파헤친다. 저자는 자신의 고난 이야기를 삼위일체 하나님의 구속 이야기와 하나로 엮어, 그 안에서 고난의 의미와 종국의 소망을 치열하게 탐구한다. 시편 기자가 그러했듯, 저자는 탄식과 애통과 불평을 하나님 앞에 남김없이 쏟아낸 후 감사와 찬양으로 나아간다. 이 책『슬픔 중에 기뻐하다』는 구원받은 그리스도인도 고난에서 면제되지 않는다는 기독교 신앙의 역설을 회피하고 손쉬운 치유책만을 선호하는 우리에게 참된 신앙의 길을 제시한다.

박영돈 전 고려신학대학원 교의학 교수

『슬픔 중에 기뻐하다』는 불혹의 문턱에서 발견한 암과 싸우며 그 싸움의 여정에서 진리의 깊이를 체험한 젊은 신학자의 피 묻은 고백이다. 또한 고통과 슬픔을 가져오는 재앙도 그리스도 안에서는 승화된 의미를 지닌다는 역설을 깨닫고 정직하게 하나님의 섭리와 은혜를 노래한 한 권의 찬양집이다. 저자에게 그리고 우리 모두에게 고난은 하나님을 체험하는 최고의 과정이다. 고통 가운데 신음하는 그리스도인과 그의 곁에 있는 사람들 모두에게 일독을 권한다.

한병수 전주대학교 교의학 교수

『슬픔 중에 기뻐하다』는 복음에 대한 심오한 증언이다. 이 책에 담긴 지성과 정직함과 풍성함은 말로 다 표현할 수 없다.

제럴드 싯처 휘트워스 대학교 종교 및 철학 교수

각 장마다 통찰로 넘쳐 난다. 이 책 『슬픔 중에 기뻐하다』는 고난당하시고 다시 사신 종을 통해 우리를 만나셨고 또한 계속 만나시는 하나님께로 향하도록 우리를 이끈다. 이 책은 그저 독서뿐만 아니라 묵상과 기도를 위한 책이다.

마이클 호튼 웨스트민스터 신학대학원 조직신학 및 변증학 교수

용기가 넘치고, 숨겨진 것들(때로는 날것 그대로의 것들)을 드러낸다. 이 책은 애통이 믿음의 행위라는 사실과 믿음이 공동체적인 보배라는 사실을 일깨운다. 토드 빌링스는 사랑이 죽음보다 강하다고 증언한다. 잊을 수가 없다!

코넬리우스 플랜팅가 Jr. 칼빈 신학대학원 명예총장

심오하면서도 마음을 울리는 이 책은 모든 그리스도인을 위한 책이다. 조만간 우리 모두가 죽을 수밖에 없는 자신의 처지를 대면하게 될 테니 말이다.

칼 트루먼 그로브 시티 칼리지 성경 및 종교학 교수

『슬픔 중에 기뻐하다』는 단순히 도덕을 제시하지 않고, 삶을 바꾸어 놓는 슬픔의 한가운데에 임재하시는 하나님을 끈질기게 증언한다. 토드 빌링스와 함께 읽으면서 우리는 그와 더불어 분투와 믿음, 의심과 소망, 슬픔과 찬송 가운데 있게 된다.

마리안 메이 톰슨 풀러 신학대학원 신약학 교수

『슬픔 중에 기뻐하다』는 목회적인 보살핌을 베푸는 자들에게는 감동을, 큰 고통을 당한 모든 그리스도인에게는 소망과 의미를 줄 것이다.
캐스린 그린 맥크레이트『어둠, 내 유일한 동반자』 저자

토드 빌링스는 고통과 하나님의 본성에 관해 오래전부터 내려오는 복잡한 질문들을 탐구함으로써, 신비의 아름다움과 인간 지혜의 한계를 칭송한다. 신실한 그리스도인이 삶 속에서 겪는 애통에 관해 날카롭게 통찰함으로써, 이 책은 빈틈없는 학자적 소양과 강력한 증언을 동시에 접하게 한다.
「퍼블리셔스 위클리」

토드 빌링스는 『슬픔 중에 기뻐하다』라는 놀라운 책에서 불치의 암 및 그리스도 안에 있는 생명과 더불어 씨름한다. 그리고 의학적인 사형 선고 이후에 경험한 삶의 변화들을 전혀 위축되지 않고 당당하게 바라본다. C. S. 루이스의 『헤아려 본 슬픔』과 조앤 디디언의 『상실』과 같은 전통에서, 이 책은 용감하고, 정직하며, 면밀하다.
「크리스채너티 투데이」

슬픔 중에 기뻐하다

J. Todd Billings • Rejoicing in Lament

슬픔 중에 기뻐하다

그리스도의 생명 안에서 불치의 병과 씨름하다

토드 빌링스 지음 • 윈광연 옮김

복있는사람

슬픔 중에 기뻐하다
2019년 10월 1일 초판 1쇄 인쇄
2019년 10월 8일 초판 1쇄 발행

지은이 토드 빌링스
옮긴이 원광연
펴낸이 박종현

도서출판 복 있는 사람
주소 서울특별시 마포구 연남동 246-21(성미산로23길 26-6)
전화 02-723-7183, 7734(영업·마케팅) 팩스 02-723-7184
이메일 hismessage@naver.com
등록 1998년 1월 19일 제1-2280호

ISBN 978-89-6360-314-8 03230

이 도서의 국립중앙도서관 출판예정도서목록(CIP)은
서지정보유통지원시스템 홈페이지(http://seoji.nl.go.kr)와 국가자료공동목록시스템
(http://www.nl.go.kr/kolisnet)에서 이용하실 수 있습니다. (CIP 제어번호: 2019037604)

Rejoicing in Lament
by J. Todd Billings

안개 속에서 주님께 부르짖는 사람들에게

차례

머리말

　2012년 9월 혈액 암 진단을 받기 전에는 내가 이런 책을 쓰게 되리라고는 전혀 예상하지 못했다. 이 책은 암 치료 과정의 여러 단계들을 밟아 가는 동안에 썼다. 그 치료 과정은 아직도 끝나지 않았고, 머리말을 쓰는 지금도 항암 치료가 계속되고 있다. 이 책의 몇몇 부분들은 병원에서 썼고, 줄기세포 이식 후 변화된 면역 체계로 인해 공공장소의 출입을 제한받던 동안에 쓰기도 했다. 이 책의 모든 내용은, 불과 39세의 나이에 불치의 암 진단을 받고 치료를 받는 전혀 새로운 상황 속에서 온갖 육체적·감정적 소용돌이를 겪는 중에 쓴 것이다.

　1장에서는 이 책의 기본 구조와 체계를 설명하고, 나의 암 투병 이야기를 그보다 훨씬 더 중요한 이야기, 곧 예수 그리스도 안에서 또한 그로 말미암아 이루어지는 하나님의 구원 역사의 이야기와 함께 엮어 가는 방식을 설명할 것이다. 이 첫 장을 이 책의 서론으로 삼고자 한다.

그리고 이곳 머리말에서는 이 책의 배경과 장르 그리고 의도하는 독자층에 대해 몇 가지를 덧붙이고자 한다.

암 진단을 받은 후 나는 기도와 더불어 성경에, 특히 시편에 몰입했다. 새로운 성경적·신학적 문제점들이 절실하게 다가왔다. 연구와 집필을 위해 한 학기 동안 안식년을 보내는 중에 암 진단을 받게 되었으므로, 항암 치료를 시작하면서 그런 문제들과 관련한 성경적이며 신학적인 저작들에 주의를 돌릴 시간적·공간적 여유를 갖게 되었다. 본래 안식년을 위해 세워 두었던 계획 중 일부를 이를 위해 임시로 보류할 수 있었던 것이다. 아주 자연스럽게, 새로운 생각들 일부가 나의 치료 블로그 CarePages.com을 통해 표출되었다.[1] 그리고 결국, 1장에서 다루는 대로 주변 사람들의 권유를 받아 내 생각들을 확대해 책으로 출간하게 되었다. 이 책을 쓴 것은 물론 다른 분들을 위할 뿐 아니라, 암 진단을 받은 이후의 새로운 삶 속에서 나 자신이 하나님의 임재 앞에 나아가는 과정의 일부로 행한 것이기도 하다. 나는 신학적이며 실존적인 까다로운 질문들을 회피하지 않고 정직하게 대면하기로 결심했다. 그 질문들은 내가 살면서 마주치는 것들이고, 또한 상실을 경험한 다른 그리스도인들이 흔히 부딪치는 것들이기도 하다. 이 책에는 2013년도에 상영된 영화 '그래비티'(Gravity)를 본 많은 사람들이 느낀 것과 아주 비슷한 절박감이 서려 있다. 그 영화 속에서 라이언 스톤(Ryan Stone) 박사는 절박한 상황에서 이렇게 말한다. "그래, 우리는 모두 언젠가는 죽게 되지. 하지만 나는 오늘 죽게 되는 거야." 물론 내게는 임박한 죽음을 맞이하는 부담은 없다. 그러나 그런 것과는 좀 다른 예상 때문에―곧, 나의 죽음이 전에 생각했던 것보다 훨씬 더 일찍 찾아올 소지가 많고, 또한 미래에 대한 나의 희망도 예전과 같을 수가 없다는 그런 의학적인 예견 때문에―

극히 절실하게 닥쳐오는 질문들을 속히 해결해야 하는 부담이 있다. 이것은 비단 나만의 상실이 아니라 나의 가족과 친지들, 믿음의 공동체에게도 닥치는 상실이다. 이처럼 갑작스럽게 찾아와 점점 속에서 짓누르는 이 상실감이 과연 우리가 그리스도 안에서 누리는 풍성한 생명과 어떻게 연관되는가? 이런 일이 왜 일어나는지에 대해 성경은 과연 우리에게 '해답'을 주는가? 아니면 하나님은 이처럼 성경을 통해서 주시는 것 말고 무언가 다른(혹은 더 나은) 해답을 우리에게 주시기도 하는가? 과연 시편에 나오는 애가들이나 욥기 그리고 예수 그리스도와 그 안에서 누리는 생명에 대한 신약의 증언이 삼위일체 하나님의 사랑의 권능을 증거해 주는가? 깊이 따지고 들어가 보면, 가장 절실한 질문들은 궁극적으로 우리의 경험에 관한 것이 아니라 예수 그리스도 안에서 나타나는 하나님의 이야기에 관한 것이다.

학자로서 연구와 저술 작업을 통해 이 질문들을 탐구해 왔지만, 사실 나는 글을 처음 쓰기 시작할 때부터 이 책이 학문적인 책이 되지 않으리라는 사실을 알고 있었다. 대신 나는 이것을, 깨달음을 구하며 더 큰 믿음의 걸음을 내딛는 암 환자로서, 또한 다른 이들과 함께 예수 그리스도를 따르는 제자로서, 나의 삶을 들여다보는 하나의 창(窓)으로 삼고자 했다. 그리하여 한 장 한 장 내용을 쌓아 가는 동안, 시편으로 기도하는 일, 하나님의 섭리 그리고 그리스도 안에 있는 삶 등과 관련한 일련의 성경적·신학적 논지들을 전개할 것이다. 그러면서도 나의 암 이야기를, 하나님의 약속과 또한 성령으로 말미암는 그리스도 안에서의 지속적인 역사하심의 이야기와 계속 결부시키는 방식을 취할 것이다. 학자와 신학생 그리고 목회자들은 이 책을 쓰는 동안 내가 염두에 둔 보다 광범위한 몇 가지 학문적인 이슈에 대해 미주에서 힌트를 얻을 수도 있을 것이다.[2] 그러나 그것은 그저 힌트일 뿐이다.

나는 학문적인 독자보다는 다양한 부류의 그리스도인, 곧 환자를 돌보는 도우미와 상담자 그리고 암 투병 중인 분이나 혹은 다른 상실감을 겪고 있는 분 등에게 다가갈 수 있는 장르를 취하려고 노력했다. 그 장르가 '손쉽게 읽어 치울 수 있는' 장르는 아니다. 왜냐하면 결국 죽을 수밖에 없는 처지인 우리가 하나님의 임재 앞에 우리의 절절한 애가들을 정직하게 토로한다는 것은 결코 '손쉬운 일'이 아니기 때문이다. 그러면서도 나는 이 책이, 성경에 나타나는 삼위일체 하나님의 이야기가 안개와 슬픔과 하나님의 구원에 대한 혼동 속에 우리를 버려두는 것처럼 보이는 암의 재난 혹은 여러 가지 시련과 어떻게 연관될 수 있는지에 대해 다양한 의문점과 씨름하는 여러 그리스도인에게 폭넓게 다가가도록 노력했다.

J. 토드 빌링스
2015년 1월, 미시간주 홀랜드

감사의 글

그리스도인의 삶의 처음과 마지막을 장식하는 말은 감사의 말이다. 이 책과 관련해서 나는 무엇보다 우리의 언약의 주님과 또한 예수 그리스도 안에서 알게 되는 그분의 불굴의 사랑에 대해 감사드린다. 아무리 어려운 문제나 애통의 눈물 혹은 혼란이 있더라도 그 은혜의 보좌 앞에 나아가면, 그 보좌 앞에서 강하고 견고한 사랑과 구원의 역사가 베풀어진다.

또한 이 책의 여러 부분을 읽고 세련되게 다듬을 수 있도록 도움을 주신 여러 신학자와 목회자 그리고 평신도 분들께 감사드린다. 물론 모든 부족한 점을 포함한 최종적인 완성본은 모두 나의 책임이지만, 여러 단계마다 원고의 여러 부분을 읽어 준 몇몇 독서 그룹과 개인에게서 도움이 되는 조언을 받은 바 있다. 그리고 마이클 앨런(Michael Allen), 칼레드 아나톨리오스(Khaled Anatolios), 캐롤 벡텔(Carol Bechtel), 랜디

블랙케터(Randy Blacketer), 짐 브라운슨(Jim Brownson), 앤 콩클린(Ann Conklin), 로버트 코스그로브(Robert Cosgrove), 척 디그로트(Chuck DeGroat), 마이클 호튼(Michael Horton), 켈리 카픽(Kelly Kapic), 브라이언 키퍼스(Brian Keepers), 더스틴 키퍼스(Dustyn Keepers), 매슈 레버링(Matthew Levering), 랍 리스터(Rob Lister), 앤드류 맥코이(Andrew McCoy), 수전 맥도널드(Susan McDonald), 브랜든(Brandon)과 스테파니 스미스(Stephanie Smith) 부부, 토머스 와이낸디(Thomas Weinandy) 등에게 특별한 감사를 드린다. 이 책이 나오기까지 여러 과정에서 큰 수고를 아끼지 않은 다음의 연구 조교들에게도 특별히 감사를 표한다: 알베르토 라로사(Alberto LaRosa), 몰리 미드(Molly Mead), 스티븐 쉐퍼(Stephen Shaffer), 케빈 슬루셔(Kevin Slusher), 브래드 즈뷔어스(Brad Zwiers). 또한 이 책을 출간하는 프로젝트의 전 과정을 열정적으로 지원해 준 밥 호색(Bob Hosack)을 비롯한 브레이조스(Brazos) 출판사의 팀원들에게도 감사드린다.

원고 작업에 직접적으로 도움을 준 분들 외에도, 암 진단을 받은 이후 나와 가족을 위해 멀리서 그리고 가까이서 기도해 주시고 여러 가지로 도움을 주신 분들께도 감사의 마음을 전한다. 특별히 웨스턴 신학대학원(Western Theological Seminary)의 공동체와 홀랜드의 제일개혁교회(First Reformed Church in Holland)의 동료 분들께도 감사드린다. 감사의 뜻으로 이 책을 그 교회에게 선물로 드리니, 하나님이 그의 영광을 위해 사용해 주시기를 바란다.

CTS   John Calvin, *Calvin's Commentaries*, trans. Calvin Translation Society, ed. John King, 22 vols. (1845-56; repr., Grand Rapids: Baker, 1981)

Inst.   John Calvin, *Institutes of the Christian Religion, 1559*, ed. J. T. McNeill, trans. F. L. Battles, 2 vols. (Philadelphia: Westminster, 1967)

LW   Luther, *Luther's Works*, ed. Jaroslav Pelikan and Helmut T. Lehmann, vols. 1-30 (St. Louis: Concordia, 1955-86); vols. 31-55 (Philadelphia: Fortress, 1955-86)

OF   Our Faith: *Ecumenical Creeds, Reformed Confessions, and Other Resources* (Grand Rapids: Faith Alive, 2013)

이 책의 몇몇 부분들은 본래 CarePages.com에 게재되었던 것들로 약간의 편집 과정을 거쳤으며, CarePages에 게재된 사실을 표기했다.

1

안개 속을 걷다

좁아진 미래일까 아니면 넓은 곳일까?

"빨리 나으세요! 예수님은 목사님을 사랑하세요! 하나님은 암보다 더 크시고요!"

이 글귀를 읽는 동안 눈에서 눈물이 흘러내렸다. 이 글은 다운 증후군을 앓는 우리 교회의 열다섯 살짜리 여자아이가 보내온 것이다. 그보다 1주일 전쯤에 의사는 내게 진단 결과를 말해 주었다. 의심의 여지 없이 골수암이고, 다발성 골수종(multiple myeloma)이 있는 불치의 치명적인 암이라고 했다. 그때 이후로 모든 것이 안개 속으로 들어갔다. 활짝 열려 있는 것 같았던 나의 미래가 갑자기 좁아져 버렸으니 하루하루를 어떻게 대해야 할까? 사방을 둘러보아도 나의 '세계'가 온통 안개 속에 갇혀서 빛이 조금도 비치지 않는 것만 같았다.

전에도 위로 카드를 많이 받았지만 이번에는 달랐다. "하나님이 암보다 더 크시다"라는 것이다. 그렇다. "하나님이 당신의 암을 고쳐 주실

안개 속을 걷다

것입니다"라거나 "하나님이 당신의 고통에 함께하실 것입니다"라는 게 아니었다. 하나님이 암보다 더 크시다는 것이다. 안개가 두텁게 끼었지만 하나님은 그보다 더 크신 분이시다. 나의 암 이야기는 이미 나름대로 드라마처럼 전개되고 있었다. 캄캄한 하늘이 나의 온 세상을 뒤덮고 있어서 다른 아무것도 거기에 끼어들 수 없었다. 그러나 하나님의 이야기는, 하나님이 세상에서 행하시는 드라마는 그보다 더 컸다. 그 여자아이는 안개나 상실 같은 것을 부인하는 것은 아니었고, 다만 그보다 더 크신 하나님, 예수 그리스도 안에서 자기를 나타내시는 하나님, "그 빛이 어둠 속에서 비치니, 어둠이 그 빛을 이기지 못"했음을(요 1:5, 새번역) 우리에게 보여주시는 그분을 증언했다. 나의 눈물 속에는 슬픔만이 아니라 기쁨도 있었다. 그리스도의 몸 안에서는 신학적인 진리들이 그저 전문적인 신학자들이 팔아먹고 좌지우지하는 그런 상품이 아니라는 기쁨 말이다. 그리스도 안에서 이루어지는 하나님의 이야기가 나의 암 이야기보다 과연 더 크다.

이 책에서는 하나님이 그리고 그리스도 안에서 드러나는 그의 계시의 드라마가 어떻게 나의 암 이야기보다 더 큰지를 탐구할 것이다. 처음 여섯 장에서는 매 장마다 나의 암 이야기와 관계되는 하나님의 이야기에 대한 생각들을 차례로 전개했다. 생각들을 그저 시간 순서대로 풀어놓지 않고, 암 진단을 받은 후 처음 6개월 동안 항암 치료를 받았던 현실을 각기 다른 각도에서 바라본 내용들을 정리해서 내놓았다. 7장과 8장에서는 병원에서 줄기세포 이식 수술을 받는 거의 한 달 동안에 있었던 신학적인 성찰과 더불어 나의 암 이야기를 시간적인 순서대로 기술했다. 그리고 마지막 두 장에서는 이식 수술 이후 일정 기간 격리 상태에 들어가고(면역 체계가 변화되었기 때문에) 결국 새로운 방식으로 나의 '옛' 삶으로 복귀하게 되면서, 하나님의 이야기에 대한 나의 신학적 성찰을 완결 짓게 된다. 1장에서는 나의 암 이야기를 시작하고, 앞으로 계속 탐구하게 될 성경적·신학적 성찰의 초기 단계에 해당하는 몇 가지를 제시하려고 한다. 그것은 바로 하나님의 이야기와 나의 암 이야기와의 관계, 그리스도인의 순례의 동반자로서의 시편, 그리고 그리스도 안에서의 삶의 의미와 또한 죽음에 대한 하나님의 최후의 승리다.

안개 속에 갇힌 삶:
암 이야기를 나눔, 그리고 하나님의 이야기 속으로 옮겨 감

하나님은 암보다 더 크시다. 하지만 2012년 가을, 나는 그때부터 전개되는 나의 암 이야기를 하나님의 이야기 때문에 부인하거나 억제해서는 안 된다고 느꼈다. 암에 걸렸다는 소식은 마치 무거운 짐처럼 느껴졌다. 내가 사역하는 웨스턴 신학대학원의 학생과 동료 교수들이 어떠냐고 물을 때면, 어떻게 답하든 모두 거짓말처럼 느껴졌다. 아내와 나는 암 진단을 받은 지 이틀 안에 그 소식을 공개적으로―전혀 비밀을 남겨 두지 않고―나누기로 결정했다. 긴급 교수 회의가 소집되었다. 모두가 눈물을 글썽였다. 페이스북에 소식을 올려서 신학대학원과 교회 그리고 친구들에게 공지했다. 좋아지든 나빠지든, 나의 암 투병의 여정은 이제 더 이상 나 자신이나 내 가족의 문제만이 아니었다. 우리의 공동체와 함께 나누는 것이 되었다.

암 환자들은 잘 알겠지만 그런 식으로 소식을 나누는 일에는 위험이 따른다. 우리 문화에서는, 장수하며 많은 것을 성취하는 삶을 살 '자격'이 우리에게 있는데 혹 그렇게 되지 않는 경우에는 고소하고 탓해야 할 누군가가 반드시 있다는 식으로 여기는 경우가 많다. "암"이라는 단어가 발설되면, 미래를 바라보아도 불확실성의 안개만 가득하게 된다. 죽어 가는 과정 속에서 보내는 삶—아무도 탓할 수 없는, 그저 가득 채워지기를 기다리는 궤짝에 불과한—을 떠올리게 될 뿐이다. 이런 처지에서 사람들은 대개 어떻게 반응해야 할지 모른다. 많은 사람들은 그저 나를 위해 기도하겠다고만 말했다. 어떤 이들은 격려가 될 만한 성경 본문을 나누기도 했다. 대화에서 흔히 나타나는 '자유로운 연상'의 일상적인 습관이 그대로 여과 없이 발휘되어, 자기가 아는 어떤 사람이 최근에 암으로 사망했다거나 혹은 누군가가 암에서 놀랍게 회복했다는 식으로 말하는 경우도 있었다. 그러나 이런 것은 환자에게는 가장 도움이 안 된다. 그리고 암 소식이 널리 공개될수록, 같은 암으로 일찍 생을 마감했다거나, 혹은 이런저런 약을 써야 한다거나, 기타 별로 도움이 안 되는 조언을 듣는 일이 잦아진다.

암 환자들이 투병 과정을 다른 이들에게 공개하든 하지 않든, 대개 싫든 좋든 그들의 삶이 암이라는 상황 때문에 마치 식탁 위에 놓인 생선 접시처럼 되어 사람들의 시선을 받게 된다. "최근의 검사 결과는 어떻게 나왔나요?" "의사는 뭐라고 하던가요?" 나와 내 가족도 이런 질문을 자주 받곤 했다. 내게 불치의 병이 있는 상태이기에, 우리에 대해 염려하는 이들로서는 얼마든지 그런 질문을 할 수 있다. 이제 나의 몸이—검사 결과나 각종 증상들이—사람들의 구경거리와 이야깃거리가 되었다. 물론 우리만 아는 사사로운 내용도 있다. 하지만 과거에는 우리만 나누던 사사로운 많은 것들이 이제는 더 이상 감출 수 없게 되어 버렸다.

그러나 암 이야기를 공유하게 되면 많은 복들이 흘러들어 오도록 문이 활짝 열릴 수도 있다. 그중 한 가지 복은, 하나님의 이야기가 나의 암 이야기와 어떤 식으로 교차되는지를 탐구하고 그것을 증언할 수 있게 되었다는 것이다. 나의 암 이야기가 아무리 복잡하고 수수께끼 같다 해도, 예수 그리스도 안에서 나타난 하나님의 사랑의 신비만큼 압도적인 것은 결코 아니라는 사실이다. 내가 암 진단을 받았다는 사실을 처음 사람들에게 알리게 되면서부터 그런 기회가 찾아왔다. 그때 나는 다음과 같은 하이델베르크 요리문답의 제1문답을 함께 거론했다. "사나 죽으나 당신의 유일한 위로는 무엇입니까? 나의 몸도 영혼도 나의 것이 아니요 나의 신실하신 구주 예수 그리스도의 것입니다."[1] 우리 교회의 여자아이가 전해 준 문구처럼, 이 말씀은 '가망이 없는' '불치의' '암'의 안개 속을 꿰뚫어, 가장 중요한 근본적인 사실을, 곧 사나 죽으나 나는 예수 그리스도의 것이라는 사실을 명확히 지적한다. 나의 생명은 나의 것이 아니다.

투병하는 중에, 가족과 친지들과 소통하려는 분들을 위한 블로그 CarePages에 두 이야기를 모두 연재하기 시작하자, 이 기회가 곧바로 확대되었다. 암 진단을 받고 1주일 내에 나는 항암 치료를 시작했다. 함께 공유할 의학 정보가 많았다. 그러므로 개개인에게 그 정보를 나누어 준다는 것은 아주 수고스럽고 고되며, 무엇보다 부담스러웠다. 그러는 중에, CarePages 블로그를 시작하는 것이 매우 지혜롭겠다고 생각하게 되었다. 블로그를 사용하면 나의 일에 관심을 가지고 기도하는 모든 분과 의학적인 정보를 공유할 수 있음은 물론, 그 블로그가 나 자신의 상황 속에서 그 두 이야기들이 서로 교차되는 것을 사람들과 함께 나누는 광장이 될 수도 있었다. 여러 가지 면에서 이 책은, 삼위일체 하나님의 드라마가 암으로 인한 나의 고통과 혼란의 이야기와 어떻게 교차하는지를 함께 나누고 탐구하며 또한 증언하려고 했던 초기의 노력이 확대된 것이라 하겠다.

안개 속을 걷다

좁아진 미래, 그러나 넓은 곳

다음의 글은 암 진단을 받은 지 2주 정도 후인 2012년 10월 11일에 CarePages에 올린 내용의 일부다. 나의 순전한 탄식을, 그러나 동시에 이어지는 장들에서 계속 탐구하게 될 그리스도 안에서의 그리고 그리스도로 말미암는 소망을 여기서 맛볼 수 있다.

⋮

내가 주의 인자하심을 기뻐하며 즐거워할 것은 주께서 나의 고난을 보시고 환난 중에 있는 내 영혼을 아셨으며 나를 원수의 수중에 가두지 아니하셨고 내 발을 넓은 곳에 세우셨음이니이다(시 31:7-8).

암 진단을 받은 경험에 대해 한 가지를 말한다면, 그것이 마치 거처할 만한 "넓은 곳"이 아니고 계속해서 좁아지고 옥죄는 것처럼 느껴진다는 것이다. 언젠가는 죽을 처지라는 것을 다들 이론적으로 알고 있다. 그러나 우리 중 대다수는 일상생활에서 그런 생각을 하며 살지는 않는다. 나는 한 살과 세 살 된 아이들의 아버지로서, 이후의 몇십 년을 활짝 펼쳐져 있는 공간처럼 생각하곤 했었다. 네티(Neti)와 너대니얼(Nathaniel)이 자라 성숙해지고, 고등학교를 졸업하는 모습 등을 보게 될 것을 당연하게 여기면서 말이다. 하나님의 뜻이라면 그럴 수도 있을 것이다. 단연코, 이런 것들에 대한 소망을 포기하는 건 아니다.

하지만 암 진단을 받아 다가오는 여러 해 동안 생존해 있을 전망이 불확실해진 처지이므로, 그런 일이 일어날 소지가 점점 좁아진다. 마치 멀리 있는 방에서 전등이 꺼지고 있는 느낌, 아니 그보다는 그 전등이 깜박거리며 꺼져 가고 있는 듯한 느낌이다. 그 방이 계속 그곳에 있으니 미래에도 당연히 그곳을 드나들 거라고 여겼었다. 그런데 그 공간이 더욱 옥죄어 오고 좁아지는 느낌이 들기 시작했다.

하지만 이처럼 좁아지는 것이 나쁘기만 한 것은 아니다. 암 진단을 받은 이후로 사물들을 큰 그림으로 바라보게 되어, 중요하지 않은 것들에 대해서는 두 번 생각하지 않게 되었다. 그리고 신앙, 가족, 친지들, 소명 등 내 삶의 다른 부분들은 매우 의미가 깊어졌다. '좁아지는' 것이 가장 중요한 것을 우선순위에 두는 곳이 될 수도 있다. 그러나 그러면서도, 여전히 우리가 몸담고 있는 곳이 아주 작고 계속 줄어드는 것처럼 느낄 수도 있다.

이런 점에 비추어 볼 때, 이 시편 속으로 들어가는 그리스도인의 고유한 통로를— 하나님의 승리로 말미암아 우리의 발이 이미 "넓은 곳"에 있게 되었다는 사실을—기억하는 일은 정말로 중요하다. 결국 그리스도 안에 있고 또한 그리스도 안에 거하는 것이야말로 우리가 상상할 수 있는 가장 넓은 곳에 거하는 것이다. 우리의 문화에서는 사람이 한 가지 소망, 곧 예수 그리스도만을 신뢰하고 거기에다 애정을 쏟아부으면 많은 소망거리들이 좁아지고 위태로워진다고 여긴다. 그러나 예수 그리스도께서 과연 특별한 분이시기에, 그의 안에 거하는 것이야말로 넓고도 광활한 곳을 차지하는 것이 된다. 요한계시록 21:6에서 부활하신 그리스도께서는 이렇게 선포하신다. "또 내게 말씀하시되 이루었도다. 나는 알파와 오메가요 처음과 마지막이라. 내가 생명수 샘물을 목마른 자에게 값없이 주리니." 또한 골로새서 1:16-17에서 바울은 이렇게 선포한다. "만물이 그에게서 창조되되 하늘과 땅에서 보이는 것들과 보이지 않는 것들과 혹은 왕권들이나 주권들이나 통치자들이나 권세들이나 만물이 다 그로 말미암고 그를 위하여 창조되었고 또한 그가 만물보다 먼저 계

안개 속을 걷다

시고 만물이 그 안에 함께 섰느니라." 알파와 오메가요, 만물이 그로 말미암아 창조되었고 또한 만물이 그 안에 함께 서 있는 분이신 그리스도 안에 거하는 것보다 과연 더 넓고 광대한 것이 어디 있겠는가? 성령으로 말미암아 그의 생명을 나누는 것보다 더 넓고 광활한 것이 어디 있을 수 있겠는가? 그보다 더 넓은 곳이 어디 있겠는가? 그리스도 안에서 하나님은 참으로 죽음과 죄를 극복하는 "넓은 곳"을 우리에게 주셨으니, 우리는 주의 사랑 안에서 "기뻐하며 즐거워"하는 것이 합당하다.

⋮

이어지는 여러 달 동안, 나는 계속해서 이 주제들을 다시 다루게 된다. 곧, 순전한 애통과 또한 하나님의 약속들—시편에서 표현하는 대로 찬송과 신뢰, 원망과 애통의 기초가 되는 약속들, 그리고 예수 그리스도 안에서 성취되며 또한 성령으로 말미암는 그리스도 안의 삶에서 성취되는 약속들—을 의지하는 데서 비롯되는 순수한 기쁨이 그것이다. 그러나 그리스도 안에 있는 이러한 삶은 풍성하지만 수명으로 가늠할 수는 없다.

줄어든 수명? 암의 길과 하나님의 길
위의 글을 게재한 지 한 주가 지난 후, 나는 디트로이트에서 열린 다발성 골수종에 대한 콘퍼런스에 참석한 후 CarePages에 내 생각들을 계속 올렸다. 콘퍼런스에서는 다음과 같이 의학적이고 신학적인 질문들이 제기되었다. 내가 미래를 바라보는 데에 이 암이 과연 무슨 의미가 있는가? 하나님은 과연 내게 장수의 빚을 지고 계시는가? 그리스도 안에 있는 풍성한 삶이 수명의 길이로 인해 제한받을 수 없다는 말은 무슨 의미인가?

:

　우리는 디트로이트에서 열린 콘퍼런스에 참석하며 주말을 보냈다. '좋았다.' 괜찮았다는 말로는 있었던 일을 다 표현할 수 없겠지만, 주말을 함께 보낸 시간은 즐거웠고, 은혜가 충만했으며, 콘퍼런스도 매우 유익했다. 암의 예후, 항암 치료와 부작용들, 줄기세포 이식, 일시적인 완화 기간 이후 질병이 재발했을 때의 치료법 등이 다루어졌다. 어떤 점은 격려가 되었고, 또 어떤 점은 긴장되기도 했다. 때로는 격려가 되면서 동시에 긴장이 되는 순간도 있었다.

　어떻게 동시에 그 두 가지 감정을 다 느낄 수 있었는지 한 가지 예를 들어 보겠다. 한번은 발표자가 지난 15년 동안 다발성 골수종에 대한 새로운 치료법이 많이 등장했다고 말했고, 이어서 암 진단 이후의 평균 수명이 지난 10년 동안 배로 증가했다는 보고를 인용했다. 배로 늘었단다. 참 좋은 일이다! 사람들은 박수를 쳤다. 하지만 그것은 그저 인식의 문제일 뿐이다. 만일 두 달 전에(혈액 검사 결과로 나쁜 징후가 발견되기 전에) 똑같은 자리에서 그 새로운 평균 수명이 내 조건에 적용된다는 이야기를 들었더라면, 아마도 극도의 스트레스를 받았을 것이다. 그럼에도 불구하고 암 치료 연구에 순전한 발전을 가져온 수많은 암 연구자들에 대해 정말 하나님께 감사한다. 게다가 많은 약물들이 현재 임상 시험 중이라는 사실 등 고무적인 징후도 있다.

　암 진단을 받은 후 몇 년이나 더 살 수 있을지 환자들은 대개 알기 원하지만, 의사들은 특히 다발성 골수종 환자의 경우 예상 수명을 추정하는 데에 훨씬 더 조심스러워 한다. 내 경우에는 전체의 중간 수명을 기대할 수 있지만 그것이 잘못된 것일 가능성은 얼마든지 있었다. 다발성 골수종 진단을 받은 사람들의 '중간' 연령은 65세와 70세 사이인데 나는 겨우 39세라는 점을 염두에 두어야 하기 때문이다. 특정한 개인의 질환이 얼마나 활동성이 강한지(환자마다 차이가 있으므로) 좀 더 알 수 있게 해주는 몇 가지 검사가 있다. 우리는 그것에 대해 문의할 것이다. 그러나 이 모든 정보와 전망에는 전면적인 경고성 단서가 붙어 있다. 다발성 골수종 환자가(아니면 다른 누구라도) 얼마나 오래 살게 될지는 모른다는 사실이다.

이처럼 모른다는 것이 지금 내게는 때때로 두터운 안개처럼 느껴진다. 5년을 더 살지, 10년 혹은 수십 년을 더 살지 누가 알겠는가? 나는 모른다. 우리는, 알파와 오메가요 시간을 장중에 쥐고 계신 하나님께 속한 자들이지만, 우리는 하나님이 아니다. 그저 언젠가는 죽을 사람들이고, 또한 언제 죽게 될지도 모르는 존재들이다. 깨닫든 깨닫지 못하든 우리 모두에게 안개가 있다. 우리는 피조물로서 이 세상에 살며, 하나님의 선한 선물들을 임시로 맡아서 관리하는 청지기일 뿐 소유주가 아니다. 지금 나는 레이철(Rachel)의 남편이요 네티와 너대니얼의 아버지가 되는 놀라운 선물과, 친구와 다른 가족이라는 사랑스러운 선물과, 신학생들을 훈련하고 교회와 학계를 위해 저술 활동을 하는 굉장한 특권을 하나님에게서 부여받아 관리하는 청지기다. 오늘이 우리의 마지막 날이든 아니면 여러 해가 더 남아 있든, 매 순간이 하나님의 은혜로운 손길로부터 베풀어지는 선물로 우리에게 다가온다.

그러나 매 순간이 하나님의 선물이라는 현실을 직시하며 살기 위해서는, 오늘날의 사고와는 전혀 이질적인 엄밀한 성경적 진리를, 곧 하나님이 우리에게 빚진 자가 아니라는 사실을 인정해야 한다. 욥이 하나님 앞에서 자신의 논지를 제기하려 할 때 하나님은 이렇게 응답하신다.

"내가 땅의 기초를 놓을 때에 네가 어디 있었느냐. 네가 깨달아 알았거든 말할지니라. 누가 그것의 도량법을 정했는지, 누가 그 줄을 그것의 위에 띄웠는지 네가 아느냐"(욥 38:4-5). 하나님이 하나님이시고 우리는 아니다. 욥은 회개했지만 자신의 애통에 대해 회개하지 않고(하나님의 백성은 애통할 수 있고 또한 애통할 수밖에 없는 일이 있다), 하나님이 하나님이시며, 그가 우리에게 빚진 자가 아니라는 사실을 깨달았다. "보소서, 나는 비천하오니 무엇이라 주께 대답하리이까. 손으로 내 입을 가릴 뿐이로소이다. 내가 한 번 말했사온즉 다시는 더 대답하지 아니하겠나이다"(욥 40:4-5).

하나님은 결코 변덕을 부리시거나 신뢰할 수 없는 분이 아니다. 그는 친히 창조 세계와 이스라엘을 대하시는 데서, 또한 예수 그리스도 안에서 은혜로운 분이심을 드러내 보이셨다. 삼위일체 하나님은 자기 자신을 언약의 약속들에 얽어매셔서, 우리를 죄와 죽음이 결코 깨뜨릴 수 없는 하나 된 교제 속에 있게 하시고 감싸시며 그 속에서 우리를 붙드신다. 하나님은 예수 그리스도 안에서 성취된 이 약속들을 신실하게 지키시는 분이다. 그러나 그렇다고 해서 우리에게 일어나는 일들이 모두 공평하게 보이거나, 현재에 나타나는 죄와 죽음의 모든 결과물로부터 우리가 보호받는 것은 아니다. 하나님은 빚진 자가 아니다. 몇 년을 살게 해주어야 한다는 식의 의무를 우리에게 지고 계시지 않다. 그리스도께서는 우리를 고아처럼 버려두지 않으실 거라고 약속하셨지만(요 14:18), 우리 개개인이 모두 아메리칸드림을 이루고, 편안히 은퇴하며, 우리가 생각하는 대로 '정상적인' 삶의 단계를 모두 누리도록 해주겠다고 약속하신 것은 아니다. 매일매일이, 한 해 한 해가 하나님에게서 값없이 베풀어지는 선물이다. 정상적인 삶을 살고 천수를 누리는 일이 우리의 당연한 권리는 아니다. 그리스도께서 베푸시는 "풍성한 생명"(요 10:10)은 햇수로나 수명에 있지 않으며, 또한 그런 것으로 가늠되지도 않는다.

⋮

CarePages에 올린 이 글은 의학적인 예후로 인해 제기된 실존적이며 신학적인 이슈들에 대한 일종의 '즉각적인 감상'이다. 예후의 과정 중에는 숫자 때문에 질겁하지 않기가 힘들다. 15년쯤 전에는 다발성 골수종 진단을 받은 사람의 중간 수명이 2년 내지 3년이었다. 지금은 그때의 두 배 정도다. 하지만 이례적으로 젊은 환자인 나의 경우에는 몇 년이 적용될까? 한 의사는 의료 결과들을 검토하고 용기를 주고자, 일부 다른 환자들보다 내가 더 오래 살 확률이 높다고 말했다. 내가 10년을 더 살 확률이 50퍼센트라는 것이다. 그게 무슨 뜻인가? 살아 있거나 죽거나 둘 중의 하나일 뿐이다. 여자가 50퍼센트 임신한 상태일 수 없듯이, 나도 50퍼센트 살아 있을 수는 없다. 그런 숫자에 대해 과연 어떻게 생각해야 옳을까?(후에 다른 의사는 그 숫자가 나의 예후에 대해 지나치게 비관적으로 본 것이라고 했다)

주치의는 그보다 더 긍정적으로 생각하는 경향을 보였다. 그는 어떤 환자들은 다발성 골수종을 앓으면서도 수십 년을 살기도 한다고 했다. 약속은 아니고 가능한 하나의 희망이다. 그가 보기에 나의 기대 수명은 주로 지속적인 연구 조사와 치료 과정에 달려 있다.

나는 암의 세계에 대해 좀 더 알아보려고, 퓰리처상을 수상한 싯다르타 무커지(Siddhartha Mukherjee)의 『모든 질병의 황제』(*The Emperor of All Maladies*)를 암 진단 이후 몇 달 동안 읽었다. 다발성 골수종에 대한 그의 평가는 상당히 균형 잡혀 있었고 빛을 밝혀 주었다.

한편으로 그는 이렇게 말한다. "1980년대에는 다발성 골수종을 고단위의 표준 항암 요법으로 치료했는데, 이는 고통이 극심한 약물을 사용하기 때문에 암을 죽이는 속도만큼 환자도 죽이는 부작용이 있었다."[2] 이약물들은 골수종을 위해 특별히 개발된 것이 아니었고, 따라서 기대 수명도 매우 짧았다. 그러나 골수종을 위해 특별히 개발된 약물들을 통해 치료법이 개선됨으로써 굉장한 차이가 생겨났다. "골수종은 여전히 치명적인 질병이지만", 이에 대해 확실한 진전이 있었다는 것이다. "1971년에는 다발성 골수종 진단을 받은 환자의 절반가량이 진단 후 24개월 이내에 사망했고, 나머지 절반은 10년 안에 사망했다."[3] 그러나 "2008년에는 새로운 약물들로 치료를 받은 골수종 환자의 절반가량이 5년 후에도 생존하게 된다. 이러한 생존의 경향이 지속된다면, 나머지 절반의 환자들은 10년 이상을 생존하게 될 것이다."[4]

하지만 이 숫자들이 무슨 의미란 말인가? 내가 수십 년을 산다 해도 여전히 골수종이, 암이 없는 상태에서 내가 살게 되었을 그 수명에서 수십 년을 잘라 내고 있을 테니 말이다. 물론 내가 일흔 살이나 그 이상을 살 수 있을지 나로서는 전혀 알 길이 없다. 하지만 그런 가정은 서구 문화에 속한 백인 중류층의 실상을 반영한 것이고, 나는 그 속에 젖어 있었던 것이다. 네티―에티오피아에서 입양한 귀여운 세 살짜리 딸이다―와 놀고 있을 때 문득 이 숫자들에 대한 생각이 떠올랐다. 그 아이가 중학교에 가는 것을 내가 볼 수 있을까? 10년을 생존할 확률이 50퍼센트라는 예상치를 그대로 받아들이면, 그 아이가 열세 살이 될 때까지 내가 생존할 확률이 50퍼센트가 된다. 와! 그러면 그 아이가 고등학교를 졸업하는 모습을 볼 확률은 얼마나 될까? 그리고 확률이 그것과 무슨 상관이 있는 걸까? 오, 하나님, 어린 네티와 그의 남동생 너대니얼에게 왜 이런 일을 허용하십니까? 레이철과 나는 아이들을 원했고 또 주시기를 기도했습니다. 그리고 네티와 너대니얼이 정말 놀라운 선물로, 기도의 응답으로 우리에게 주어졌습니다. 그런데 왜 그 아이들의 어린 시절에 아빠를 데려가려 하십니까?

애통 그리고 죽음을 이기는 하나님의 승리

하나님이 내게 빚진 분이 아니고 내게 장수를 주셔야 할 의무가 있지 않다는 성경적 진리를 확신하려고 애쓰지만, 어린 자녀들을 생각하면 애통의 심정이 쓰리게 다가온다. 나의 죽음은 비단 나와 내 아내 레이철에게만 상실이 아니다. 우리 어린 자녀들에게는 엄청난 상실이 될 것이다.

성경은 하나님이 우리에게 장수의 빚을 지고 계시다고 말씀하지 않는다. 그러나 그렇다고 해서 우리가 고통과 죽음을 초연하게 운명으로 받아들여야 한다는 뜻은 아니다. 대신 하나님의 백성은 애통한다. 구약 성경은, 죽음을 앞둔 경우는 물론 사람이 '중도'에 죽는 일에 대해서도 특별히 애통할 일로 간주한다. 오래전부터 성경학자들은 죽음 이후의 부활에 대한 믿음이 구약 성경에서 점진적으로 발전되었다는 점을 지적해 왔다(다니엘서 12장 등 후대의 본문에서 명확히 나타난다). 그러나 최근에 욘 레벤슨(Jon Levenson)은 다니엘서 12장 등의 구절들이 뿌리가 깊은 것으로서, 그보다 이른 시기의 여러 다른 구약 성경의 본문들과 일치한다고 주장했다. 죽음, 특히 때 이른 죽음이나 어린 시절의 죽음은 "하나님이 생명을 약속하시고 베푸시고 선호하시며, 또한 그의 백성을 멸절로부터 구원하신다"라는[5] 사실과 갈등을 불러일으키기 때문이라는 것이다. 그러므로 "죽은 자들은 여호와를 찬양하지 못하나니 적막한 데로 내려가는 자들은 아무도 찬양하지 못하리로다"(시 115:17)라는 말씀에서는 시편 기자가 내생을 전제하지 않지만, 그럼에도 불구하고 때 이른 죽음은 항의와 애통의 근거로 간주된다. "그가 내 힘을 중도에 쇠약하게 하시며 내 날을 짧게 하셨도다. 나의 말이 나의 하나님이여, 나의 중년에 나를 데려가지 마옵소서. 주의 연대는 대대에 무궁하니이다"(시 102:23-24). 시편 기자는 이런 탄식에 덧붙여 하나님이 무궁하심을 지적하기도 함으로써, 그가 그의 종을 더 오래 살게 해주실 수 있음을 암시한다. "주께서 옛적에 땅의 기초를 놓으셨사오며 하늘도 주의 손으로 지으신 바니이다. 천지는 없어지려니와 주는 영존하시겠고 그것들은 다 옷같이 낡으리니 의복같이 바꾸시면 바뀌려니와 주는 한결같으시고 주의 연대는 무궁하리이다"(25-27절). 이 말씀은 영원하신 하나님을 향한 찬송이지만, 동시에 "중도에" 죽음에 직면한 사람이 부르는 애가이기도 하다.

이사야서에서도 비슷한 애가와 탄원을 보게 된다. 히스기야는 병들어 죽을 지경에 이르러 "심히 통곡하"였고(사 38:3) "나의 중년에" 이생을 떠나가게 되었음을 여호와께 탄식했다(10절). 사람이 중년에 생을 마감하는 데 대한 아픔이 있었고, 그것이 애통과 탄식의 원인이 되었던 것이다.

성경을 통해 하나님의 계시가 펼쳐지는 가운데, 죽음 그 자체가 하나님의 원수로―하나님의 바람과 약속에 반하는 것으로―나타난다. 구약 성경에서는 이것이 다니엘서 12장에서 잘 드러난다. 거기서는 하나님의 백성이 "땅의 티끌 가운데에서 자는" 중에 "깨어나" "구원을 받을 것"임을 말씀한다(단 12:1-2). 신약 성경에서는 죽음에 대한 하나님의 승리의 이러한 증언이 예수 그리스도의 빛 가운데서 폭넓게 나타나고

안개 속을 걷다

또한 아주 강조된다. 부활에 관한 놀라운 장인 고린도전서 15장에서 바울은 그리스도의 죽으심과 부활이 죽음에 대한 승리임을 말한다. 곧, 그리스도의 부활이 "첫 열매"요 그 다음에는 "그가 강림하실 때에 그리스도에게 속한 자"가 부활할 것이라는 말이다. 그리고 "마지막"에는 "모든 통치와 모든 권세와 능력"에 대해 삼위일체 하나님의 통치가 완결될 것이라고 한다(고전 15:23). "그가 모든 원수를 그 발 아래에 둘 때까지 반드시 왕 노릇 하시리니 맨 나중에 멸망받을 원수는 사망이니라"(25-26절).

그러므로 다니엘과 사도 바울은 비단 '때 이른 죽음'만이 아니라 죽음 그 자체가—하나님이 그 백성들에게 나누어 주시는 생명을 제한하는 죽음이—결국 패배하리라는 것을 말한다. 그것이 마지막 원수다. 그러나 그때가 오기까지 전쟁, 빈곤, 암, 질병 등이 여러분과 나 같은 유한한 인생들의 삶을 앗아 가는 여기 이 땅에서는 죽음이 여전히 현존하는 원수다. 죽음이 찾아올 때는 그것이 별 의미가 없어 보인다. 때로는 죽음이 암을 앓는 어린아이에게 찾아오기도 하고, 보스턴 마라톤 폭탄 테러(2013년 4월 15일에 발생함)로 죽은 사람들처럼 어쩌다 잘못된 시간에 잘못된 장소에 있는 사람들에게 찾아오기도 한다. 때로는 여러 해 동안 질병으로 고생하던 배우자를 먼저 떠나보낸 95세의 노인에게 찾아오기도 한다. 이 노인의 가족의 경우는 죽음 그 자체가 일종의 은혜인 것 같은 느낌이 들 수도 있다. 오랜 세월 동안 삶을 누리다가 숨 쉬는 것 자체가 짐이요 고역이 될 무렵에 사망하는 것이니 말이다. 그러나 그렇다 할지라도 여전히 죽음은 원수다. 하나님이 친히 그의 백성을 향해 바라시는 그 생명을 누리려면 반드시 그것을 극복해야만 한다. 천상의 예루살렘에 대한 요한의 환상이 시사하는 것처럼, "내가 그들의 하나님이 되고 그들은 내 백성이 되리라"라는 하나님의 거듭된 약속이 최종적으로 성취되기 위해서는 죽음을 이겨야만 한다. 그때야 비로소 "하나님이 그들과 함께 계시리니 그들은 하나님의 백성이 되고 하나님은 친히 그들과 함께 계셔서"(계 21:3), "생명수 샘물을 목마른 자에게 값없이" 주실 것이다(6절).

시편을 길동무로 맞이함

하나님은 때 이른 죽음을 면하게 해주시겠다는 약속을 하신 일이 없다. 그러나 그는 그리스도 안에서 그것을 이기셨다. 그러므로 죽음이 우리를 그의 사랑에서 끊어 낼 힘이 없다. 그러나 그동안에는 죽음의 능력과 그 제한된 권세가 애통과 탄식과 생명의 하나님께 드리는 항의의 원인이 된다. 새 예루살렘에서 애통의 시편을 노래하게 될지는 모르겠지만, 그날이 오기까지는 시편이 그 찬양과 간구와 애통과 더불어 계속해서 하나님의 백성들의 기도서로 있을 것이다. 이 책의 여러 장에서 보여주려는 바와 같이, 시편 그 자체를 하늘의 도성을 향해 나아가는 현재의 삶의 여정에서 우리의 길동무로 삼을 필요가 있다. 그리고 시편 중에는 다른 어떠한 장르보다 애통의 시들이 더 많다.[6] 따라서 그것들을 제쳐 둘 수 없다.

이러한 접근법을 취하겠지만, 나는 시편을 성경의 나머지 정경과 별개로 혹은 그리스도와 상관없이 읽는 일은 시도하지 않을 것이다. 신약 성경의 저자들과 또한 초기 교회와 그 이후의 그리스도인들과 더불어, 시편에 나타나는 하나님의 약속들이 예수 그리스도 안에서 성취되는 것으로 보기 때문이다. 또한 시편을 단순히 기독교 교리서로 혹은 신약 성경에서 더 선명히 드러나는 추상적인 가르침을 예고하는 것으로 대하지도 않을 것이다. 시편은 그런 책이 아니다. 시편은 우리에게 주시

안개 속을 걷다

는 하나님의 말씀이요, 그 속에서 거하며 기도하고 살라고 하나님이 베풀어 주신 장소요, 우리를 치료하고 성장시켜 하나님의 백성으로서의 정체성을 갖도록 하기 위해 주어진 것이다. 모든 성경이 그렇듯이 시편은 궁극적으로 우리를 그리스도의 형상으로 변화하게 하여 성부 하나님께 입양된 아들과 딸의 위치를 찾게 하고, 하나님의 자녀로서 하나님과 이웃을 섬기게 하는 성령의 말씀을 우리에게 제시해 준다.

처음 몇 세기부터 교회는 예배에서 시편을 정규적으로 암송하고 사용했다.[7] 4세기의 감독 아타나시우스(Athanasius)는 시편이 여러 다양한 상황에 처한 사람들을 위한 하나님의 명약이라는 점을 훌륭하게 진술했다. "당신의 구체적인 필요나 어려움이 무엇이든, 이 책에서 거기에 합당한 말씀을 선택할 수 있다. 그 말씀을 듣고 전수하는 것은 물론, 당신의 어려움을 치료할 방법을 배울 수 있다."[8] 성 베네딕트 수도원이든 존 칼빈(John Calvin)의 제네바든, 넓은 범위의 그리스도인들이 좋을 때나 나쁠 때나 묵상과 기도와 찬송을 통해 시편을 실제로 경험해 왔다. 시편은 개인의 경건 시간뿐만 아니라 공 예배를 위해서도 이상적이다. 2012년 9월 암 진단을 받은 후, 시편은 특별히 중요한 역할을 감당해 주었다.

2012년 10월 28일자 CarePages에 나는 이렇게 썼다.

⋮

여러 해 동안 시편은 날마다 함께하는 동무였다. 그러나 암 진단을 받은 후에는 그것이 특별한 능력을 발휘해 왔다. 우리의 반석이시며 요새이신 위대하신 하나님의 약속들을 지향하도록 자세를 똑바로 세워 주는 순간을 경험하게 해주는 것이다. 그리고 시편은 기쁠 때뿐만 아니라 방향 상실과 고통과 혼란과 고뇌 가운데 있을 때도 하나님께 부르짖는다. 지금까지의 암 투병 여정에도 온갖 굴곡이 있었다. 그럴 때마다 시편은 그 어려운 곳에서 나를 만나 주었다. 아니, 하나님이 시편을 통해 나를 만나 주셨다고 해야 할 것이다.

존 칼빈은 이 점을 아주 놀랍게 표현한다. 그는 시편을 "영혼의 모든 부분에 대한 해부"라고 부른다. 시편 주석 머리말에서 그는 이렇게 말한다. "사람이 의식할 수 있는 감정 중에 여기에 거울로 제시되지 않은 것이 없다. 오히려, 모든 탄식과 슬픔, 두려움, 의심, 소망, 염려, 혼란 등, 요컨대 사람의 생각을 괴롭히고 고뇌하게 만드는 모든 감정을 성령님이 여기서 생생하게 드러내셨다고 해야 한다."[9] 이 모든 것을, 곧 우리의 모든 두려움, 분노, 기쁨, 놀라움을 하나님의 면전에 내어놓는 것이다. 하나님께 내가 어떻게 보이는지에 관해 올린 첫 포스팅의 요점과·어떤 점에서 매우 흡사하게, 시편으로 기도하면 우리의 각 부분이 삼위 하나님 앞에 나아가게 되고, 그의 양자된 아들과 딸로 그의 앞에 서서 전능하신 하나님 앞에서 찬송하고 탄식하며 심지어 원망하기도 한다. 하나님은 우리의 애통과 간청을 얼마든지 해결하실 수 있다. 우리의 애통이 하나님의 약속을 중심축으로 삼는 것이다.

지난 몇 주 동안 네티와 너대니얼을 생각하고 또 그들을 위해 기도하는 중에 가장 쓰라린 애통을 겪었다. 그중 일부는 아주 가까운 미래에 관한 것들이다. 항암 치료의 효과가 나타날 때, 그리고 이식을 받으러 병원에 입원할 때 과연 아이들이 어떻게 반응할 것인가? 애통 중의 일부는 보다 먼 장래에 관한 것들이다. 아이들은 너무 어려서 지금 벌어지고 있는 일이 먼 장래와 어떻게 관계되는지를 이해할 수 없다. 내 아이들은 정말 고귀한 선물이다. 아이들을 주신 것에 대해 하나님께 감사하는 마음도, 그 아이들에 대한 나의 사랑도 도무지 말로 옮길 수가 없다. 그래서 시편 기자와 함께 앉아 있을 때 그 아이들을 향한 안타까운 애통이 지극히 자연스레 나온다.

하지만 동시에 나는 시편 기자와 더불어 하나님의 전능하시고 신실하신 역사하심과 그의 약속들 안에서 즐거워한다.

여호와께 감사하라. 그는 선하시며 그 인자하심이 영원함이로다(시 107:1).

:

그리스도 안에서 시편으로 기도함

기쁠 때든 애통하는 때든, 그리스도를 따르는 사람들은 어디서나 모든 시편으로 기도해야 한다. 시편을 통해 하나님이 어떻게 기도해야 하는지를 보여주시기 때문이다. 하나님은 시편의 말씀을 사용하셔서, 우리의 바라는 것과 애착거리들을 새롭게 형성시켜 주신다. 하나님은 우리가 시편과 더불어, 또한 시편을 통해 기도하는 중에 우리를 만나 주신다. 그리고 우리만 홀로 시편으로 기도하는 것이 아니다. 디트리히 본회퍼(Dietrich Bonhoeffer)의 지적처럼, 다윗을 비롯한 이스라엘 백성도 시편으로 기도하고, 교회도 시편으로 기도하며, 또한 나 자신도 시편으로 기도한다. 그러나 이것이 가능한 것은 예수 그리스도께서 시편으로 기도하셨고 또한 기도하시기 때문이다. 예수 그리스도께서 시편으로 기도하시기 때문에, 그에게 속한 자들(하나님의 백성이요 또한 개개인으로서의 교회)이 "그리스도께 참여하는" 한[10] 그들 역시 시편으로 기도할 수 있다. 본회퍼는 다음과 같이 말했다.

사람과 예수 그리스도께서 함께 시편으로 기도하는 일이 어떻게 가능할까? 성육신하신 하나님의 아들은 인간의 모든 연약함을 친히 육체로 담당한 분이시고, 모든 인간의 마음을 하나님 앞에 토로하는 분이시며, 또한 우리의 자리에 서서 우리를 위해 기도하는 분이시다. 그는 친히 괴로움과 고통을, 죄책과 죽음을 우리보다 더 깊이 아셨다. 그러므로 여기서 하나님 앞에 나아가는 것은 그가 취하신 우리 인간 본성의 기도이다. 그 기도는 진정 우리의 기도다. 그러나 우리가 우리 자신을 아는 것보다 그가 우리를 더 잘 아시며, 그가 친히 우리를 위하는 참 사람이셨으므로, 그 기도는 진정 그의 기도이기도 하다. 그 기도가 우리의 기도가 될 수 있는 것은 오직 그것이 그의 기도였기 때문이다.[11]

우리 그리스도인들은 성령으로 말미암아 예수 그리스도와 연합했으므로, 그의 안에서, 그를 통해 또한 그로 말미암아 찬송하고 애통하고 간구할 수 있다. 또한 우리의 상실의 이야기가 우리의 삶을 에워싸고 있는 유일한 이야기도, 혹은 가장 중요한 이야기도 아니라는 사실을 발견할 수 있다. 이 광활한 곳—그리스도 안에서 산다는 것—이야말로 우리를 대신해서 간구하시는 예수 그리스도(롬 8:24을 보라)와 더불어 간구하고 즐거워하며 또한 애통하기에 충족할 만큼 넓고 깊다. 예수님은 애통을 모르는 분이 결코 아니다. 정말이지 그는 "애통하는 자는 복이 있나니 그들이 위로를 받을 것"(마 5:4)이라고 가르치시며, 나사로의 죽음에 대해 눈물을 흘리시며(요 11:35), 예루살렘의 불신앙에 대해 슬피 우시며(눅 19:41-44), 겟세마네 동산에서는 "심히 고민하여 죽게" 된 상태에서 아버지께 애통과 탄식으로 부르짖으셨으며(막 14:34. 또한 마 26:36-46과 눅 22:39-46을 보라), 십자가에서 시편 기자의 탄식을 빌어 부르짖으신다(시 22:1. 또한 마 27:46과 막 15:34을 보라). 뒤의 장들에서는 우리가 주 예수 그리스도의 죽으심과 부활에 연합한 자들로서 시편 기자와 더불어 애통하고 찬송한다는 것이 무슨 의미인지를 더 살펴볼 것이다. 우리의 삶은 우리 자신의 것이 아니며, 우리의 이야기는 하나님이 예수 그리스도 안에서 성령으로 말미암아 이 세상에서 이루시는 은혜로운 역사하심의 위대한 드라마 속에 통섭된다. 이 드라마 속에서의 우리의 역할을 지각하게 되면서, 우리는 그것이 주인공이신 삼위일체 하나님을 향한 신뢰에 뿌리를 박은 애통과 기쁨 그리고 원망과 찬송의 길이라는 사실을 알게 되고, 그리하여 심지어 짙은 안개가 앞을 가릴 때도 이 길을 걸을 수 있다. 하나님이 암보다 더 크시니 말이다. 하나님은 죽음보다도 더 크시다. 예수 그리스도의 하나님은 생명의 하나님이시기에, 그의 사랑의 약속들이 참이라는 사실이 결국에는 드러날 것이다. 그때까지 우리는 시편 기자와 더불어 여호와를 기다리며 그의 말씀 속에서 소망한다.

> 나 곧 내 영혼은 여호와를 기다리며
> 나는 주의 말씀을 바라는도다.
> 파수꾼이 아침을 기다림보다
> 내 영혼이 주를 더 기다리나니
> 참으로 파수꾼이 아침을 기다림보다 더하도다(시 130:5-6).

2
∶

문제들을 정리하다
용기, 악의 문제 그리고 인간 지혜의 한계점들

    주치의는 진료실로 들어와서 레이철과 내가 끝 쪽에 앉아서 종이 위에 틱택토 게임(tic-tac-toe: 한 사람은 동그라미, 한 사람은 열십자를 각각 놓아 가는 오목 비슷한 놀이이다─옮긴이)을 하고 있는 것을 보았다. 우리는 미소를 지으며, 아주 신경이 곤두서 있어서 그저 시간을 보내기 위해 그 게임을 했을 뿐 별로 재미있는 게임은 아니었다고 말했다. 주치의는 웃음을 터뜨리고는, 어른들은 틱택토 게임을 잘하기가 쉽지 않다고 했다. 그러고는 정색을 했다.

    전에 초기 검사를 받은 후에 레이철과 내가 주치의를 만났을 때, 진단 결과가 다음 세 가지 중 하나일 가능성이 높다는 말을 들었다. (1) 다발성 골수종의 예비 증상이라고 할 수 있는 전암(前癌) 상태 (2) 진행형 골수종(smoldering myeloma), 곧 악성 암은 아니지만 환자들 절반에게서 5년 내에 악성이 되는 상태 (3) 악성 다발성 골수종. 우리는 (1)이나

(2)에 해당할 가능성이 높을 거라고 생각했다. 나는 골수종 진단을 받은 평균 연령보다 30년이나 젊고, 또한 (3)의 경우를 보여주는 여러 증상이 없는 것 같았으니 말이다. 그러나 골수 조직 검사 결과를 기다리는 동안 잠을 이루지 못해 많은 밤을 뒤척거렸다. "하나님, 왜요?"라고 부르짖는 애통의 시간들이 있었다. 실제로 세 가지 가능성 모두 나쁜 소식이었으니 말이다. 심지어 내 경우가 (3)에 해당한다면, '버킷 리스트'를 작성해서 레이철과 내가 신혼여행을 갔던 시애틀로 여행하는 일과, 하버드 대학원에서 공부할 때 사귄 친구들이 아직도 있는 보스턴 지역으로 여행하는 일을 실행에 옮기는 편이 낫겠다고 생각하기도 했다.

그 장면을 머릿속으로 수없이 되뇌어 보았기 때문에, 진료실에서 주치의와 함께 있는 지금 이 순간이 마치 꿈처럼 느껴졌다. 나의 상상 속에서 그것은 그저 여러 차례 받은 진단 중 하나에 불과했다. 그러나 이번에는 현실이었다. 주치의는 "악성 골수종"(어쩌면 [3]에 해당하는)이라는 말을 내뱉었고, 레이철은 내 손을 꼭 쥐었다. 그는 이미 내게 가해진 손상에 대해 말했다. 두개골, 팔, 엉덩이 부위의 뼈가 손상되었고, 내 뼈의 원형질(plasma) 수치가 정상보다 다섯 배나 높다고 했다. 이어서 암의 단계를 추정하는 여러 가지 방법에 대해 이야기했다. 내 경우는 한 가지 방법에 따르면 3단계 중 1단계였고, 또 다른 방법에 따르면 그보다 더 나빴다(그로부터 약 한 달 후 나는 3단계라는 사실을 알았다). 그러고는 "다음 주에 항암 치료를 시작해야 합니다"라고 말했다. 그는 이런 독성 치료법에 대해 보험사의 승인을 얻는 일에 관한 몇 가지 까다로운 요건을 상세히 알려 주었는데, 그 내용은 다 잊어버렸다. 그 진료는 현실이 아닌 것처럼 느껴졌다. 진행을 위해 할 일이 너무 많았다.

나는 나쁜 소식을 예상하고 있었다. 레이철과 나는 이미 몇 주째 그

세 가지 가능성에 대해 이야기하고 애통하며 정리해 오고 있었다. 하지만 그것이 그렇게까지 나쁠 줄은 예상하지 못했다. 악성 골수종이라니? 다음 주부터 항암 치료를 받아야 한다니? 주치의를 만나 그 세 가지 가능한 진단 결과에 대한 이야기를 들은 그날 밤 기도회 모임이 있었다. 그것은 참 은혜였다. 그 가능성들에 대한 이야기를 함께 나누자, 불편한 침묵이 흘렀다. 사람들은 상황의 심각성을 내게 다시 알려 주었고, 나는 애써 참으며 그것을 속으로 삭였다. 그러나 그들은 그 일을 위해 기도했다. 자, 이제 그들에게 전해 주어야 한다. 바라던 대로 기도 응답을 받았다는 소식이 아니라 이 소식을 말이다. 그리고 다른 사람들에게도 알려 주어야 한다. 이 시점에서 다시 거꾸로 돌아갈 수는 없었다. "이 진단은 의심의 여지가 없습니다"라고 주치의가 말했으니 말이다. 기도할 말이 필요했다. 지금 이 순간 하나님과 함께 내 삶을 살기 위한 언어가 필요했던 것이다.

슬픔 중에 애통함, 그리고 항의 중에 애통함

애통(lament). 이 영어 단어는 다소 의미가 모호하다. 특히 성경에 나오는 애통과 관련해서는 더욱 그렇다. 사랑하는 이가 죽었을 때 장례식에서 애곡하는 것처럼 슬피 우는 것을 뜻할 수도 있고, 혹은 항의나 탄원—하나님을 '법정'에 세우고 소송을 제기하는 등의—을 뜻할 수도 있다. 성경에서는 이 두 가지 의미의 애통이 모두 중요하며, 이 둘은 서로 다르지만 둘 사이에 연속성도 있다.

시편에 나타나는 애통과 항의의 저자들은 흔히 하나님을 상대로 변론을 제기하며, 흔히 하나님의 약속들을 인용하면서 하나님이 그의 약속들을 잊어버리고 계시기라도 한 것 같다고 항의한다. 하나님의 약속들을 그에게 다시 던지는 것이다.

> 내 반석이신 하나님께 말하기를
> 어찌하여 나를 잊으셨나이까.
> 내가 어찌하여 원수의 압제로 말미암아
> 슬프게 다니나이까 하리로다.
> 내 뼈를 찌르는 칼같이
> 내 대적이 나를 비방하여 늘 내게 말하기를
> 네 하나님이 어디 있느냐 하도다(시 42:9-10).

하나님은 그의 백성에게 반석과 피난처이시며, 언제나 이스라엘을 기억하는 분이시다. 시편 기자는 이러한 약속에 근거해 그 약속을 다시 하나님께 내던지며 항의를 제기한다. "어찌하여 나를 잊으셨나이까." 하나님은 왜 원수들이 하나님의 약속들을 조롱하며 "네 하나님이 어디 있느냐"라고 비방하도록 허용하시냐는 것이다.

암 진단에 관한 소식을 나누자 친지와 가족에게서 다양한 반응이 나타났다. 때로는 슬픔과 비탄이라는 뜻의 애통의 반응을 보였다. 눈물을 보이는 경우도 많았다. 때로는 곧바로 하나님의 약속들을 상기시키며 또한 나와 내 가정을 위해 기도하겠다고 했다. 그리고 한 친구가 보낸 다음의 편지에서 보듯이, 간혹 항의의 뜻을 지닌 애통으로 반응하는 경우도 있었다(그의 허락을 받아 게재한다).

> 오늘 밤 시간을 내서 이야기해 준 것에 대해 감사합니다……
> 내가 말하고 싶었던 것을 차마 하지 못해서 송구했습니다. 당신 교회의

어린 소녀의 말이 얼마나 더 훌륭했는지 모릅니다. 하나님이 암보다 크시다고요. 과연 그렇습니다. 그런데 내 믿음이 적어서 그런지……다른 무엇보다 당신을 생각하면 이것이 싫습니다. 당신의 가정을 생각해도 이것은 정말 싫습니다. 당신이 이 빌어먹을 것을 때려 부수기를 바랍니다. 우리가 말한, 그리고 말하지 않은 그 모든 어리석은 말을 용서하세요. 오늘 밤 당신과 레이철을 위해 기도하겠습니다.

이 편지를 받았던 순간이 기억난다. 그녀가 느낀 그런 분노를 나는 느끼지 못했다. 나는 모든 에너지를 잘 관리해서, 항암 치료라는 새로운 과정과 그로 인해 내 가족이 감당해야 할 직접적인 변화에 적응해야 했다. 화를 내고 하나님께 항의하며 원망할 에너지가 내게 있다는 느낌이 들지 않았다. 그러나 이 편지가 내 마음을 때렸다. 즉시 그것에 대해 감사하는 마음이 들었다. 왜냐하면 그리스도의 몸의 다른 지체에게서 온 선물처럼 느껴졌기 때문이다. 그들도 나를 대신해서 분을 발할 수 있다니. 이러한 분은 "믿음이 적은 것"이 아니다. 오히려, 너무도 지쳐 있고 또한 그럴 여념이 없는 나를 대신해서 하나님 앞에 소송을 제기하는 일이기에 믿음에 충실한 것이다. 그리고 여러 달 후, 때때로 슬픔이 밀려와 "왜 이런 일이 있나요, 하나님?"이라고 탄식하게 될 때면, 그녀가 앞서 토로했던 의분과 탄식의 기도가 일종의 위로가 되기도 했다.

비극이 닥칠 때: 당사자에게 밀려오는 의문들

위기를 만나 세계가 깊이 흔들리는 상황을 맞는 이들이 당면한 의문점들은 어떤 것일까? 흔히 목회 상담사는 위기를 만난 이들이 경험하는 일에 대해 추정한다. 어떤 이들은 악의 문제점("하나님, 어떻게 이런 일

문제들을 정리하다

이 있을 수 있습니까?")에 대한 실존적인 의문들을 대부분 갖게 된다고 추측한다. 다른 목회자들은 고통을 겪는 당사자가 혹 찬양이나 신뢰를 표현하게 되면, 그것은 지나치게 활기 있는 그리스도인의 공동체에 부정직하게 동화되는 것이 분명하다는 식으로 가정한다. 또 어떤 경우 목회자들은, 위기를 만난 이들이 정말 절실한 신학적 의문점들은 토로하지 않고 그저 지극히 도식화된 슬픔과 탄식의 과정에 들어가기만 한다고 가정하기도 한다. 또 다른 이들은 적절히 선택한 성경 구절을 제시해서 위로해 주는 것이 급선무라고 생각한다.

　암 진단을 받고 항암 치료에 들어서면서, 나의 반응이 단순하지 않았던 점은 분명하다. 때로는 탄식하며 하나님께 부르짖고 싶었고, 그래서 나의 어린 자녀들을 놓고 하나님께 항의하며 애통하기도 했다. 때로는 내 생애가 길게 이어지지 않는다 해도 하나님이 이미 주신 모든 선물을 생각하면서 감격하며 감사하기도 했다. 하나님은 그의 약속을 신실하게 지키시며, 또한 그가 사랑으로 베풀어 주시는 선물은 날마다 풍족하고도 놀랍다. 그리고 이따금씩 그것을 깊이 감지하기도 했다. 비통함 가운데 애통하고 찬양하며, 항의의 심정으로 애통하고 신뢰했다. 이처럼 서로 다르면서도 상호 보완적인 기도와 하나님 앞에서 사는 삶의 양태 속에서 위로를 받았다. 물론 드러난 여러 가지 의문점이 있었고, 한순간에 그것을 다 구체적으로 표현할 수 없을 정도였다. 그러므로 시편에서, 그리고 주변의 그리스도인 공동체에서 발견하는 다양한 기도의 양태들은 내게 하나의 부표와도 같았다. "어떻게 지내시나요?"라고 사람들이 물어 올 때, 내가 무슨 답변을 건네든 그것은 빙산의 일각에 지나지 않았다. 어느 때든 나는 나의 현 상태에 유능하게 대처할 줄 아는 전문가가 아니었으니 말이다. 하지만 그 빙산의 나머지 부분에 다가가

기 위해서는, 구태여 시편에 나타나는 여러 가지 양태의 기도와 질문과 확신들을 바라보는 것 이상 더 필요하지 않았다.

이른바 위기를 만난 당사자가 제기하는 공통적인 의문점(악의 문제)은 어떤가? 전능하시고 자비가 풍성하신 하나님이 어떻게 내게 이런 일이 일어나도록 하셨는가 하는 의문점에 대한 합리적인 답변이 과연 내게 필요했던가? 암 진단을 받은 후 가족 중 하나가 내게 『하나님과 암』(God and Cancer)이라는 책을 주었는데, 이 책에서 저자는 악의 문제점에 대한 몇 가지 비기독교적인 종교적 입장을 논한 다음, "성경적인 기독교"가 "악의 문제점에 대해 유일한 해결책"을 제시한다고 주장한다.[1] 나는 이것에 대해 존중하면서도 동의하지 않는다. 악의 문제점과 관련한 실질적인 의문점이 내게 있는 것이 사실이었지만, 내가 보기에 악이라는 사색적인 문제점에 대한 성경적인 '해답'은 우리에게 해답이 없다는 것이다. 성경이 이 문제를 다루지 않아서 우리가 머쓱한 태도로 "나는 모르겠다"라는 대답밖에 할 수 없는 상황은 아니다. 성경은 이 문제를 다루고 있으며, 이에 대한 하나님의 대답은 욥기에 나타나듯이 사람들에게는 악의 문제점에 대한 해답이 없으며, 따라서 우리가 해답을 가지고 있다고 주장해서는 안 된다는 것이다. 이 문제는 세상의 환난에 대해 반응하는 가운데 기도로, 또한 우리의 삶으로 계속 질문해야 하는 열린 문제다. 하나님이 그리스도 안에서 창조 세계 전체를 소외와 환난과 그 세계를 부패하게 하는 악으로부터 새롭게 하고 계심을 나는 믿는다. 그러나 사색적인 신정론(神正論)의 문제—우리를 사랑하시는 권능의 하나님이 어째서 비극을 허용하셨는가 하는 문제—는 궁극적으로 "오직 하나님만이 답하실 수 있는데, 하나님이 (아직) 답하지 않으셨"기 때문에 "이 생에서는 답변할 수 없다."[2] 욥기는 분명 악과 고난의 문제에 대한 그릇

문제들을 정리하다

된 인간적인 답변의 예를 제시해 준다. 그러나 거기서 더 나아가, 악에 대한 이론적인 문제점에 대해 답변하는 것은 실제로 인간 지혜의 한계를 넘어서는 것임을 강변한다.[3]

욥기와 함께 문제점을 정리함

욥기는 우리의 시급한 문제들을 다시 정리하도록 만들어 주는 아주 강력한 책이다. 곧, 어떤 문제가 막다른 골목에 처했으며, 어떤 문제가 계속 질문해 나가야 할 것인지를 정리해 준다. 시편과 더불어 욥기를 성경 정경의 일부로 읽어 가노라면, 찬송과 항의, 신뢰와 슬픔을 모두 우리 하나님 앞에 내어놓아야 한다는 사실을 의심 없이 깨닫게 된다. 욥은 고난에 직면해서 있는 그대로의 슬픔과 항의의 심정을 포함한 이 모든 것을 하나님 앞에 제기한다. 그는 슬픔과 하나님을 향한 항의의 심정으로 애통한다. 그런데 나중에 책의 뒷부분에서 하나님은, 애통하지 않는 욥의 친구들이 아니라 오히려 욥이 옳은 말을 했음을 증언하신다(욥 42:7). 마지막에 욥은 전능자가 불의하게 행하셨다고 하나님께 변론한 후에 하나님의 답변을 듣고서 자신의 주장을 철회하기에 이른다. 그러나 욥은 애통이 하나님을 거역하는 죄임을 고백하지는 않는다. 그것이 죄가 아니기 때문이다. 오히려 그는 주권자이신 여호와의 엄위한 임재 앞에서 인간 지혜의 한계를 인식하게 된다. "그러므로 내가 스스로 거두어들이고 티끌과 재 가운데에서 회개하나이다."[4] 이처럼 자신의 입장을 누그러뜨리는 가운데 욥은 "자신의 지혜에 한계가 있음을 인정하며, 이제 무한히 지혜로우신 하나님께 엎드려 절한다."[5]

욥의 이야기는 하나님 앞에서 기도하며 살아가는 중에 찬송과 애통이 함께 있음을 인정하는 한편, '악의 문제점에 대해 답변'하거나 혹은 하나님이 악을 허용하시는 이유를 안다고 주장하는 신정론을 제시하는 모든 이론적인 시도를 여지없이 끊어 낸다. 욥은 "온전하고 정직하여 하나님을 경외하며 악에서 떠난 자"였다(욥 1:1). 그러나 큰 악이 그에게 떨어졌다. 힘들게 일군 가산을 상실했고, 자녀들이 갑자기 죽음을 당했으며, 그의 육체도 고통스러운 상처들로 뒤덮였다(욥 1-2장). 일부 독자는 이것이 현대적인 신정론을 위한 하나의 설정처럼 여길 수도 있을 것이다. 욥처럼 선한 사람에게 왜 악한 일이 일어났단 말인가? 어쩌면 욥기가 우리에게 해답을 주기도 할 것이다.

그러나 욥의 이야기를 계속 읽어 나가도 이 문제에 대해서는 답변이 없다. 사실 신정론의 문제는 동떨어진 주제요, "욥의 친구들이 따라가다 잃어버리고 만" 것이요, 욥의 이야기 자체에서는 배제되는 질문임이 드러난다.[6] 욥기의 이야기 구조가 인간의 고난에 대한 신적인 비밀을 발견하리라는 기대를 주기도 한다. 욥기는 하늘의 궁정에서 사탄이 하나님을 경외하는 욥의 의로움이 순전히 그의 처지가 행복하기 때문이라고 주장하는 것으로 이야기가 시작하니 말이다. "욥이 어찌 까닭 없이 하나님을 경외하리이까. 주께서 그와 그의 집과 그의 모든 소유물을 울타리로 두르심 때문이 아니니이까. 주께서 그의 손으로 하는 바를 복되게 하사 그의 소유물이 땅에 넘치게 하셨음이니이다. 이제 주의 손을 펴서 그의 모든 소유물을 치소서. 그리하시면 틀림없이 주를 향하여 욕하지 않겠나이까"(욥 1:9-11). 여호와께서는 처음으로 사탄이 욥의 가족과 재물에 손을 댈 수 있도록 허용하신다. 욥이 여전히 하나님을 저주하지 않자, 여호와께서는 사탄에게 더 큰 권능을 허용하신다(욥기에서 "사탄"[문자적으로는 "그 사탄", 곧 "고소자"를 뜻한다]은 하늘 궁정의 일원이다. 욥기의 "그 사탄"을 후기 유대교와 기독교 신학에 나타나는 "마귀"와 뒤섞어 이해하지 않는 것이 가장 좋다).[7] "내가 그를 네 손에 맡기노라. 다만 그의 생명은 해하지 말지니라"(2:6). 주권자이신 여호와의 허용 없이는 욥에게 그 어떠한 환난도 임할 수 없다는 점은 분명하나, 하나님이 왜 욥이 이런 고난을 당하도록 허용하시는가 하는 문제에 대해서는 답변이 없다.

욥기와 보응의 신학

욥기의 처음 몇 장은 욥이 환난을 당하도록 하나님이 허용하신 이유에 대해 답변하지 않지만, 3-27장은 질문으로, 곧 욥과 욥의 친구들이 제기하는 질문으로 가득 차 있다. 엘리바스, 빌닷, 소발 등 욥의 친구들은 '보응의 신학'—하나님은 의인에게 상을 주시고 악인을 벌하신다는—을 주장한다. 그리하여 욥의 친구들은 반동적(反動的)이며 기계적인 방식으로 추론해서, 이런 악한 일이 욥에게 떨어졌으니 욥이 무언가 드러내지 않는 죄를 지은 것이 틀림없다고 생각한다. 욥 역시 책의 대부분을 통틀어서 보응의 신학을 수긍한다. 다만 욥이 시종일관 자신의 무죄를 주장한다는 것이 핵심적인 차이다. 욥의 친구들은 알지 못하지만, 독자들은 욥이 온전하다는 사실을 하나님이 증언하신 다음 친히 그의 무고함을 인정하신다는 것을 알고 있다(1:1, 8; 2:3). 이와 대조적으로, 욥의 친구들은 자기들이 아는 것이 얼마나 적은지를 알지 못한다.

욥의 친구들이 견지한 보응의 신학이 전적으로 잘못된 것은 아니다. 시편과 잠언을 비롯한 성경의 다른 부분들이 그들이 말하는 잠언적인 진리를 증언한다. "그러므로 악인들은 심판을 견디지 못하며 죄인들이 의인들의 모임에 들지 못하리로다. 무릇 의인들의 길은 여호와께서 인정하시나 악인들의 길은 망하리로다"(시 1:5-6). 욥기는 그저 보응의 신학에 대한 반대 논증, 곧 악인이 형벌을 받지 않으며 의인이 상을 받지 않는다는 논증을 제기하는 것이 아니다. 삶 속에서나 성경의 증언에서나, 악인의 길이 패망하고 의인이 상을 받는 경우가 자주 나타난다. 제럴드 얀첸(Gerald Janzen)의 말처럼, "욥의 친구들이 한마디로 완전히 잘못된 것이라면, 곧 어떠한 의미에서도 세상에서 정의가 시행되지 않는다면, 우리 편에서 보일 수 있는 유일한 온전한 반응은 미쳐 버리는 것이다."[8] 그러나 그리스도 자신의 사역에 대해서도 그렇지만, 보응의 신학을 고난당하는 자들을 찌르는 무기로 사용해서는 안 된다. 고난당하는 자들에게, 삶을 돌이켜 보고 고난을 초래하는 은밀한 죄가 없는지 살펴보라는 식으로 말해서는 안 된다. 더 전문적인 용어로 말하자면, 보응의 신학을 고난을 허용하시는 하나님의 이유에 대해 반동적으로 사색하는 데에 이용해서는 안 된다. 예수님도 이 점을 직접적으로 말씀하셨다. "제자들이 물어 이르되 랍비여, 이 사람이 맹인으로 난 것이 누구의 죄로 인함이니이까. 자기니이까 그의 부모니이까. 예수께서 대답하시되 이 사람이나 그 부모의 죄로 인한 것이 아니라 그에게서 하나님이 하시는 일을 나타내고자 하심이라"(요 9:2-3). 예수님은 이 사람이 왜 맹인으로 출생했는지에 대해 보응에 근거한 기계적이며 반동적인 추론을 허용하지 않으신다. 그가 맹인 된 것이 그의 죄로 인한 일이었는가? 아니다. 예수님이 신정론을 제시하실 것을 바란다면, 우리는 완전히 실망하고 말 것이다. 그는 심지어 맹인이라도 하나님이 사용하심을 말씀하시고 그 맹인을 치유해 주신다(6-7절).

욥의 고난이 그의 죄로 인한 일이었는가? 성경은 아니라고 명확하게 답변한다. 그러므로 때로 고난이 죄의 결과로 임할 수도 있지만, 그렇다고 해서 고난당하고 있다는 사실을 근거로 그런 자들을 판단할 수는 없다. 우리의 인간적인 시각으로 보기에는 아무리 "부당하다" 할지

문제들을 정리하다

라도, 얼마든지 그들이 "합당하지 않게 이유 없이" 고난당할 수도 있다.[9]

암 진단을 받은 직후, 내가 다발성 골수종에 걸린 '원인'이 무엇인지를 찾고자 애를 썼던 기억이 난다. 그것이야말로 당면한 절박한 질문이라는 사실을 직관적으로 인식했던 것이다. 내가 무엇을 했기에 이런 일을 당한 것일까? 무엇 때문에 암에 걸린 것일까? 환자의 행동에서 분명한 원인을 찾을 수 있는 암들도 있다(예컨대, 폐암). 하지만 암의 원인을 묻는 나의 절박한 질문에 주치의가 대답한 것처럼 "우리는 모른다." 정말 우리는 전혀 알 수가 없다. 밝혀진 원인이 없다. 우리의 인간적인 입장에서 보면 그냥 생겨나는 것이다. 바로 이런 점에서는 욥의 고난도 나 자신의 고난과 비슷한 것 같다. 그의 고난은 그가 행한 일의 결과가 전혀 아니었다. 때로는 고난이나 재난이 우리 행동의 결과로 나타나기도 한다. 하지만 욥의 고난은 그런 것이 아니었다. 세상에 나타나는 수많은 고난이 욥의 고난이나 혹은 내가 당하는 암 같은 것과는 다르다. 우리가 제기하는 신정론의 문제는—그것은 왜 그런지 그 원인을 알기를 요구한다—해답이 없는 채로 남아 있다.

때로는 엄격한 형태의 보응의 신학으로 인해 과연 우리가 무엇을 잘못했기에 비극을 당해야 했는가를 궁구하기도 하고(과거를 돌이켜 보면서), 때로는 보응의 신학이 그리스도인들이 소유한 미래관에 직접 영향을 미치기도 한다. 많은 그리스도인들은 고난에 대한 기대가 전혀 없는 것 같다. 우리가 하나님의 뜻에 순종하는 선한 그리스도인이라면, 더러 장애물을 만날 수는 있어도 터무니없는 큰 비극은 결코 당하지 않을 거라고 단정한다. 그러나 욥기는 이런 식으로 단정하는 우리의 헛된 상상을 여지없이 깨뜨린다. "우리가 부당하게 고난당하지 않도록 우리의 의가 우리를 보호해 줄 수 있다는 그릇된 신화를 부서 버리기" 때문이다.[10] 하나님은 우리가 그의 뜻에 순종하기를 힘쓰면 부당한 고난을 면하게 해주겠다는 식으로 거래하신 적이 없다. 그와 반대로, 우리는 예수 그리스도 안에서 날마다 우리 십자가를 지며, 또한 친히 부당하게 십자가에 달리신 그분의 길을 따르도록 부르심을 받고 있다.

하나님을 향한 욥의 고소, 그리고 인간적인 지혜의 한계

욥은 자신이 겪는 고난이 자기 행위의 결과가 아니라는 점을 알고서 하나님 앞에 고소를 제기하려고 한다. "내가 어찌하면 하나님을 발견하고 그의 처소에 나아가랴. 어찌하면 그 앞에서 내가 호소하며 변론할 말을 내 입에 채우고⋯⋯거기서는 정직한 자가 그와 변론할 수 있은즉 내가 심판자에게서 영원히 벗어나리라"(욥 23:3-4, 7). 욥이 하나님께 제기하는 고소는 사실 일부분 보응의 신학에 근거한다. 욥은 결백한 사람으로서 당연히 고난이 아니라 복을 기대할 수 있는 처지이기에, 하나님은 그를 정당하게 대하고 계시지 않다는 말이다. 신정론의 문제에 대해 답변을 요구하는 것 이면에도 이와 비슷한 의미—낭만적인 정의(poetic justice)를 어겼다는—가 담겨 있다.

하지만 이에 대해 하나님은 어떻게 응답하시는가? 또다시 하나님은 되묻는 방식으로 응답하신다.

그때에 여호와께서 폭풍우 가운데에서 욥에게 말씀하여 이르시되
무지한 말로 생각을 어둡게 하는 자가 누구냐.
너는 대장부처럼 허리를 묶고
내가 네게 묻는 것을 대답할지니라.
내가 땅의 기초를 놓을 때에 네가 어디 있었느냐.

네가 깨달아 알았거든 말할지니라.

누가 그것의 도량법을 정했는지,

누가 그 줄을 그것의 위에 띄웠는지 네가 아느냐(욥 38:1-5).

하나님은 화제를 바꾸신다. 하나님은 네 장에 걸친 강론에서(38-41
장), 세상을 창조하는 데 있었던 하나님의 전적인 자유와, 또한 하나님
의 관점과 인간의 이해 사이에 있는 엄청난 간격을 강조하신다. 하나님
은 대개 욥이나 혹은 다른 사람들에게 왜 고난이 일어나는지를 설명하
지 않으신다. 욥기의 마지막에 이르러서도, 우리 독자들은 그 점에 대해
여전히 오리무중이다.

그러나 하나님의 자유는 변덕스럽지 않다. 심지어 하나님이 폭풍우
속에서 욥에게 말씀하시는 것 자체도 은혜로운 긍휼의 역사다. 캐롤 벡
텔은 이것을 다음과 비교한다. "이것은 아인슈타인이 일반 상대성 원리
를 그의 사냥개에게 설명해 주는 것과 다소 비슷하다. 그는 자신의 사냥
개가 참된 설명을 이해할 가망이 전혀 없다는 점을 잘 알고 있다. 그리
하여 그는 그 충실한 사냥개가 필요로 하고 또한 납득할 수 있는 것을
제시한다. 다시 말해, 현실을 똑바로 인식하게 해주는 것이다. 그는 놀
라운 인내로 이렇게 말한다. '너는 사냥개고 나는 훌륭한 과학자야. 내
가 너를 사랑하기에 구태여 해주는 말이지만, 이것이 도무지 너의 영역
밖에 있는 문제라는 사실을 알아야 해.'"[11] 하나님이 과연 하나님이시고
우리가 하나님이 아닌 이상, 우리가 피조물로서 가진 지혜가 제한되었
다는 사실을 알려 주시는 것이야말로 하나님의 사랑과 은혜의 행위다.
우리는 우리 가운데 있는 악과 고난에 대해 애통의 반응을 보일 수 있고
또 그럴 수밖에 없다. 하지만 왜 그것이 우리에게 허용되었는지에 대한

해답은 오직 하나님만이 그의 시각에서 바라보신다.

하나님이 하나님이시고 우리는 아니다:
악의 문제에 대한 인간적인 '해결책'의 헛됨

욥은 자신이 제기한 신정론의 문제에 대해 해답을 얻는 대신, 전능하신 하나님 앞에서 "티끌과 재"(욥 42:6)가 된다는 것이 무슨 의미인지를 깨닫는다. 그것은 우리가 애통을 피한다는 의미가 아니다. 오히려 인간 지혜의 한계를 지각하고서 낮아져서 의문들을 새로이 형성한다는 말이다. 이 말은 우리의 마음을 닫고 '안성맞춤의 해답'을 제시하여 문제를 해결해야 한다는 말은 아니다. 오히려 하나님이 하나님이시고 우리는 아니므로, 악의 문제에 대해 인간적으로 설명할 길이 없음을 인정하는 것이다. 이 말은 아주 간단하지만, 나는 삶의 오랜 여정 후에야 비로소 이 성경적인 진리가 무슨 의미인지 깨닫게 되었다.

일리노이 주 휘튼 대학에 속한 한 기독교 대학의 학생으로서 악의 문제를 탐구할 때 열정이 넘쳐나 나를 압도했던 기억이 난다. 고등학생 시절에는 자주 비기독교인 친구 및 친지들과 진리에 대해 대화를 나누었다. 때때로 그들은 '악의 문제'를 하나의 반론으로서 제기했다. 나는 우리가 진정 하나님을 사랑할 능력이 있기 위해서는 하나님이 필연적으로 인간에게 자유를 주셔야만 했다는 식으로 대응했는데, 이런 답변에 완전히 만족하지는 못했다. 기독교적인 맥락에서 어려운 질문들을 제기할 수 있는 신실한 자유를 경험하고 나서야 비로소 열의를 가지고 그 질문을 다시 다룰 수 있게 되었다.

학생으로서 그 질문을 다시 탐구하면서, 인간의 자유에 대해 이전에 내가 제시한 답변은 부분적인 설명을 주기는 하지만, 자비가 풍성하시고 전능하신 하나님이 어떻게 또한 왜 그 끔찍한 악을 세상에 허용하시는지에 대해 완전한 설명을 주지는 못한다는 사실을 깨달았다. 혹시 인간의 완전한 자유와 자유 의지를 강조하면 악의 문제가 해결될까? 아니면 내가 정말 절박하게 해결점을 구한다면, 모종의 '보편구원론'이 문제를 해결해 주지는 않을까?

그러나 러시아의 문호 표도르 도스토예프스키의 작품을 만나고 나서는, 이것이 악의 문제에 대한 '해결책'으로서의 가능성이 있을 거라는 생각이 여지없이 깨졌다. 『카라마조프 가의 형제들』(*The Brothers Karamazov*)에 나오는 기억에 남을 대화 중에서, 이반 카라마조프는 여덟 살 난 소년이 끔찍하게 죽은 이야기를 이렇게 전한다. "장군이 그 소년의 옷을 벗기라고 명령한다. 그 소년은 발가벗겨져 몸을 떨며, 두려움으로 가득하여 감히 울음소리조차 내지 못한다.……장군은 '저 소년을 물어뜯어라!' 하고 외치며 그 소년에게 사나운 사냥개들을 풀어놓는다. 그의 어머니가 보는 앞에서 개들이 그 소년을 갈기갈기 찢어 놓는다."[12] 이반은 이 예에 대해 말하는 중에, 그 포악한 학대자가 자신이 저지른 악행으로 인해 지옥행으로 '되갚음을 받거나', 혹은 그 소년이 당한 괴로움이 더 넓은 세상의 조화(調和)로 인해 '그 값어치를 하게 될' 가능성을 생각한다. 그러나 회의론자인 이반은 그 가능성을 거부한다. "하지만 그가 복수를 당하든, 그 포악한 학대자가 지옥에 들어가든 내가 상관할게 무엇인가? 이 사람들이 이미 고통을 받았다면, 여기에다 지옥이 과연 무엇을 덧씌울 수 있으랴? 나는 용서하고 싶고 포용하고 싶지, 고통은 더 원하지 않는다. 그런데도 아이들의 고통이 더해져야만 진리를 사는 데 필요한 고통의 총량이 채워진다면, 미리 단언하거니와 그 모든 진리는 그런 값을 치를 가치가 없다."[13] 이반이 제기하는 문제는 비단 하나님의 주권을 강하게 강조하는 그리스도인에게만 국한되지 않는다. 자유 의지를 도입해 인간의 자유를 제시하는 주장도 이반의 문제를 해결하지 못한다. 마찬가지로, 지옥이 헛되다고 믿는 것도 그의 문제를 해결하지 못한다. 문제는 계속된다. 하나님은 왜 그런 값을—어린아이의 끔찍한 고통을 허용하는 값을—치르고서야 인간의 자유를 허용하셨는가? 선하시고 전능하신 하나님이 왜 제2차 세계 대전 당시 죽음의 수용소에서 있었던 무자비한 고통과 죽음을 허용하셨다는 말인가? 이반의 회의적인 반응에는 공감하지 않지만 그 강력한 힘은 나도 느꼈다. 자유가 이처럼 큰 희생을 요구한다면, 그것은 "조화를 위한 값 치고는 너무나 비싸다. 그만큼 지불해야 그리로 들어갈 수 있다면, 우리는 도저히 감당할 형편이 안 된다. 그러니 속히 내 입장권을 반환해야겠다."[14]

그런데 설상가상으로, 성경을 읽다 보니 많은 구절들이 악에 대한 책임에서 하나님을 면제하는 일에 전혀 관심이 없는 것 같았다. 내 말을 오해해서는 안 된다. 나는 죄의 기원이 하나님이 아니라 피조물인 인간에게 있다는 사실을 인정한다. 하지만 애통의 시편들은 거듭 하나님이 어떤 의미에서 악에 대해 책임이 있다고 주장한다. 시편 기자들은 위기 속에서 씨름하며 심지어 하나님을 탓하기까지 한다(이에 대해서는 이후의 장들에서 상세히 살펴볼 것이다). 욥기에서는 고소자인 사탄까지도 주권자이신 여호와의 허용 없이는 행동할 수 없다. 이사야서에 나오는 "나는 여호와라. 다른 이가 없느니라"라는 거듭되는 선언은 우리를 머뭇거리게 할 소지가 많다.

나는 여호와라. 다른 이가 없느니라.
나는 빛도 짓고 어둠도 창조하며

나는 평안도 짓고 환난도 창조하나니

나는 여호와라. 이 모든 일들을 행하는 자니라(사 45:6-7).

문맥상으로는 이 말씀이 하나님을 죄와 악에 대한 직접적인 장본인으로 만든다고 생각하지 않지만,[15] 충격적인 사실은 이런 본문들이(또한 욥기도) 하나님을 악에 대한 책임에서 완전히 벗어나게 하는 오늘날 우리의 관심사에 동조하지 않는다는 점이다. 여호와는 전능하시기에, 그의 능력의 영역 바깥에 있는 것은 아무것도 없다. 온 세상이 하나님의 손안에 있다. 이후의 장들에서 살펴보겠지만, 그렇다고 하나님이 일어나는 모든 일에 직접 관여하셔서 일어나게 하신다는 뜻은 아니다. 자신의 의지로 하나님을 대적하여 처신하는 행동자들(agents)이 있는 것이다. 하지만 인류의 자유와 죄악성을 적절히 인정하는 것을 악이ㅡ끔찍한 악, 심지어 어린아이에게까지 가해지는 악이ㅡ세상에 존재하는 이유에 대한 완전한 '해명'과 혼동해서는 절대로 안 된다.

악을 피조물로, 곧 역사의 저자가 아니라
하나님 이야기의 등장인물로 대함

우리의 관심사가 "내가 왜 암에 걸렸는가?"이든, "어린아이들이 왜 끔찍한 고통을 당하는가?"이든, "하나님이 선하시고 전능하시다면 어떻게 지옥이 있을 수 있는가?"이든, 우리에게는 빈틈없는 이성적인 설명들은 없고, 그저 주권적이시고 사랑이시며 거룩하신 하나님에 관한 성경의 이야기만 있다. 우리의 임무는 우리 자신이 하나님이 되어, 하나님이 어떻게 우주를 운행하실 수 있었는지 재고하는 게 아니다. 오히려 우리는 죽을 인생으로서 인간 지혜의 한계를 인식하고, 예수 그리스도로 말미암아 삼위일체 하나님과 화목한 죄인으로서 우리가 지니는 그 비천하면서도 고귀한 높은 지위로 들어가야 한다. 이야기의 저자로서가 아니라(하나님이 타락 혹은 이 악한 사건을 허용하신 모든 내막을 다 알고 있는), 그 이야기 속의 등장인물로서 입장해야 한다. 부분적인 설명이 우리에게 있을 수 있고, 그 부분적인 설명이 특정한 정황에서 유용할 수도 있다(예를 들어, 악의 문제에 비추어 기독교 신앙의 기본적인 합리성을 '변호'하는 일은, 하나님이 악을 허용하시는 이유를 안다고 주장하지만 않는다면 합당할 수 있다. 그러나 이렇게 변호하는 일을 하나님의 이유를 안다고 주장하는 현대의 신정론과는 분명히 구별해야 한다).[16] 궁극적으로 우리는 악을 허용하시는 하나님의 이유를 알 수 없다는 사실을 인정할 수밖에 없다. 그 문제는 인간 지식의 영역을 넘어서는 것이요, 그것이 피조물인 우리의 처지다.

악에 대한 이러한 대응에 비추어 볼 때, 이반 카라마조프의 반론에 대해 어떻게 반응하면 좋을까? 한편으로는 그 어린아이의 끔찍하고 부당한 죽음을 정당화하는 이유가 무엇인지 모른다고 해야 한다. 마치 우리가 그 일을 정당화하는 이유를 제시할 수 있는 역사의 저자이기라도 한 것처럼 처신해서는 안 된다. 그 이유를 우리가 알지 못하니 말이다. 그러나 그리스도인들이 아무런 의심 없이 아는 사실이 하나 있다. 곧, 고통과 악이 연민의 자세를 요구한다는 점이다. 고통이 난무하는 지금 세상의 모습은 본래 있어야 할 모습이 아니다. 불의한 고난은 하나의 추문(醜聞)이기에, 우리는 연민으로 행동하며 마음으로 하나님께 부르짖어야 한다.

이반의 질문에 대한 이런 답변이 악이 왜 존재하는지에 대한 하나님의 시각이라고 주장하는 건 아니다. 그러나 그것이 피조물로서 합당한 반응을 견지하는 것이다. 이것은 하나님을 믿는 신앙에서 멀리 떠나

있던 이반으로서는 도저히 주장할 수 없었다. 뒤에 이반 스스로가 이렇게 말한다. "하나님과 미래의 삶이 없다면? 그렇다면 모든 일이 다 허용되고, 누구든 아무 일이나 다 할 수 있다는 뜻이지. 이걸 몰랐어?"[17] 알베르 카뮈(Albert Camus)는 다음과 같이 설파한다. "어린아이가 고통받는 것을 보고 떨며 격렬하게 무죄의 편을 드는 그 사람[이반]은, 신적인 일관성을 거부하고 자기 자신의 삶의 법칙을 발견하려 하는 순간 살인의 정당성을 시인한다. 모든 일이 다 허용된다면, 아버지를 죽이는 것도, 최소한 아버지가 죽임당하는 것을 허용하는 것도 할 수 있다."[18] 정의의 하나님(원망하고 항의를 제기할 수 있는 대상)을 믿는 믿음이 없으니, 이반은 실제로 세상의 불의에 대항하여 처신할 근거를 상실한다. 그 과정에서 이반은 스스로 깊고 깊은 불의에 공모하고 만다.

베드로와 함께 "주여, 우리가 누구에게로 가오리이까?"라고 질문함

그러나 우리가 다른 종류의 하나님을 선호하면 안 되는가? 우리의 문제를 혼란에 빠뜨리고 다시 조정하지 않고서 그대로 답변해 주는 하나님을 섬기지 못할 이유가 무엇이겠는가? 그렇다면 욥기 및 시편의 하나님과 예수 그리스도의 하나님은 피하는 편이 낫다. 우리는 우리를 사랑하시되 값없이 사랑하시는 하나님을, 또한 예수 그리스도 안에서 값비싼 희생을 요구하는 제자도로 우리를 부르시는 하나님을 섬기고 있다. 나는 CarePages에 암 투병의 여정에 비추어 이 문제에 대한 묵상을 게재했다.

⋮

최근 암 투병의 여정에 비추어 요한복음 6장과 베드로의 질문에 대해 많이 생각해 보았다.

"제자 중 여럿이 듣고 말하되 이 말씀은 어렵도다. 누가 들을 수 있느냐 한대"(요 6:60). 제자들의 정직함을 칭찬해야 한다. 예수님의 가르침이 어렵다고 말한 그들의 처사는 옳다. 그들은 그것을 순화하거나 합리화하지 않고 있는 그대로 옳게 규정했다. 여기서 예수님의 가르침은 제자들의 질문, 곧 "어떻게 하여야 하나님의 일을 하오리이까"(28절)에 대한 답변으로 주신 것이다. "하나님이 보내신 이를 믿는 것이 하나님의 일이니라"(29절). 정말 쉽지 않은가? 아니, 그렇지 않다. 예수님에게는 그 일이 다름 아닌 너희의 보화를 너희 자신 이외의 다른 누군가에게서 찾는 것, 곧 그리스도 안에 거하며, 그분을 음식과 음료로 삼아 그분에게서 자양분을 섭취하는 것이며, 따라서 "썩을 양식을 위하여 일하지 말고 영생하도록 있는 양식을 위하여" 일해야 하는 것이었다(27절). 와, 갈수록 가르침이 더 힘들어진다. 우리 자신과 우리가 소유한 것들에서가 아니라, 그리스도 안에서 생명과 양식을 찾아야 하니 말이다. 이것은 정말 힘겨운 가르침이다. 그래서 이 힘겨운 가르침을 들은 후부터, "그의 제자 중에서 많은 사람이 떠나가고 다시 그와 함께 다니지 아니하더라"(66절).

지난 몇 주 동안, 이 본문에서 일종의 절정이라고 할 만한 구절을 새로이 발견해 오고 있다. "시몬 베드로가 대답하되 주여, 영생의 말씀이 주께 있사오니 우리가 누구에게로 가오리이까. 우리가 주는 하나님의 거룩하신 자이신 줄 믿고 알았사옵나이다"(68-69절). 베드로의 고백은 옳기도 하고 아름답기도 하다. 그러나 이 질문이, 제자들이 가진 소유물이 아니라 예수 그리스도 안에서 양식을 찾아야 한다는 그분의 힘든 가르침과, 또한 그 가르침으로 인해 "그의 제자 중에서 많은 사람이

문제들을 정리하다

떠나"간 일에 즈음하여 주어졌음을 잊어서는 안 된다. 이런 견지에서 나는 베드로의 이 질문을 계속해서 살펴보았다. 그의 질문을 또 다른 방식으로 표현할 수도 있겠다. "주님, 주께서 우리에게 힘든 가르침을 주시지만, 우리가 누구에게로 가겠습니까? 달리 나아갈 곳도 없고, 달리 나아갈 분도 없습니다. 우리 자신을 넘어 시선을 두고 주님 안에서 우리의 생명을 찾는다는 게 매력적으로 들리지는 않겠지만, 우리에게는 달리 갈 곳이 없습니다. 주님이 영생의 말씀을 전하는 분이시며 이스라엘의 거룩한 자이기 때문입니다." 어떤 주석가가 여기 베드로의 발언에 대해 논평했듯, "달리 나아갈 분이 없다! 예수님을 (진정으로) 보았고 그의 말씀을 (진정으로) 들은 자들은 그분 외에는 아무도 없음을 안다."[19]

암 투병의 여정 같은 어려운 처지에서는 베드로의 질문이 얼마나 깊게 우리를 찌르는지 진정 알게 된다. 우리가 섬기는 하나님은 우리의 편의를 돌보겠다거나 우리가 선호하는 것을 중심에 놓겠다고 약속하는 분이 아니다. 사실 우리가 섬기는 하나님은 "아무든지 나를 따라오려거든 자기를 부인하고 날마다 제 십자가를 지고 나를 따를 것이니라"(눅 9:23)와 같은 말씀을 그리스도 안에서 우리에게 하시는 분이다. 여러 가지 면에서, 언제나 관용을 베풀어 주고, 절대로 과도하게 요구하지 않으며, 우리가 행하는 바를 그냥 인정해 주고, 우리 자신의 행복으로 나아가는 길을 제공해 주는 그런 미국 문화 내에 있는 치료법의 신을 섬기는 편이 더 나을 것이다. 이 신이라면 열심히 기도한 대가로 언제나 암을 치료해 주고, 금전적 혹은 물질적으로 상급을 내려 자신의 호의를 보여 주며, 혹은 암을 치료받은 사람을 모두 영웅으로 만들어 줄지도 모른다. 하지만 이런 종류의 치료법의 신은 미국 문화에서는 흔하지만, 우리의 참되신 하나님, 곧 우리에게 자기를 부인하고 자기 십자가를 지며, 그를 위해 목숨을 버리고, 우리 자신에게서가 아니라 그리스도 안에서 생명과 양식을 찾으라고 촉구하시는 하나님이 보시기에는 우상에 지나지 않는다. 베드로의 질문은 우리의 겉치레를 찔러 쪼개는 극히 정직한 질문이다. 힘겨운 가르침을 주지 않는 스승이라면 섬기기가 좋을 것이다. 하지만 우리가 다른 누구에게로 가겠는가? 무언가 필요한 상황에 처할 때, 우리는 그저 '옳은 신학' 테스트를 통과하려고 애쓰지만은 않는다. 무언가 결과물을 원하는 것이다. 이 우상들에게는 매력이 있다. 하지만 정말로 우리가 누구에게로 가겠는가? 예수님은 "스스로 있는 자"(I am) 시며, 길이시고, 과연 하나님이시다. 어려울 때 우리가 주 되신 그리스도를 따르는 것은 그분이 주변에 보이는 가장 '편리한' 하나님이기 때문이 아니다. 그분이야말로 생명의 말씀을 주시는 하나님의 거룩한 자이시기 때문이다. 우리는 마음 깊은 곳에서부터 이 사실을 잘 안다. 베드로와 마찬가지로, 우리도 삶에서 가장 중요한 것들이 철저하게 우리의 통제 밖에 있다는 점을 잘 알고 있다. 그렇기 때문에 우리는 기도하고, 여호와와 함께 거하며, 그에게 순종하고, 시편 기자가 흔히 말하는 것처럼 '여호와를 기다린다.' 이것 외에는 달리 갈 곳이 없다. 정말로 그렇다. 달리 갈 곳이 없다는 점을 인정하지 않는다면, 그것은 우리 자신을 바보로 만드는 처사다.

⋮

달리 어디로 가야 할까? 어쩌면 욥처럼 애통하며 열린 질문을 하나님 앞에 제기하기보다는, 신정론의 문제에 대해 답을 주는, 무언가 우리 자신을 위로해 주는 시나리오를 개발할 수도 있을 것이다. 어쩌면 죄를 심판하는 거룩한 하나님이 아니라 우리 문화가 인정하는 '사랑'의 정의에 잘 들어맞는 유순하고 길들여진 하나님을 섬길 수도 있을 것이다. 어쩌면 예수님처럼 힘든 이야기를 하지 않는 하나님을 찾을 수도 있을 것이다. 그러나 마크 갈리(Mark Galli)가 말했듯, "이런 시나리오의 문제점은 우리가 스스로를 위로하기 위해 그것을 만들어 놓았음을 우리가 잘 알고 있다는 점이다.……어두컴컴한 곳에서 홀로 자신의 죽을 수밖에 없는 처지를 대면할 때, 그런 것은 아무런 위로도 주지 못한다. 그것이 어디서 왔는지 우리가 잘 알기 때문이다."[20] 죽음에 직면할 때 참된 소망을 갖기 위해서는 하나님의 말씀 외에는 어디에도 갈 곳이 없다. 그 소망은 베드로가 증언한 대로 "하나님의 거룩하신 자"(요 6:69)이신 예수 그리스도 안에서 이루어진다. 찬양할 때나 애통할 때나, 사나 죽으나, 우리는 바로 이 하나님의 거룩하신 자 안에 소망을 둔다. 왜냐하면 진실로 다른 어디에도 갈 곳이 없기 때문이다.

3
:

신뢰 가운데서 애통하다
감정의 바다 한가운데서 시편 기자와 함께 기도함

암일 가능성이 있지만 십중팔구 암의 전조증상일 것이라는 소식을 들은 그 이튿날 아침, 나는 아래층에서 고통과 번민의 눈물을 흘리고 있었다. 레이철이 7개월 된 아들 너대니얼을 데리고 아래층으로 내려왔다. 딸아이는 위층에서 계속 자고 있었다. 아침 식탁에서 나는 레이철에게, 온라인으로 검색해 보니 암의 전조증상은 결국 5년 후든 10년 후든 암으로 발전하게 될 가능성이 매우 높다는 사실을 알았다고 이야기했다. 이것은 우리가 우리 가정을 위해 원했던 바가 아니다. 우리 인생을 위해서도 원했던 바가 아니다. 두려움과 불확실성이 뚜렷해졌다. 우리가 함께 눈물을 흘리자, 너대니얼도 높은 의자에서 우리처럼 소리치기 시작했다. 엄마 아빠가 왜 울고 있는지 그 아이는 알지 못했다. 그러나 이것이 일상적인 아침 식사의 상황이 아니라는 것은 알고 있었다. 레이철과 나는 눈물을 닦고 너대니얼을 달래려고 했다. 그러나 그 아이는 얼굴에

신뢰 가운데서 애통하다

서 눈물을 뚝뚝 흘리며 계속해서 울었다.

　몇 주가 지난 후 우리는 불길한 양성 암의 전조증상이 아니고 이미 암이라는 소식을 들었다. 뿐만 아니라, 이미 암이 나의 뼈를 침식한 상태라는 것이다. 그 소식을 접한 후, 주치의와 나는 지난 몇 년 동안 내가 왜 그렇게 온갖 병에 시달렸는지에 대한 합당한 이유를 찾을 수 있었다(폐렴, 기관지염, 지속적인 감기 그리고 몇몇 다른 감염 증상 등). 나의 면역 체계가 무너진 것인데, 이는 나의 암에 흔히 나타나는 한 가지 증상이었다. 이 진단을 받은 후 1주일 내에 나는 항암 치료를 시작해야 했는데, 그것은 그전의 나의 증상들을 완전히 무색하게 만들어 버리는 것 같았다.

　항암 치료는 독이다. 좋은 항암 치료는 몸에 해를 끼치는 일반적인 독은 아니고, 특정한 암에 집중적으로 효과를 내는 독이다. 그러나 그 주간에 내가 복용을 시작한 약들 중에는 항암 치료 자체의 부작용을 막기 위한 것들이 많았다. 날마다 복용해야 하는 약의 숫자가 늘어났고, 여러 가지 사진들을 확인하기 위해 진료실을 방문하는 일로 스케줄이 빠르게 채워졌다. 나는 대체로 그 진료실에 있는 환자들보다 수십 년 정도나 어린 연소자였다.

　육체적인 고통에 대해서는 성찰하고 싶은 것이 아무것도 없다. 한 가지 기억나는 절차는 골수 검사였는데, 나는 치료대 위에 종이를 깔아 놓고 그 위에 배를 대고 엎드렸다. 그리고 큰 주삿바늘이 등뼈 속으로 들어왔다. 국부 마취를 한 상태였지만, 마치 전기 충격을 받은 것처럼 내 뼈들 전체에 통증이 밀려왔다. 몸을 일으키자 치료대 위와 마루에 피가 있었다. 암 센터까지 차로 데려다준 친구는 내가 일어서자 억지로 미소를 내게 보냈다. 치료대에 깔아 놓은 종이는 땀에 젖어 있었다.

　고통이 찾아올 때 내가 할 수 있는 일은 그저 정신을 특정한 방향으로 집중시키는 것이 전부였다. "내게 능력 주시는 자 안에서 내가 모든 것을 할 수 있느니라.……내게 능력 주시는 자 안에서, 내게 능력 주시는 자 안에서……." 빌립보 성도들에게 보낸 바울의 말씀이 떠올라, 고통의 시간에 정신을 집중시키는 포인트가 되었다. 그것은 무의미하게 외는 주문이 아니었다. 고통을 능히 견디게 해주고 또한 의미를 갖게 해주는 진리를 고백하는 일이, 곧 순전한 고통을 지닌 상태로 하나님의 임재 앞에 나아가는 일이 내게 필요했던 것이다.

항암 치료를 받는 동안 다른 때에는 스테로이드의 효과와 씨름했다. 그것이 내 정신을 달리게 만들었다. 정신이 스테로이드를 맞은 것이다! 어떤 골수종 환자들은 원하지 않게 정신이 깨어 있는 것만이 아니고 육체적인 에너지가 분출하는 효과를 경험하기도 했다. 어떤 환자의 아내는 미소를 지으며 말하기를, 남편이 스테로이드를 맞은 다음 날 아침에 깨어 보니 남편이 밤새도록 집안을 청소하며 뜬눈으로 지샜다는 것이다! 나는 스테로이드로 인해 며칠 동안 정신적인 활동이 홍수처럼 이어지다가, 그 다음 여러 날은 깊은 피곤과 무력감 속으로 급격히 빠져들어갔다. 스테로이드의 용량이 계속 바뀌었고, 한동안은 일반적인 스테로이드 용량의 10배를 처방받기도 했다. 스테로이드는 더 이상 독소를 추가하지 않고서도 항암 효과를 더 높이는 데 도움을 주었다. 그것은 선택 사항이 아니라 필수적으로 맞아야 했다.

여러 날 저녁마다 에너지가 충만한 정신을 안정시키려고 애쓸 때, 나는 거실 마루에 누워서 시편 27편 앞부분의 말씀을 반복해서 읽었다.

여호와는 나의 빛이요 나의 구원이시니
내가 누구를 두려워하리요.

신뢰 가운데서 애통하다

여호와는 내 생명의 능력이시니

내가 누구를 무서워하리요.

악인들이 내 살을 먹으려고 내게로 왔으나

나의 대적들, 나의 원수들인 그들은

실족하여 넘어졌도다.

군대가 나를 대적하여 진 칠지라도

내 마음이 두렵지 아니하며

전쟁이 일어나 나를 치려 할지라도

나는 여전히 태연하리로다.

내가 여호와께 바라는 한 가지 일

그것을 구하리니

곧 내가 내 평생에 여호와의 집에 살면서

여호와의 아름다움을 바라보며

그의 성전에서 사모하는 그것이라(시 27:1-4).

이 기도는 고된 일이었다. 이 말씀이 나의 기도가 되게 하기 위해서는 여러 번 반복해서 읽어야 했다. 점차 내 정신이 집중되었고, 긴장된 근육들이 풀어졌으며, 그저 나의 암, 나의 스테로이드, 나의 항암 치료의 이야기만이 아닌 상태에 이르게 되었다. 성령으로 말미암아 나의 두려움, 나의 분노, 나의 소망과 더불어 하나님의 임재 속으로 이끌림을 받았고, 다시 하나님과 함께하는 삶에 중심을 맞추어 "내 평생에 여호와의 집에 살면서 여호와의 아름다움을 바라보며 그의 성전에서 사모하"게 되었다. 그렇다고 암과의 싸움이 중지되거나 뒤로 물린 것은 아니었다. "군대가 나를 대적하여 진 칠지라도……전쟁이 일어나 나를 치려 할지라도." 그러나 시편으로 기도하는 중에, 곧 그 말씀 속으로 젖어드는 중에 신뢰를 향해 마음이 움직였고 심지어 소망이 생기기까지 했다. "내 마음이 두렵지 아니하며……나는 여전히 태연하리로다." 매일의 바쁜 일상생활 속에서는 이번 항암 치료처럼 항상 두려움과 분노와 소망의 절실함을 대면하지는 않았었다. 그러나 이 시편으로 기도하면서 내 삶의 이런 현실을 대면하게 되었고, 마음이 움직여 여호와와 그의 약속들을 신뢰하게 되면서 그런 현실을 새롭게 대하도록 도움을 얻었다.

마음이 고침을 받다: 시편 기자와 함께 기도함

하나님을 신뢰하며 그분 안에서 소망하는 일에는 자동으로 되는 것이 하나도 없다. 하나님을 신뢰하는 일이 우리 자신의 노력으로 이루는 하나의 성취라고 나는 믿지 않는다. 오직 성령님이 우리로 하여금 그리스도가 주이심을 고백하게 해주시며(고전 12:3), 또한 믿음 그 자체가 선물이다(엡 4:7-8). 그러나 성령님의 이러한 역사는 우리 자신의 역량을 무시하지는 않으신다. 오히려 그 역량들 속에 생명을 불어넣어 주신다. 하나님은 무엇이든 그가 택하시는 수단으로 그의 목적을 자유로이 이루시지만, 성령님이 은혜롭게 하나님의 백성에게—하나님의 말씀을 중심으로 하는 그들의 예배 행위 중에, 하나님의 말씀 선포와 성례와 더불어 공동체가 함께 드리는 예배 속에, 개개인의 말씀 묵상 속에, 특별히 시편 속에서, 시편을 통해 드리는 공동체의 기도와 개인 기도 속에—임하신다. 시편 속에서 우리는 하나님이 그의 약속을 믿고 신뢰하는 길 위에 우리를 세우시기 위해 사용하시는 하나의 기도서를 대하게 된다.

시편이 매우 폭넓은 인간의 감정들을 반영하지만, 그것은 그저 인간의 감정들에 대한 인간의 책만은 아니다. 시편으로 기도하면 우리의 온 마음이 하나님 면전에 서게 되고, 하나님과 그분의 약속을 향한 우리 자신의 비전이 새로이 초점을 맞추게 된다. 아우구스티누스 (Augustinus)가 특별한 통찰로 묘사하듯이, 시편은 우리의 애착에 대한 하나의 신적인 교육법으로 우리에게 베풀어졌다. 곧, 우리의 욕망과 지각들을 다시 새롭게 바꾸어 올바른 일들 속에서 애통하며 올바른 일들 속에서 기뻐하는 법을 배우도록 하는 하나님의 방법이다.[1] 특별히 우리는 그리스도의 몸을 해치며 그리스도의 나라에서 벗어나게 만드는 것들에 대해 슬퍼하는 법을, 또한 그리스도 안에서 성취되는 하나님의 약속들 속에서 기뻐하는 법을 배울 필요가 있다. 하나님이 시편을 우리에게 주시는 것은 우리의 기도를 안내하고 또한 그리스도의 몸의 지체로서 그리스도 안에 있는 우리의 정체성에 합당하도록 우리를 변화시키기 위함이다.

    기독교 신앙을 실천한다는 것은 성령님이 하나로 묶어 주신 공동체의 특징이 되는 믿음과 행위를 드러내 보이는 것만이 아니라, 우리의 마음을 새롭게 하여 하나님을 사랑하고 이웃을 사랑하는 데에 합당하도록 기쁨, 슬픔, 분노, 공감으로 반응하게 함으로써 성령의 열매를 드러내 보이는 것도 포함한다. 도덕적인 실패를 자인하는 기독교 지도자에 대한 기사를 온라인으로 읽을 경우에는 어떻게 반응할까? 어떤 그리스도인이 우리와 정치적인 입장이 다르다면(이는 극히 끔찍한 일이다) 어떻게 할까? 다른 그리스도인의, 특히 이념적으로 우리와 다른 사람의 실패를 바라보면서, 우리의 감정에 변화가 생길 수도 있다. 어쩌면 그 죄와 교회의 증언에 해를 끼쳤다는 사실에 대해 안타깝게 여기기보다는, 페이스북에서 추문에 관한 기사를 뽑아 짐짓 측은해하는 메시지와 함께 주변에 돌리고, 이념적인 승리를 얻은 것에 즐거워할 수도 있다. 그러나 시편 기자와 함께 "여호와, 우리 하나님이여, 우리를 구원하사"(시 106:47), "우리가 우리의 조상들처럼 범죄하여 사악을 행하며 악을 지었나이다"(6절)라고 하며 하나님께 탄원할 수도 있을 것이다. 우리 교회의 지체 중에서 위기를 당한 자에게는 어떻게 반응하는가? 우리 가운데 어떤 이들은 즉시 그 문제를 고쳐 달라는 기도는 재빨리 하면서도, 시편 기자와 함께 여호와 앞에서 탄식하는 마음으로 애통하는 일에는 더딘 것을 보게 된다.

> 여호와여, 내가 고통 중에 있사오니
> 내게 은혜를 베푸소서.
> 내가 근심 때문에
> 눈과 영혼과 몸이 쇠했나이다.
> 내 일생을 슬픔으로 보내며
> 나의 연수를 탄식으로 보냄이여.
> 내 기력이 나의 죄악 때문에 약하여지며
> 나의 뼈가 쇠하도소이다(시 31:9-10).

또 개중에는 공감은 표시하면서도 그 고통당하는 자에게 하나님의 약속에 대한 우리의 유일한 소망을 지적해 주지 않는 이들도 있다. 그러나 성경의 애가들은 언약의 여호와께 부르짖는다. "나의 영혼이 잠잠히 하나님만 바람이여. 나의 구원이 그에게서 나오는도다. 오직 그만이 나의 반석이시요 나의 구원이시요 나의 요새이시니 내가 크게 흔들리지 아니하리로다"(시 62:1-2). 우리의 감정들이 1차원적이 되기보다는, 시편을 통해 하나님이 새롭게 해주심으로 말미암아 기민해지고 다차원적

신뢰 가운데서 애통하다

이 될 필요가 있다. 여호와 앞에서 함께 탄식하고 항의하고 신뢰하며 찬송하자. 시편은 장조와 단조의 온갖 화음으로 기도하도록 길을 제시해 주며, 또한 참 소망의 근원 되시는 여호와와 그의 약속에게로 향하도록 우리를 지도해 준다.

교회가 시편의 여러 다양한 화음을 좇아 기도하여 새롭게 될 필요가 있다는 사실은 새삼스럽지 않다. 베네딕트 수도회의 기도 사이클에서는 참가자들이 매주 단위로 시편 전체를 좇아 기도하는 것을 영적인 훈련으로 삼는다. 종교 개혁 당시에는 존 칼빈의 제네바와 기타 여러 개혁주의 전통에 속한 교회에서 시편으로 기도하기를 시행했다. 특별히 제네바에서는 시편을 노래하고 기도했는데, 때로는 회중이 한 주간에 30개 혹은 그 이상의 연(聯)을 노래하기도 했다.[2] 정규적인 공 예배에서는 특별히 애통과 회개의 시들을 흔히 노래했고, 성찬 때에는 즐거운 찬송 시들을 활기차게 불렀다.

뼈아픈 손실: 애통의 시들을 무시하고 지나침

내 개인의 경험에 의하면, 애통의 시 전체를 공 예배에서 사용한 경우가 거의 없었다. 성구집(lectionary)은 애통이나 분노 혹은 혼란의 부르짖음을 다루는 시편들은 삭제해 버리는 경우가 많다. 성구집을 따르지 않는 교회는 심지어 이보다 더 선택적이어서, 여기저기서 감사의 시를 뽑아서 사용하거나, 혹은 애통의 시들에서는 항의하는 내용은 빼고 그중 신뢰를 표현하는 구절만 뽑아서 사용하기도 한다. 마찬가지로, 현대의 찬송가들도 시편에 나타나는 것보다도 애통의 시들의 비율이 훨씬 적은 경향을 보인다.[3]

특히 암 진단을 받은 이후부터는 이것이 내게 뼈아픈 손실로 느껴진다. 감사의 시들이 정말 훌륭하지만, 시편 전체에 나타나는 숫자는 애통의 시보다도 더 적다. 그런데 시편에서 찬양하는 시들만 골라내어 사용한다면, 오로지 긍정적인 감정들만 믿음으로 하나님 앞에 토로할 수 있다는 식의 교회 문화가 형성되는 경향으로 흐르게 될 것이다. 암 진단을 받은 이후로 나는 동료 그리스도인들이 기도 응답에 대해 기뻐할 줄도 알고 어떻게 하나님께 도우심을 구할지도 알지만, 정작 내가 슬픔과 상실을 토로하거나 죽음에 대해 이야기하면 많은 이들이 어떻게 해야 할지 몰라 하는 것을 보아 왔다. 어떤 의미에서 그들의 믿음에 이처럼 신속하게 공감하는 면이 없는 것이 놀랄 일은 아니다. 왜냐하면 애통의 시에서 두드러지게 나타나는 많은 요소들이 우리의 공 예배에서 상실되었기 때문이다. 깊은 탄식과 상실감을 토로하는 표현들이 예배당에서 사라져 버린 것이다. 칼 트루먼(Carl Trueman)은 다음과 같이 지적했다.

> 기독교 예배의 주요 요소인 시편이 애통, 혼란, 죽음의 엄습 등의 요소들과 함께 사라지고, (과거의 많은 위대한 찬송가들이 훌륭하게 해주었던 것처럼) 그러한 감성을 토로하는 노래들 대신, 죽음의 무게를 전혀 정당하게 다루지 않은 채 죽음에 대한 승리만을 단언하는 노래들이 그 자리를 차지하는 경우가 너무 많았다. 무덤이 비어 있는 것은 분명하다. 하지만 그 전에는 왜 거기에 시신이 있게 되었는지에 대해서는 확신이 없다.[4]

그 결과, 불가피하게 죽음이라는 현실─다른 환난 중에서 겪게 되는 두려움과 분노와 슬픔도 마찬가지다─에 직면할 때, 그런 이들을 교회로 인도하기가 꺼려진다. 그런 감정들을 '비신앙적인'(unreligious) 것으로 간주하는 분위기가 형성되었기 때문이다. 예배가 오로지 '승리'만을 표

신뢰 가운데서 애통하다

현한다면, (물론 의도한 것은 아니지만) 마음이 상한 자들과 외로운 자들과 상처받은 자들은 그곳에 있을 자리가 없게 될 수도 있다. "예배의 분위기와 잘 어우러지려면, 먼저 긍정적인 자세를 갖도록 너의 감정을 정리하고, 그런 연후에 나아가 예배하라"라는 식의 메시지를 줄 수 있다. 그러나 시편에서 우리는 우리 스스로 그런 감정들을 죽이거나 처리하려고 애쓰는 것이 올바른 길이 아니라는 사실을 깨닫게 된다. "백성들아, 시시로 그를 의지하고 그의 앞에 마음을 토하라. 하나님은 우리의 피난처시로다"(시 62:8)에 대한 주석에서, 칼빈은 이렇게 말한다. 위기를 당할 때 "우리 모두가 우리의 괴로움을 가슴에 파묻어 버리기가 너무 쉽다. 그러나 이렇게 하는 것은 괴로움을 더욱 가중시키고 하나님을 향한 원망의 마음을 더욱 쓰리게 만들기만 할 뿐이다." 보다 더 나은 방법은 "우리의 근심거리를 그분께 내드려 짐을 더는 것, 말하자면 우리의 마음을 그분 앞에 쏟아붓는 것이다."[5] 두려움, 분노, 혼란, 항의와 같은 감정도 시편 기자들과 더불어 언약의 주님 앞에 내어놓을 수 있고 또한 내어놓아야 한다.

하나님의 면전에서 애통함:
하나님의 드라마 속에서 우리의 위치를 찾음

한편으로 우리는 언약의 주님 앞에 우리의 마음을, 곧 속에 감추어진 열망과 불편한 감정까지 모두 열어 놓아야 한다. 그러나 다른 한편으로, 시편 기자들은 그저 감정을 토로하는 것 자체를 위한 값싼 '치료법'을 제시하지는 않는다. 누군가에게 우리의 감정을 쏟아 버릴 수만 있어도 기분이 나아지는 것과 같은 방법을 제시하지는 않는다는 말이다. 성령으로 말미암아 우리의 분노와 두려움과 슬픔을 하나님 앞에 내어놓음으로써 하나님이 우리를 보시도록 하는 것이다. 그리고 하나님이 우리를 보시게 되면 변화가 생기게 된다. 암 진단을 받은 지 몇 주 후에 나는 CarePages에 이에 대한 소회를 적었다.

⋮

시편과 함께 생활하면서 최근 기도에 관해 한 가지 생각을 하게 되었다. 한편으로, 시편에 흔히 나타나는 주제는 하나님의 얼굴을 구하며 "여호와의 선하심을 맛보아"(시 34:8) 아는 것이다. 하지만 놀랍게도 보는 것과 관련되는 가장 의미심장한 이미지 가운데 하나는, 우리 자신이 보는 것이 아니라 하나님이 그의 얼굴로 친히 보시도록 우리가 그분 앞에 드러나는 것이다. 이것은 애통의 시에서도 나타나고(예로, "주의 얼굴을 나에게서 어느 때까지 숨기시겠나이까"[시 13:1]), 또한 간구의 시에서도 나타난다(예로, "여호와여, 주의 얼굴을 들어 우리에게 비추소서"[시 4:6]). 우리는 여호와의 얼굴을 구해야 한다. 하지만 이것은 우리의 눈에 비치는 것만을 뜻하지 않고, 여호와께서 보시도록 우리가 그분 앞에 드러나는 것을 뜻하기도 한다.

우리는 '노출되는 것'이 흔히 부정적인 의미로 다가오는 시대에 살고 있다. 미디어 시대에서는 아주 자극적이고 모험적인 삶을 사는 모습을 다른 이들에게 보이는 것만으로도 소득이 있다. 그러나 '보이는 것'은 인간 정체성의 한 가지 주요한 특질이다. 고등학교 시절이 기억난다. 토론 팀에서 친구들에 둘러싸여 있을 때는, 체조 시간에 동료들에 둘러싸여 있을 때와는 전혀 다른 사람인 것처럼 느껴졌었다. 전혀 다른 대본을 가지고 연기를 했던 것이다.

훨씬 더 강력한 방식, 곧 하나님의 성령께서 창조하시고 열어 놓으신 방식으로 공통의 목적을 위해 함께 기도하는 일은 그저 함께 '보는' 것만이 아니라 함께 하나님 앞에 '보이는' 문제다. 우리는 기도의 대본 속에 등장하는 영웅이 아니다. 우리가 하나님을 찬양하고 높이 기리며, 우리가 슬퍼하고 우리가 간구하는 것이다. "나라가 임하시오며 뜻이……이루어지이다"(마 6:10)라고 우리가 기도하는 것이다. 그것은 모두 하나님이 자신의 얼굴을 우리에게 비추시는 것이요, 또한 우리가 함께 하나님 앞에 보이는 것이다. 그러나 삼위일체 하나님의 찬란한 빛 가운데서, 우리는 새로운 현실과 새로운 드라마와 새로운 대본을 배경으로 활동을 시작한다. 그 속에서 "나라가 임하시오며"라고 기도하는 것이 무슨 의미인지를 맛보고 바라본다. 암이라는 구체적인 정황 속에서 주의 나라가 임하기를 함께 기도해 주시는 것에 대해 감사를 드린다.

⋮

이렇듯 기도는 능력이 있다. 우리 자신의 기도 행위 자체가 능력이 있기 때문이 아니다. 우리가 아니라 삼위일체 하나님이 기도라는 드라마의 영웅이시기 때문에 기도가 능력 있는 것이다. 하나님 앞에 우리의 전부를 내드리며, 그 과정에서 전능하신 하나님 앞에 드러나게 되고, 그리하여 그분의 약속들에 비추어 우리의 새로운 정체성을 이해할 수 있게 되는 것이다. 애통할 때 우리는 혼란과 분노와 슬픔에 젖어 있는 사람들이다. 하지만 우리가 그런 상태인 것만은 아니다. 우리에게는 드라마 속에서 우리의 역할을 하도록 시편이라는 대본이 주어졌다. 우리가 혼란과 분노와 슬픔에 젖은 사람들이지만, 동시에 여호와의 언약 백성으로서 그분께 부르짖을 수 있는 특권을 부여받은 사람들이다. 정말이지, 우리는 성령으로 말미암아 그리스도로 옷 입고서 하나님의 드라마가 공연되는 극장에서 활동하는 배우들이다. 그렇기 때문에, 우리는 혼란과 분노와 슬픔이 우리의 마지막 모습이면 어떻게 할까 하는 염려 없이, 우리의 혼란과 분노와 슬픔을 그대로 인정할 수 있다. 하나님의 면전에서 우리의 최종적인 정체성은 예수 그리스도와 그분 안에서 누리는 우리의 생명 외에 다른 것이 아니기 때문이다. 시편 기자들의 대본을 좇아가면, 흩어졌던 우리의 감성들이 성령으로 말미암아 다시 방향을 잡고, 그리하여 언약의 주를 향해 우리의 신뢰를 돌리게 된다.

애통의 길: 시편 기자들의 패턴을 분별함

이 과정은 어떻게 일어날까? 이 과정의 패턴과 구조는 시편 자체에 나타나 있다. 애통의 시들은 다음과 같은 패턴을 보인다. 전능하신 여호와 앞에 나아가며, 우리의 감정과 원망을 그분 앞에 내어놓으며, 그분의 약속들에 대한 우리의 신뢰를 드러내 놓고 선포하는 것이다. 시편 13편은 간단하지만 아주 전형적인 애통의 시의 실례를 보여준다.[6] 첫 두 절은 여호와께 탄원과 원망을 토로함으로써 시작한다.

> 여호와여, 어느 때까지니이까. 나를 영원히 잊으시나이까.
> 주의 얼굴을 나에게서 어느 때까지 숨기시겠나이까.
> 나의 영혼이 번민하고 종일토록 마음에 근심하기를
> 어느 때까지 하오며
> 내 원수가 나를 치며 자랑하기를
> 어느 때까지 하리이까(시 13:1-2).

이 절들에서 시편 기자는 원망으로 하나님께 나아가지만, 거기에 신뢰도 담겨 있다. 그는 결국 자신의 짐을 여호와께 내어놓고 있으니 말이다. 하나님이 잊으시고 숨기신다는 식의 언급들은 시편에서 흔히 언급되는 하나님의 속성들—하나님은 그의 언약 백성을 기억하시고 그의 얼굴빛을 그들에게 비추시리라는—을 뒤집어 놓은 것이다. 시편 기자는 "번민"과 "근심"의 위기, 그리고 시편 기자의 원수가 승리하는 한가운데서 이것을 여호와 앞에 내어놓고, 이것이 합당한 일이 아니라고 항의한다.[7]

시편 기자는 계속해서 도우심을 구하며 부르짖는다.

> 여호와, 내 하나님이여,
> 나를 생각하사 응답하시고 나의 눈을 밝히소서.
> 두렵건대 내가 사망의 잠을 잘까 하오며
> 두렵건대 나의 원수가 이르기를 내가 그를 이겼다 할까 하오며
> 내가 흔들릴 때에 나의 대적들이 기뻐할까 하나이다(3-4절).

시편 기자는 하나님을 필수적인 도움을 주실 수 있는 분으로 보고서 구원해 주시기를 부르짖는다. "생각하사" "응답하시고" "밝히소서." 이 위기 속에서 그의 신실하심을 보여주시기를 하나님께 간구한다. 이 구절에서 시편 기자는 하나님이 행동하실 동기가 될 만한 이유를 제시하며 "두렵건대 내가 사망의 잠을 잘까 하오며"라고 말한다. 모든 것이 하나님이 그의 긍휼과 신실하심을 보여주시기를 구하는 탄원에 뿌리를 박고 있다.

> 나는 오직 주의 사랑을 의지하였사오니
> 나의 마음은 주의 구원을 기뻐하리이다.

내가 여호와를 찬송하리니

이는 주께서 내게 은덕을 베푸심이로다(5-6절).

대다수의 애통의 시들처럼, 이 시도 애통과 탄원으로부터 신뢰의 선명한 표현으로, 곧 하나님의 "사랑"과 "구원"에 대한 신뢰로 이동한다. 그리고 마지막 절에서 하나님의 구원에 대해 그를 찬송할 것을 예상하고 있다. 여호와께서 구원을 베푸시면, 그분의 자비로우신 역사에 대해 찬송하게 될 거라는 것이다.

그러나 그렇다고 해서 4절의 간구와 마지막 5절의 신뢰의 진술 사이에 시편 기자의 외적인 상황, 곧 번민과 근심 혹은 분노를 초래하는 상황이 바뀐 것은 아니다. 오히려 그 반대로, 애통의 시는 "외적인 상황이 낫게 변했다는 언급을 전혀 하지 않은 채로 그쪽으로 이동한다."[8] 이 시는 하나님이 우리로 하여금 그분 앞에 눈물을 내어놓게 하시고, 또한 그 눈물 속에서 더 깊이 신뢰하도록 우리를 움직이시기 위해 하나님이 사용하시는 한 가지 패턴을 제시한다. 마지막에 나오는 신뢰의 선언은 시편 기자의 상황이 호전되었거나 즉시 해결된 데서 연유하는 것이 아니다. 과연, 하나님의 약속에 대한 신뢰가 애통의 시들 전체에 깔려 있다. 애통의 시는 혼란과 분노와 두려움의 시이지만 또한 소망의 시요, 하나님 앞에 소망으로 나아가 친히 그의 약속을 신실히 지키시는 것을 보여 달라고 탄원하는 기도이기도 하다.

찬양의 한 형식으로서의 애통

이상하게 들리겠지만, 성경의 패턴에서 애통의 기도들은 실제로 하나님께 드리는 찬송의 한 형식이요, 그의 약속들에 대한 신뢰의 표현이

신뢰 가운데서 애통하다

다. 하지만 어떤 그리스도인들은 하나님께 원망하는 것이 어떻게 신실한 일이 될 수 있는지 의아해한다. "주 안에서 항상 기뻐하라"(빌 4:4)라는 바울의 권면은 어떤가? 하나님의 약속이 예수 그리스도 안에서 이루어지는 것이라면, 그리스도인이 애통해야 할 이유가 어디 있는가? 애통이 신실하지 못함, 자기 연민 그리고 무감사의 증표일 수도 있지 않은가?

방향이 잘못된 애통도 있다. 우리는 그저 우리의 감정을 쏟아 내고 그것들을 밝은 대낮에 환히 드러내기만 하면 된다고 생각할 수도 있다. 혹은 자기 연민의 형태로 사용하여 애통을 왜곡할 수도 있고, 애통을 자신의 안락한 중류층의 삶의 양식이 방해받는 것에 대해 그저 불평을 늘어놓는 통로로 사용할 수도 있다. 그런 상황에서 하나님의 나라를 구하는 것에 눈을 돌리지 않은 채 말이다. 온갖 방식으로, 성경적인 애통이 지향하는 최종 목적, 곧 슬픔과 혼란과 항의 속에서 하나님과 그분의 약속들을 신뢰하고 감사하는 데로 이동하는 것에 눈을 돌리지 않는 일은 얼마든지 가능하다. 빌립보서 4:6에서 이 목적의 본질에 대해 무언가를 볼 수 있다. "아무것도 염려하지 말고 다만 모든 일에 기도와 간구로, 너희 구할 것을 감사함으로 하나님께 아뢰라." 하나님께 기도하고 너희 구할 것을 하나님께 아뢰라. 하지만 "감사함으로" 그리하라는 것이다. 이것은 애통의 시들 대다수에 나타나는 특징이기도 하다. 암 진단을 받은 지 몇 달 후에, 나는 CarePages에서 애통과 찬양과 감사가 이처럼 서로 밀접하게 연결되어 있다는 점을 제시했다.

⋮

우리를 내주어 그들의 이에 씹히지 아니하게 하신
여호와를 찬송할지로다.

우리의 영혼이 사냥꾼의 올무에서 벗어난 새같이 되었나니

올무가 끊어지므로 우리가 벗어났도다.

우리의 도움은 천지를 지으신 여호와의 이름에 있도다(시 124:6-8).

시편 기자와 함께 기도하는 중에, 찬양과 간구와 애통이 서로 긴밀하게 엮이는 것을 자주 발견한다. 시편 124편에서 나는, 탄원과 애통을 촉발하는 괴로움을 당하는 중에 하나님께 찬양을 올리는 길에 대해 충격을 받았다. 시편 기자는 "사냥꾼의 올무"에 사로잡혀 "이에 씹히게" 된 상황을 말하면서도 "천지를 지으신 여호와"를 찬양한다. 이 문맥에서 우리 하나님은 구원자이시다. 이 CarePages와 삶의 다른 영역에서 닥치는 이슈들에 대해 여호와의 얼굴에 보이기를 우리가 구할 때, 나는 우리의 간구가 하나님께 드리는 긴 '소원의 목록'이 아니라 우리의 찬양을 받으시기에 합당하신 분과 교제하는 시간이 되기를 바란다. 우리에게 닥치는 온갖 복잡한 일들 속에서 이 하나님은 또한 환난의 때에 우리를 건지시는 구원자이기도 하다.

암 투병의 여정에서 겪는 한 가지 도전은 바로 질투다. 암 환자들에게는 이 질투가 흔하고, 특히 젊은 나이에 암 진단을 받는 경우에는 더욱 그렇다. 나는 암 진단을 받은 후 머릿속에 의문들이 불쑥 들어왔다. 왜 나인가? 지금부터 3, 40년 후가 아니고 왜 지금인가? 내게는 다가올 수십 년이 안개 속에 있는데, 내 또래의 다른 사람들은 왜 그 세월을 '당연한 것'으로 누릴 수 있단 말인가? 때로는 70 혹은 80대의 사람을 보면 '그들은 왜 저렇게 오래 사는가?', '나는 저렇게 오래 살 확률이 얼마나 될까?'라는 생각이 들기도 한다.

바로 이 부분에서 시편이 특히 내게 도움이 된다. 한편으로 시편은

우리의 두려움과 불의에 대한 느낌에 대해 극히 정직하다. 그것들을 감상적으로 더덕더덕 꿰매어 맞추지 않는다. 그러나 거기서 그치지 않는다. 그보다 훨씬 더 활력을 주는 곳으로 나아간다. 곧, 그 모든 것을 하나님 면전에 내어놓는다. 그리고 그 하나님은 우리의 모든 어려움보다 훨씬 더 기이하고 압도적인 분이시다. 시편 기자와 함께 기도하면, 우리의 상실감을 부정하지 않고서도 천지를 지으신 여호와께서 우리 각자에게 주신 선물들을 보기 시작할 수 있다. 또한 그 굉장한 매일의 선물들에 대해서는 감사로 응답할 수밖에 없다. 하나님께 감사와 찬양을 올린다고 해서 애통과 탄원거리들이 사라지지는 않는다. 우리를 바라보는 사람들에게만 우리 자신을 토로하는 것이 아니라, 창조주시요 전능자이시며 우리를 고통에서 건지시는 구원자이신 여호와 앞에 우리의 짐을 내어놓는 것임을 인식할 때, 비로소 우리는 애통 속으로 완전히 들어가게 된다.

⋮

　찬양과 간구와 애통은 모두 시편에서 하나님의 약속들을 인식하고 그 약속 안에서 안식하도록 돕는 기도들 속에서 아주 끈끈하게 엮여 있다. 존 칼빈이 시편 주석에서 말한 것처럼, "그 어떤 죄인의 마음이라도 효과적으로 북돋아 줄 수 있는 것은 하나님의 말씀밖에 없다. 하나님의 약속들에 의지하는 길 외에는 세상에서 참되고 견고한 평안을 누릴 곳이 없다."[9] 시편은 행복하거나 슬플 때, 혹은 기쁘거나 쓰라릴 때 우리의 삶 전체를 하나님 앞에 데려가고, 우리의 시선을 하나님의 약속들에 맞추게 해준다.

　그러나 또 다른 의문도 생각해 볼 수 있다. 하나님의 약속들이 예수 그리스도 안에서 성취되므로, 그로 인해 애통이 그리스도인에게서 그 역할을 잃어버리게 되는 것은 아닌가? "하나님의 약속은 얼마든지 그리스도 안에서 예가"(고후 1:20) 된다는 바울의 말을 마음으로 인정하지만, 바울을 비롯한 신약의 저자들이 현재의 그리스도인의 삶에 대해 말하면서 거듭 애통의 언어를 사용하는 이유가 무엇인지를 생각해 보아야 한다. "참으로 우리가 여기 있어 탄식하며 하늘로부터 오는 우리 처소로 덧입기를 간절히 사모하노라"(고후 5:2). "오직 성령이 말할 수 없는 탄식으로 우리를 위하여 친히 간구하시느니라"(롬 8:26). "우리 곧 성령의 처음 익은 열매를 받은 우리까지도 속으로 탄식하여 양자 될 것 곧 우리 몸의 속량을 기다리느니라"(롬 8:23). 하나님의 약속들은 그리스도 안에서 성취된다. 그러나 하나님의 나라는 그의 통치가 완전히 이루어질 미래에야 충만히 임할 것이요, 그때까지 우리는 애통하며 "주 예수여, 오소서"(계 22:20)라고 부르짖는다. 하나님의 약속들이 미래로부터 우리에게 임하며, 따라서 하나님을 향한 우리의 신뢰가 소망의 형태를 취한다. "우리가 소망으로 구원을 얻었으매"(롬 8:24). 약속하시는 하나님을 신뢰할 때 탄식과 애통과 바람이 함께 나아간다. 하나님이 모세에게 이스라엘 백성을 애굽에서 구원하시겠다고 약속하실 때 모세는 하나님의 이름을 구한다. 여호와께서는 "나는 스스로 있는 자이니라"(I am who I am), 혹은 브레버드 차일즈(Brevard Childs)가 주장한 대로 지속적인 행동의 의미를 지니는 "나는 스스로 있을 자이리라"(I will be who I will be)라고 대답하신다(출 3:14). 왜냐하면 여기서 "하나님은 그의 의도가 미래의 행위들에서 나타날 것이라고 선언하시기" 때문이다.[10] 약속하시는 하나님을 신뢰하는 자들은 이미 현재에 적용되는 약속들을 누리고 있지만, 언제나 소망 가운데 산다. 이와 마찬가지로, 신약에 나타나는 그리스도인들의 탄식과 애통은 하나님의 약속들—그 약속들은 다시 오셔서 모든 것을 최종적으로 올바로 세우시고 "산 자와 죽은 자를 심판하실" 예수 그리스도 자신에게서 구체화된다—에 대한 소망과 신뢰의 표현이다.[11]

이처럼 애통의 시들에는 소망이 신뢰와 찬양의 형태로 깔려 있고, 그런 애통과 소망이 신약 성경에도 나타난다. 하지만 시편 39편과 88편은 어떠한가? 그것들은 기존의 시처럼 신뢰와 찬양의 선언으로 종결되지 않는다. "여호와여, 나의 기도를 들으시며 나의 부르짖음에 귀를 기울이소서. 내가 눈물 흘릴 때에 잠잠하지 마옵소서. 나는 주와 함께 있는 나그네이며 나의 모든 조상들처럼 떠도나이다. 주는 나를 용서하사 내가 떠나 없어지기 전에 나의 건강을 회복시키소서"(시 39:12-13). 몇 가지를 언급해야 한다. 첫째로, 하나님께 드리는 바로 그 탄원과 불평으로 인해 신뢰가 하나님 안에서 나타난다. 시편 기자는 하나님더러 행동해 달라고 촉구하며, 하나님의 약속들을 거꾸로 뒤집는 현실을 토로함으로써, 곧 현재의 온갖 얽힌 사정으로 인해 하나님의 약속이 마치 진실이 아닌 것처럼 보이게 된다고 말함으로써 그가 약속하시는 그대로 행하시라고 도전한다. 시편에서 찬양은 '좌우에 날선 검'으로서 하나님이 말씀하신 그대로 그를 대하는 것이다. 그러므로 하나님 사랑의 신실하심이 나타날 때는 감사가 주어지고, 하나님 사랑의 신실하심이 정황 속에서 드러나지 않을 때는 항의의 애통이 사용된다.[12] 더 나아가, 시편 39편과 88편이 성경 정경 속에 포함된다는 사실에서 우리는 하나님이 우리의 어렵고 힘든 탄원과 항의들을 처리하실 수 있다는 소망을 가질 수 있다. 완전한 절망밖에 없다면 하나님의 임재를 구하지 않을 것이다. 소망이 전혀 없다면 기도하지 않는 법이다. 그러나 시편에 나오는 가장 절망적인 항의조차도 하나님 앞에 탄원을 제기한다. 사실 시편은 3분의 1

이 애통의 시로 구성되어 있으며, 테힐림("찬양들")이라는 히브리어 이름을 지닌다. 격분과 공포와 절망을 표현하는 지극히 충격적인 시들조차도 하나님 앞에서 표현한다. 그것이 찬양이다.

시편의 신학적 중심

시편 전체를 하나님의 약속에 대한 기도를 동반한 다양한 반응으로 바라보면, 150편의 모든 시가 공유하는 하나의 핵심적인 신학적 가정을 보게 된다. 그것은 여호와께서 헤세드, 곧 "사랑이 담긴 신실함"의 하나님이시라는 고백이다. 롤프 제이콥슨(Rolf A. Jacobson)과 칼 제이콥슨(Karl N. Jacobson)이 주장한 바와 같이, 시편 전체를 통틀어 "하나님의 성품과 하나님의 특징적인 행위들이 바로 이 헤세드라는 단어로 정의된다."[13] 헤세드라는 용어는 여러 가지로 번역되며, 그의 백성 이스라엘에게 약속하신 여호와의 언약적인 올곧은 사랑, 신실하심, 자비를 지칭한다. 이 용어는 에멧("사랑 어린 신실함")[14]이라는 용어와 더불어 시편에 널리 퍼져 나타난다. 하나님의 언약적인 사랑은 그의 창조 행위에서, 그의 백성을 구원하시는 데에서, 또한 그의 지속적인 언약적 신실하심에서 나타난다.[15] 시편은 토라(율법)를 주신 일과 또한 약속하신 대로 그가 성전에 임재하시는 데에서 나타나는 하나님의 사랑 어린 신실하심을 거듭 찬송한다. 헤세드라는 용어는 시편 136편의 스물여섯 절 모두에서 나타나는 "그 인자하심이 영원함이로다"라는 후렴구를 포함해 시편 전체에서 130회 나타난다. 그러므로 애통의 시들은 하나님의 헤세드를 기대하며 여호와 앞에 제기하고, 또한 하나님의 인자하심이 선명해 보이지 않을 때는 하나님 자신의 언약의 약속을 근거로 항의를 제기한다. 그러므로 애통의 시의 특징적인 패턴이 다른 형태의 시에도 반영된다. 찬양의 노래의 형식을 취하는 시들은 하나님의 모든 은혜로운 역사들을 증거함으로써 하나님 성품의 사랑 어린 신실하심을 높이며,[16] 감사의 시들 역시 애통의 시들과 비슷한 구조를 지니면서도(이들은 위기를 떠올린다) 탄원을 제기하기보다는 여호와께서 시편 기자를 구덩이에서 건지신 사실을 회상하며 찬양을 올린다.[17] 시편 기자들은 거듭 하나님의 헤세드, 곧 그의 백성에게 신실한 언약의 동반자가 되어 주시겠다는 여호와의 약속들에 호소한다. 하나님의 신실하심의 선명한 증표들을 찬양하든, 신실하게 용서하실 하나님 앞에 죄를 고백하든, 위기 가운데서 하나님께 애통하든, 혹은 하나님의 구원의 역사를 회상하든, 하나님이 친히 자신을 언약의 사랑에 매어 두신 여호와로서 행하시리라는 확신이 시편의 신학적 중심에 있다.

시편 기자가 원수들을 향해 저주를 기원하는, 기도하기 난처해 보이는 시들은 어떠한가? 이 경우에도 열쇠는 이 격한 분노가 언약의 하나님 앞에 제기된다는 사실이다. 이 시들로 기도할 때, 우리는 생각을 가다듬어 조심스럽게 내놓거나 속으로 삭이기도 전에, 분노를 있는 그대로 하나님 앞에 토로한다. 시편 기자는 스스로 보복하기를 구하기보다는 하나님께 부르짖으며, 언약적인 정의의 하나님 앞에 분노를 토해낸다. 미로슬라브 볼프(Miroslav Volf)가 말했듯, 저주의 시들에서 "하나님 앞에 토로하는 격분은……곱씹어 생각하여 절제하고 손질해 놓은 형태의 고백이 아니라, 곱씹어 생각하기도 전에 영혼 깊은 곳으로부터 터져 나오는 것이다. 이것은 그저 우리를 보살피셔야만 하는 전능자 앞에다 분풀이하는 것이 전혀 아니다. 훨씬 더 의미심장하게, 있는 그대로의 순전한 격분을 하나님 앞에 내어놓음으로써, 우리의 불의한 원수와 우리 자신의 보복하려는 자아를 모두 하나님 앞에 세워서, 사랑하시고 정의를 행하시는 하나님을 직접 얼굴로 대면하도록 하는 것이다."[18] 언약적인 신실하심에 대한 하나님의 약속을 중심에 두고서, 하나님은 시편 전체를 사용하여 그의 백성들의 감정과 지각과 행동을 변화시키신다. 시편으로 기도하기 전에 먼저 우리의 삶을 제대로 정돈하지 않아도 된다. 하나님이 시편을 통해 역사하시는 것이다. "우리가 아직 우리의 분노 속에 있는 동안에라도, 저주의 시들이 도구가 되어 복수에 대한 주장을 하나님께 내맡기게 된다." 왜냐하면 우리 자신이 아니라 하나님이 응답하셔서 행동해 주시기를 호소하는 것이기 때문이다.[19] 한 저주의 시에서 시편 기자는 이렇게 외친다. "여호와, 나의 하나님이여, 나를 도우시며 주의 인자하심을 따라 나를 구원하소서. 이것이 주의 손이 하신 일인 줄을 그들이 알게 하소서. 주 여호와께서 이를 행하셨나이다"(시 109:26-27). 시편 기자는 여호와의 헤세드에 근거하여, 정당하게 되갚아 주는 일을 시편 기자의 손에 내버려 두지 마시고 하나님이 친히 정의를 행하시기를 구한다. 찬양에서든, 감사에서든, 애통에서든 혹은 저주의 형식으로 하나님의 정의를 촉구하는 것에서든, 시편은 변화무쌍한 우리의 감정을 통해 우리를 움직여 신실하신 언약의 주를 올곧게 신뢰하는 쪽으로 나아가게 한다.

그리스도께 연합한 사람들로서 시편으로 기도함

이처럼 전체를 아우르는 여호와의 언약적 신실하심이라는 주제는 그리스도인으로서 우리가 다양한 간구자들이 시편으로 기도해 왔고 또한 계속 그렇게 기도한다는 점을 믿는 이유를 설명하는 데 도움을 준다. 1장에서 주목한 바와 같이, 본회퍼는 이스라엘의 시편 기자가 어떻게 해서 시편으로 기도했는지를 설명한다. 곧, 한 개인으로서 내가 시편

신뢰 가운데서 애통하다

으로 기도하고, 한 교회로서 우리가 시편으로 기도하며, 온 세계와 시대를 관통해 다른 이들과 그 기도에 합류하는 것이다. 그러나 과연 어떻게 해서 개개인 그리스도인과 그리스도인의 공동체가 하나가 되어 다윗과 기타 이스라엘 사람들의 기도로 기도하게 되는가? 그리스도인인 우리가 과연 무슨 근거로 시편 기자와 하나가 되어 하나님을 우리 자신의 언약의 주로 모시고 그에게 기도하는 것일까? 성령님이 우리를 예수 그리스도와 연합하게 하셨기 때문에 우리가 확신을 가지고 그렇게 할 수 있는 것이요, 또한 우리는 그리스도께 속한 자들로서 기도한다. 삼위일체 하나님의 이름으로 세례를 받고 예수님이 주님이심을 고백하는 자들로서 기도한다. 바로 이 예수님이 여호와의 언약적인 헤세드의 성취이시며, 하나님의 토라와 성전의 구체화이시고, 시편으로 기도하는 큰 대제사장이시다. 그분은 그 언약의 '절정'이시며, 그 자신이 친히 행동하시는 참 이스라엘이시고, 성부 하나님의 올곧은 언약적인 사랑을 드러내 보이시는 분이다.[20]

아우구스티누스는 그의 시편 강해에서 하나님의 아들이신 예수 그리스도와 연합한 자들로서 시편을 읽는 문제에 대해 탁월하게 설명한다.

하나님이 그의 말씀—그로 말미암아 하나님이 만물을 창조하셨다—으로 하여금 사람들의 머리가 되게 하시고 그들을 그의 지체로 삼으셨으니, 인간에게 주신 선물로 이보다 더 큰 것은 있을 수가 없었다. 그리하여 그는 하나님의 아들이시며 또한 사람의 아들이 되셨으니, 성부와 하나인 하나님이시며 우리와 하나인 인간이시다. 그 결과 우리는 기도로 하나님께 말씀드릴 때 아들을 하나님과 분리시키지 않으며, 또한 그 아들의 몸이 기도할 때 그 기도가 머리를 그 몸 자신과 분리시키지 않는다. 그 몸의 유일한 구주가 바로 우리 주 예수 그리스도 하나님의 아들이시니, 그가 우리를 위해 기도하시고, 우리 안에서 기도하시며, 또한 우리가 그분께 기도를 올린다. 그는 우리의 대제사장으로서 우리를 위해 기도하시며, 우리의 머리로서 우리를 위해 기도하시고, 또한 우리는 우리의 하나님이신 그분께 기도를 올린다.[21]

우리는 기도할 때 홀로 기도하지 않는다. 우리의 언약의 제사장이신 예수 그리스도 안에서 그로 말미암아 기도한다. 그는 "영원히 계시므로 그 제사장 직분도 갈리지 아니하느니라. 그러므로 자기를 힘입어 하나님께 나아가는 자들을 온전히 구원하실 수 있으니 이는 그가 항상 살아 계셔서 그들을 위하여 간구하심이라"(히 7:24-25). 우리는 혼자서 기도하지 않는다. "너희는 다시 무서워하는 종의 영을 받지 아니하고 양자의 영을 받았으므로 우리가 아빠 아버지라고 부르짖느니라. 성령이 친히 우리의 영과 더불어 우리가 하나님의 자녀인 것을 증언하시나니 자녀이면 또한 상속자 곧 하나님의 상속자요 그리스도와 함께한 상속자니 우리가 그와 함께 영광을 받기 위하여 고난도 함께 받아야 할 것이니라"(롬 8:15-17). 내가 치료대 위에 누워서 "내게 능력 주시는 자 안에서 내가 모든 것을 할 수 있느니라"(빌 4:13)라고 기도했을 때 나 혼자서만 기도한 것이 아니었다. 성령님이 내가 예수 그리스도께 속했음을 내 영에게 증언하고 계셨다. 그리고 치료대 위에서 주먹을 꽉 쥐고 고통을 견디고 있는 나를 바라보던 그리스도 안의 내 형제도 함께 기도하고 있었다. 우리는 그리스도께 연합한 자들로서, 또한 성부 하나님의 입양된 자녀로 교회에 연합해 있는 자들로서 그렇게 기도한다. 우리는 성령으로 말미암아 그렇게 기도하는데, 그는 찬양과 감사의 기도를 하게 하실 뿐 아니라 "말할 수 없는 탄식으로 우리를 위하여 친히 간구하"신다 (롬 8:26). 이는 우리가 하나님의 사랑 어린 신실하심을 고백하는 바로 이 시간에도 우리가 "속으로 탄식하여 양자 될 것 곧 우리 몸의 속량을 기다리"기 때문이다(23절).

우리는 그리스도 안에 있으며, 또한 그의 안에서 그로 말미암아 기도한다. 그는 질고를 아는 자이시며(사 53:3 참조), 나사로를 위해 우셨고 또한 겟세마네에서 제자들에게 "내 마음이 매우 고민하여 죽게 되었"다고 말씀하신 분이다(마 26:38, 막 14:34 참조). 그는 십자가에 달렸을 때 시편 22편을 인용하여 "내 하나님이여, 내 하나님이여, 어찌 나를 버리셨나이까"라고 애통하며 부르짖으셨다. 골수 검사를 받는 극한 고통을 견디고 있든, 혹은 진단이나 기타 상실로 인해 산발적인 슬픔의 고통을 견디고 있든, 우리는 인간의 고통과 슬픔을 친히 아시는 구주 예수 그리스도께 속해 있다. 시편 기자와 예수님이 모두 우리에게 보여주듯이, 고통 중에 하나님께 부르짖고 애통하며 탄식하는 것은 신앙이 없는 행동이 아니다. 오히려 그것은 믿음과 신뢰의 행동이다. 예수님이 그의 생애와 그의 기도들에서 아버지의 언약적인 신실하심에 대한 완전한 신뢰를 보여주셨는데, 그것이 우리를 대신하여 계속된다. 이 신실하심은 겟세마네 동산에서 기도하실 때 "이 잔을 내게서 지나가게 하옵소서"라고 하시며 아버지께 간구하는 형식을 취했지만, 동시에 "나의 원대로 마시옵고 아버지의 원대로 하옵소서"라고 하시며 아버지께 굴복하는 형식을 취하기도 했다(마 26:39). 그리스도의 신실하심은 십자가에서 버림받음을 느끼는 자로서 애통하는 데에서도 드러나며, 또한 그러면서도 (9장에서 좀 더 탐구하게 되겠지만) 시편 22편에서 고백하는 하나님의 인자하심에 대해 소망하는 데에서도 드러난다. 더 나아가 누가복음이 강조하여 보여주듯이, 그리스도의 신실하심은 또한 신뢰와 친밀함에 근거하여 아뢰는 그의 마지막 말씀, "아버지, 내 영혼을 아버지 손에 부탁하나이다"(눅 23:46)에서도 드러난다. 그리스도인으로서 우리는 참된 언약의 동반자이시며 참된 인간이신 그분께 속해 있다. 그는 애통하고 간구하며 찬양하는 분이시며, 하나님의 사랑하시는 언약적 헤세드를 드러내 보이며 또한 신뢰하는 분이시다. 고통과 분노와 혼란의 눈물을 흘리며 기도로 그리스도께 합류하는 가운데, 우리는 하나님의 사랑 어린 신실하심과 또한 아버지께 입양된 자녀라는 정체성을 신뢰하는 데에서 자라 간다. 우리는 개인으로서 또한 그리스도의 몸으로서, 하나님의 성령으로 말미암아 예수 그리스도의 형상에로 자라 간다.

4

:

전능자께 애통을 토로하다

하나님의 섭리의 신비를 분별함

때때로 나는 이 암이 내게 닥쳐온 이유가 분명 있을 거라는 느낌을 받았다. 혹시 그것이 좋은 이유가 아니더라도—설사 그 책임이 내게 있더라도—나는 그 이유를 알고 싶었다. 혹시 내가 건강을 소홀히 해서 이 암에 걸렸을까? 믿음에 대한 시험으로 이 희귀 암을 얻었을까? 만일 그렇다면, 내가 그 시험에 떨어지면 어떻게 될까? 건전할 때의 나의 본능과는 달리, 내가 젊은 나이에 이런 치명적인 암으로 얻어맞은 이유를 알 것 같은 느낌이 드는 순간도 있었다.

암 진단을 받은 그 주간에 나는 교회의 한 목회자의 사무실을 찾아갔다. "암 진단을 받은 후부터 많은 친지들이 나를 위해 기도해 주고 있습니다"라고 나는 말했다. "기도와 후원은 감사합니다. 하지만 사람들이 '완전한 치유' 혹은 '치료'를 위해 기도할 때면, 나는 온전히 동감할 수는 없습니다. 그들이 무엇을 위해 기도하는지 혹은 그게 무엇인지 확신할 수 없어서 죄책감을 느낍니다." '완전한 치유'를 위해 기도하는 분들은 진료실에서 주치의가 나의 암이 치료가 불가능하다는 사실을 설명해 줄 때 그 자리에 없었다. 주치의는 암이 호전되기도 하겠지만 분명 다시 나타날 것이라고 강조했다. 한편으로, 사람들이 나의 주치의의 판단이 틀렸다고 판명되기를 기도하는 것은 괜찮다. 하지만 다른 한편으로는, 만일 내가 85세로 치매와 싸우고 있다 해도 그들이 완전한 치유를 위해 기도하겠는가? 그렇지 않다면, 내가 나이 많은 치매 환자와 다른 범주에 속하게 되는 요인이 무엇이란 말인가?

그러나 나의 근심은 그보다 더 깊었다.

나는 말을 계속했다. "하나님이 치료하실 수 있고 또한 치료하신다는 것을 믿지만, 하나님이 항상 그렇게 하시는 것은 아니라고 생각합니다. 또한 의사나 약물 등의 수단을 통해서 일하시는 것이 하나님의 일상적인 방식이라는 것도 믿습니다. 그러나 인정하기 좀 당황스럽지만 내 걱정은 이것입니다. 내가 믿음이 부족해서 고침을 받지 못하는 것이면 어쩌나 하는 것입니다. 아빠가 믿음이 부족해서 네티와 너대니얼이 아빠를 잃게 된다면 어떡하나요?" 어색한 침묵이 흘렀다. 목사님은 이렇게 말을 시작했다. "글쎄요, 내가 성경을 이해하는 바로는 하나님이 그렇게 일하시지는 않는다고 봅니다." 나는 그의 말을 가로막으며 이렇게 말했다. "저는 성경 해석에 있어서는 목사님과 생각이 같습니다. 하지만 저는 제 소망의 마지막 끝자락에 있습니다. 혹시 내가 틀렸다면 어떻게 하나 하는 염려가 있습니다. 믿음이 부족해서 하나님이 나를 고쳐 주시지 않는 것일지도 모르니, 다시 분발해서 치유받을 수 있을 만한 믿음을 갖추도록 힘써야 할까요?" 또다시 긴 침묵이 이어졌다. 나는 정답을 알고 있었다. 이어지는 장들에서 더 탐구하게 되겠지만, 간구의 기도에 대해서는 여러 가지 이슈가 제기되어 왔다. 하지만 지금의 이슈는 좀 달랐다. 곧, "내가 치유를 받지 못한다면, 그것이 내 믿음이 부족한 것에 대해 하나님이 벌하신다는 증표인가"라는 것이다.

2장에서 탐구했던 욥기에 나오는 보응의 신학이 다시 여기서 등장한다. 그러나 이는 욥의 친구들이 가졌던 기계적인 보응 신학이 아주 해로운 형태로 변형된 것이다. 곧, 믿음이 치유의 상을 받고, 반면에 (과거를 돌아보았을 때) 치유가 없다면 이는 믿음이 없다는 증표라는 것이다. 나는 하나님이 그의 말씀을 지키시는 분이라기보다는 오히려 예상할 수 있고 또 조작될 수도 있는 분이라는 데에 내기를 걸고픈 유혹을 받았다. 물론 이는 신뢰가 아니라 노예적인 두려움에서 비롯된 것이었다. 이런 상황에서 하나님을 신뢰한다는 것은, 무언가를 얻어 내려고 내기를 거는 식이 아니라 계속해서 간구하고 신뢰하는 것을 뜻했다. 건강과 부귀의 복음의 하나님을 경외한다는 것은, 아무것도 바라지 않고(욥 1:9의 말씀처럼 "까닭 없이") 하나님을 경외하는 것이 아니라 나 자신의 이득을 위해서 경외하는 것이다. 이것은 사실 하나님을 마치 자동판매기처럼 신뢰하는 것이요, 이는 전혀 하나님을 신뢰하지 않는 것과 마찬가지다.

하지만 여전히 여러 가지 의문들이 나를 찌른다. 왜 나는 이처럼 생명을 위협하는 암을 얻었을까? 그 이유를 도무지 알 수가 없다. 왜 욥은 고난을 당했는가? 하나님이 친히 욥의 간구에 응답하셨지만, 욥은 그 이유를 제시받지 못했다. 왜 시편 기자는 고난을 당하고 부르짖는가? 어느 시편은 하나님께 회개를 올리기도 한다. "나의 죄악을 말갛게 씻으시며 나의 죄를 깨끗이 제하소서"(시 51:2). 그러나 대다수 애통의 시들은 하나님이 고난을 통해 벌하신다거나 죄에 대해 징계하신다는 식으로 가정하지 않는다. 애통하는 시편 기자는 왜 고난을 당하는가? 시편 기자는 전혀 이유를 알지 못한다. 이런 의문점들을 해답이 없는 채로 그냥 두는 것이 어려울 수 있다. 어떤 면에서는, 목회자의 사무실에서 내가 고려했던 것과 같은 그릇된 '답변'들에 그냥 굴복하는 편이 더 쉬울 것이다. 그러나 욥기나 시편 기자들은 그런 방식을 취하지 않는다. 사실, 피조물들이 그리스도인의 삶 속에 새로운 창조가 일어나기 위해 "탄식한다"고 바울이 말하듯이, 또한 복음서에서 예수님이 애통하시듯이, 예수 그리스도의 아버지께서는 애통에 관한 우리의 의문들에 대해 침묵하지 않으신다. 오히려 신뢰 가운데서 열린 질문들을 제기하는 자에게 언약의 주님의 사랑과 권능이 신비롭게 나타난다. 그러나 하나님이 전능하시며 주권자이신 주님이시지만, 때로는 하나님의 약속들이 성취되는 새벽이 오기까지 우리는 어둠 속에서 신뢰할 필요가 있다.

애통의 외침: 그의 언약의 약속들에 대한 책임을 하나님께 지움

고난의 문제를 하나님 앞에 그냥 열린 채로 두는 성경적인 실천을 지속하기 어려울 수도 있다. 특히 하나님의 섭리적인 보살피심과 권능을 생각하면 그렇다. 그러나 하나님이 누구시며 우리는 누구인가에 대한 성경의 증언을 시인하기 위해서는 고난과 악에 관한 문제점을 열린 문제로 남겨 두어야 한다. 그렇게 하면 시편 기자들의 증언이 가진 두 가지 면, 곧 이스라엘의 언약의 하나님이 주권을 지닌 자비로운 왕이시라는 점과, 또한 하나님의 언약의 약속들 때문에 그의 약속들이 결실을 맺는 것을 볼 때는 주께 감사해야 하고 그것들을 보지 못할 때는 애통 가운데서 그에게 호소해야 한다는 점을 포용하게 된다. 하나님이 재난을 허용하시는 이유를 안다면, 계속해서 애통할 이유도 없을 것이다. 그러나 신약 성경이 증언하는 대로, 그 나라가 최종적으로 임할 때까지 애통은 그리스도인의 삶의 일부다.

시편 기자의 애통의 이면에는 이스라엘의 하나님이 왕이시며, 여호와께서 주권을 지닌 언약의 주님이시라는 확신이 깔려 있다.

여호와께서 다스리시니 만민이 떨 것이요
여호와께서 그룹 사이에 좌정하시니 땅이 흔들릴 것이로다.
시온에 계시는 여호와는 위대하시고
모든 민족보다 높으시도다.
주의 크고 두려운 이름을 찬송할지니
그는 거룩하심이로다.
능력 있는 왕은 정의를 사랑하느니라.
주께서 공의를 견고하게 세우시고
주께서 야곱에게 정의와 공의를 행하시나이다(시 99:1-4).

주권자이신 주님의 지식과 권능은 인간과는 달리 한계가 없다. "여호와여, 내 혀의 말을 알지 못하시는 것이 하나도 없으시니이다. 주께서 나의 앞뒤를 둘러싸시고 내게 안수하셨나이다"(시 139:4-5). 이 본문과 무수한 다른 성경 본문들은 하나님이 주권을 지닌 한 분 왕이심을 증언한다. 그런데 이는 시편 기자들에 대해 한 가지 중요한 신학적 가정을 제시한다. 어떤 구약학자가 진술한 것처럼, "이 [시편의] 하나님은 생명에 속한 모든 것에 대해 절대적인 통치권을 지니시며, 그의 백성의 삶을 주도하신다." 그러나 동시에, 애통의 시들에서는 오히려 "주권적인 하나님에 대한 그런 믿음이 혼란을 초래한다." "전능하신 왕이 왜 갑자기 이해할 수 없이 복을 끊으시고, 삶의 질서를 유지하지 않으시며, 모든 일을 통제하지 않으시는가? 하나님이 주권자라는 사실을 믿지 않는다면 애통할 이유도 없을 것이다."[1] 시편 기자는 바로 하나님이 주권자라는 신뢰에 근거하여 계속해서 주 앞에 애통과 탄원을 내어놓는다.

그러므로 애통의 시들은 광야에서 이스라엘 백성들이 보인 원망과는 다르다. 그들은 하나님의 약속들에 대한 믿음이 없음을 드러내 보였다. 반면에 시편 기자들은 하나님의 주권에 대한 믿음이 있었기에 하나님에 대해 높은 기대를 가졌다. 그들은 하나님의 약속들을 진지하게 받아들였기 때문에, 하나님이 그의 약속들을 지키시지 않는 것 같을 때 애통하고 항의한다. 그들은 "복을 주시는 것이 하나님의 책임이라면 복을 주지 않으시는 것도 하나님의 책임이다"[2]라고 전제한다. 그들은 복이 없는 것이 믿음이 없기 때문이라거나(앞의 나의 경우처럼) 심지어 사탄 때문이라는 식의 극단적인 입장은 삼간다. 하나님은 전능하시며 또한 선하시다. 따라서 그분은 우리가 기도할 때 신뢰할 만한 분이시다. 그러나 위기가 발생하여 그의 약속들이 이행되지 않는 것처럼 보일 때는 어떤 의미에서 하나님을 탓하기도 한다.

시편 기자가 위기 중에 하나님을 탓한다는 말은 정확히 무슨 뜻인가? 이 말은 재판장이 피고인을 탓하며 판결을 내리고 법정에서 그를 내보내는 것과 같은 의미가 아니다. 만일 시편 기자가 사전에 이미 판결을 결정했다면(하나님이 정말 신실하지 못하다는 식으로), 계속해서 탄원을 제기하지는 않을 것이다. 악의 문제점에 대해 하나님은 신뢰할 만한 분이 아니시며 또한 전적으로 선하신 것도 아니라는 식으로 이미 해결해 놓았으므로, 얼마든지 애통의 질문들을 잠잠하게 만들 수 있었을 것이다. 그러나 시편 기자들은 하나님의 언약적인 약속들에 대한 소망을 끈질기게 붙잡고서, 대답 없는 질문들을 있는 그대로 내어놓고 의문을 제기하며 하나님을 탓한다. "여호와의 언약의 약속이 참이라면 내가 왜 이런 위기 속에 있는가?" 하나님의 백성들은 하나님과 언약의 교제 속에 있기 때문에, 하나님이 그의 언약의 약속에 합당한 신실하심을 보여 주시기까지 불평으로, 심지어 항의와 무제한의 원망으로 언약의 주께 부르짖을 수 있다.

그러므로 다신론적인 이스라엘의 이웃과는 달리, 이스라엘은 악의 문제점을 열린 문제로 남겨 두는 신비 속에서 살아야 했다. 고대 근동 지방에 있었던 이스라엘의 이웃들은 환난과 축복을 서로 다른 신들의 경쟁의 결과로 볼 수 있었다.[3] 그러나 이는 욥기와 시편 그리고 성경의 다른 책들의 경우와는 판이하게 다르다. 하나님은 주권자시다. 또한 하나님은 악하지 않고 선하시다. 욥기의 경우, 심지어 고발하는 사탄조차도 하나님의 권능에 의해 제한을 받는다.

시편 기자는 하나님의 권능을 제한하거나 혹은 그의 선하심을 부인함으로써 이성적으로 문제를 '해결'하기보다는, 그 문제를 열어 둔 채 불평과 애통으로 하나님의 약속들을 거꾸로 그에게 요구하고 간구하며 살아간다. 시편 기자는 시선을 성경적이며 언약에 근거한 주의 약속에게로 향하고, 위기 가운데서 그에게 책임을 지운다.

주께서 어찌하여 주의 손 곧 주의 오른손을 거두시나이까.
주의 품에서 손을 빼내시어 그들을 멸하소서(시 74:11).

주여, 깨소서. 어찌하여 주무시나이까.
일어나시고 우리를 영원히 버리지 마소서(시 44:23).

전능자께 애통을 토로하다

내 하나님이여, 내 하나님이여, 어찌 나를 버리셨나이까(시 22:1).

글렌 펨버튼(Glen Pemberton)이 지적한 것처럼, 이 모든 애통의 질문들은 성경 다른 곳에 나타나는 하나님의 약속들에 근거한다.[4] 첫 번째 애가는 애굽에서 구원하겠다고 모세에게 약속하셨던 주의 그 권능의 손이 왜 보류되고 있는지 묻는다. "내가 내 손을 들어 애굽 중에 여러 가지 이적으로 그 나라를 친 후에야 그가 너희를 보내리라"(출 3:20). 그런데 이번에는 왜 하나님이 손을 뒤로 오므리고 계시느냐는 것이다.

두 번째 애가는, 왜 주께서 구원을 베푸시는 언약의 하나님답게 처신하지 않으시고, 마치 너무나 인간적인 갈멜산의 바알처럼 주무시는 것처럼 보이시는지 묻는다. 시편 기자는 주님이 바알과 같은 분이 아니심을 친히 보여주시기를 구한다. 엘리야는 바알 선지자들을 이렇게 조롱했다. "큰 소리로 부르라. 그는 신인즉……잠이 들어서 깨워야 할 것인지 하매"(왕상 18:27).

세 번째 애가는 주께서 왜 그의 백성을 거절하셨는지 묻는데, 이는 약속하신 땅에 들어가기 전에 모세가 이스라엘 사람들에게 상기시킨 언약의 약속에 근거한다. "여호와 그가 네 앞에서 가시며 너와 함께하사 너를 떠나지 아니하시며 버리지 아니하시리니 너는 두려워하지 말라. 놀라지 말라"(신 31:8). 언약의 하나님이 그의 백성을 버리지 않는 분이시라면 왜 시편 기자는 버림받았다고 느끼는가?

시편 기자들이 출애굽기와 신명기와 열왕기상에 나오는 이 약속들을 부인하는가? 그렇지 않다. 그들이 제기하는 열린 질문들은 이 약속들에 대한 소망의 기도이다. 그들은 이 언약의 약속에서 나타나는 바와 같이 권능이 있으시고 선하신 분이 아닌, 순화되고 길들인 하나님은 인정하기 거부한다. 따라서 그들은 위기가 닥칠 때 그저 "일어날 일이 일어났을 뿐이다"라고 말하는 운명론자들과는 다르다. 심지어 세상이 속수무책으로 소용돌이치는 것 같은 때에도, 그들은 손으로 세상을 쥐고 계시는 선하시고 전능하신 하나님을 섬기는, 순전하고도 성경적이며 신비한 역설 가운데서 살고 있다.

주께서 위기에서 구원하셨음을 찬양하는 감사의 시들조차도, 주의 구원에 감사하면서도 그 재난 가운데서 주께 책임을 지운다. 시편 66편에서 시편 기자는 감사를 터뜨리기 전에 이렇게 선언한다. "우리를 끌어 그물에 걸리게 하시며 어려운 짐을 우리 허리에 매어 두셨으며 사람들이 우리 머리를 타고 가게 하셨나이다. 우리가 불과 물을 통과했더니"(시 66:11-12). 이처럼 그물에 걸리는 "어려운 짐"에 대해 하나님께 책임이 있음을 선언한 후에 비로소 감사를 올린다. "주께서 우리를 끌어내사 풍부한 곳에 들이셨나이다"(12절). 이와 비슷하게, 시편 30편에서 시편 기자는 애통을 회상하기 전에 그저 이렇게 말한다. "주의 얼굴을 가리시매 내가 근심했나이다"(시 30:7). 그러나 시편 66편과 마찬가지로 위기만이 아니라 구원도 하나님의 덕분으로 돌린다. "주께서 나의 슬픔이 변하여 내게 춤이 되게 하시며 나의 베옷을 벗기고 기쁨으로 띠 띠우셨나이다. 이는 잠잠하지 아니하고 내 영광으로 주를 찬송하게 하심이니 여호와, 나의 하나님이여, 내가 주께 영원히 감사하리이다"(11-12절). 시인의 감사는 하나님의 권능의 구원의 역사—"무덤"과 "진토"로부터의 구원(9절)—에 대한 회상이다. 그러나 신비를 압도하려고 하기보다는 그저 그 앞에 고개를 숙이는 방식으로 감사를 표한다. 감사와 애통 모두의 중심에 선하시고 전능하신 하나님, 곧 약속을 신실히 지키시는 여호와에 대한 소망이 자리하고 있다.

전능자께 애통을 토로하다

시편 기자의 소망은 소원 성취의 하나님께 있지 않다. 이 감사들이 증언하듯, 하나님은 언제나 시인이 원하는 대로만 행하지는 않으신다. 물론 하나님은 선하시지만 그저 속수무책으로 고통을 당하는 자와 함께 슬퍼하기만 하실 만큼 악으로부터 멀리 계시는 분이 아니다. 시인은 재난 속에서는 하나님을 탓하고 구원에 대해서는 하나님께 감사하는데, 이 모든 것이 주의 언약의 약속들에 근거한다. 하나님은 암의 치유나 새 차 혹은 큰 집을 약속해 주지는 않으신다. 성경의 하나님은 우리가 바라는 목표들을 이루는 데 사용하는 수단이 아니다. 하나님은 왕이시다. 또한 시편 기자가 침묵과 어둠 속에서 기다리며 바랄 때에도, 그가 바라고 기다리는 분은 바로 언약의 약속들의 주권자 하나님이다. "나 곧 내 영혼은 여호와를 기다리며 나는 주의 말씀을 바라는도다. 파수꾼이 아침을 기다림보다 내 영혼이 주를 더 기다리나니 참으로 파수꾼이 아침을 기다림보다 더하도다"(시 130:5-6). "깊은 곳"(1절)의 어둠 속에서 기다리면서 애통과 감사를 발하는 시편 기자는 우상이 아닌 친히 자신의 말씀을 지키시는 하나님을 기다리며 주의 말씀을 바란다. 주를 기다리는 동안 우리는 우상이신 하나님, 곧 성경을 통틀어 나타나는 하나님 계시의 역설들을 회피하기 위해 만들어 낸 우상이 아니라, 빛을 밝혀 주는 하나님 말씀의 신비를 고백하는 것으로 만족해야 한다.

위험한 한 가지 극단: 운명론

하나님 섭리의 신비를 고백할 때, 오늘날의 그리스도인들은 흔히 두 가지 극단적인 유혹을 받는다. 그 두 가지 모두 처음에는 성경의 가르침에 충실한 것처럼 보이나 결국 완전히 무너지고 만다. 첫째는 하나님이 세상에서 능동적으로 역사하시며 또한 시편 기자가 위기 중에 하나님을 연루시킨다는 점을 적절히 간파한다. 이를 근거로, 오늘날의 그리스도인들은 하나님이 역사 속의 유일한 행동자이시며, 또한 모든 사건이 하나님에게서 직접적이며 중개자 없는 방식으로 일어난다고 결론 짓는다. 그러나 이 견해는 한편으로 치우친 것이다. 시편 기자는 하나님을 상정하면서도, 또한 다른 사람들을 재난의 원인으로 지목하니 말이다. "까닭 없이 나를 미워하는 자가 나의 머리털보다 많고 부당하게 나의 원수가 되어 나를 끊으려 하는 자가 강했으니"(시 69:4). 시편 기자가 보기에는 원수들이 하나님의 길을 거슬러 행동한다. 하나님이 세상에서 유일한 능동적인 행동자가 아닌 것이다. 학대를 당하는 자들은 다음과 같이 운명론적인 발언을 해서는 안 된다. "일이 이렇게 될 수밖에 없어. 내 처지가 이렇게 되기를 하나님이 원하시는 게 틀림없어." 대신 그는 시편 기자와 함께, 하나님의 약속에 따르면 일이 이렇게 되어서는 안 된다고 부르짖을 수 있다. 학대와 여러 가지 형태의 지속적인 불의를 당한 희생자들을 위해 기도하며, 시편 기자와 함께 애통하며, 탄원하며, 항의할 수 있는 것이다. 젊은 여자가 이웃에게 성적인 학대를 받으면서도 수치심으로 가득하여 아무에게도 말하지 못하고, 한 흑인 남자는 사회에서 계속 따돌림과 인종 차별을 받고 있다고 말이다. 거듭 시편은 하나님의 언약의 약속으로 돌아가 압제와 불의를 당하는 그의 백성들의 부르짖음을 듣는다. 시편 기자는 이렇게 증언한다. "여호와께서 공의로운 일을 행하시며 억압당하는 모든 자를 위하여 심판하시는도다"(시 103:6). 학대받는 젊은 여자와 따돌림을 당하는 흑인 남자는 잠잠히 있어서는 안 되고 애통하며 항의해야 한다. 그들은(또한 그들과 함께하는 다른 사람들도) 그들이 당하는 그 악을 공적으로 증언하는 것과 더불어 구원자이신 하나님 앞에 탄원을 제기할 수 있다. "여호와여, 일어나옵소서. 하나

전능자께 애통을 토로하다

님이여, 손을 드옵소서. 가난한 자들을 잊지 마옵소서"(시 10:12).

이처럼 시편 기자에게 하나님은 세상에서 유일한 행동자가 아니시다. 하나님의 정도를 거슬러 행하는 다른 피조물들이 있다. 그러나 시편 기자는 마치 부당한 일을 당할 때 그 원수들에게만 항의하는 것으로 족하기라도 한 것처럼 거기서 그치지 않는다. 시편 기자들은 거듭 하나님께 탄원하며, 원수들에게서 압제를 받을 때 구원해 주시기를 애통하며 부르짖는다. "내 반석이신 하나님께 말하기를 어찌하여 나를 잊으셨나이까. 내가 어찌하여 원수의 압제로 말미암아 슬프게 다니나이까 하리로다"(시 42:9. 또한 시 10:12, 44:24, 56:1을 보라). 더 나아가, 시편 110:1에서는 여호와께서 다윗 계열의 이스라엘 왕에게 "네 원수들로 네 발판이 되게"[5] 하실 것을 약속하신다. 그러므로 원수들이 하나님의 손안에 있지만, 그럼에도 불구하고 그들의 악행이 하나님의 직접적인 역사는 아니다. 모든 피조물의 생명과 힘이 하나님께 달려 있으며, 또한 창조 세계를 유지하시는 하나님이 피조물들의 대리 활동도 가능하게 하신다. 하나님의 지탱하시는 능력 때문에 그분은 세상에서 유일한 행동자는 아니시다. 더 나아가, 하나님은 그의 거룩하신 사랑이 구현되는 그 어떠한 방식으로도 자유로이 치유하시고 또한 행동하시지만, 하나님을 세상에서 유일한 행동자로 바라보는 입장은 하나님이 일상적으로 수단을 통해—사람, 물, 떡, 포도주 등을 통하는 간접적인 방식으로—일하신다는 사실을 간과한다.

하나님이 언제나 직접적인 방식으로 행하신다고 가정하는 경향이 암 진단 이후 구체적으로 내게 다가왔다. 때로는 즉각적인 치유를 위해 기도했던—내 믿음을 보아서도 하나님이 반드시 응답하셔야 한다고 하나님께 탄원했던—사람들이 의사들과 항암 치료를 통해 하나님이 암을 물리

치도록 역사해 주시기를 내가 기도하자 나를 책망했다. 나는 항암 치료가 효과적으로 암을 물리치도록, 나의 가족을 위해서 그리고 암과 싸우는 일이 하나님의 나라를 위해서 사용되도록 기도를 부탁했다. 때로는 사람들이 그렇게 기도했다. 그러나 어떤 때는 하나님의 역사하심을 의사와 약이라는 인간의 방법과 결부해 실망하고 조급해하는 심정으로 기도하기도 했다.

그동안 나는 줄곧 나의 역할이 '기도 경찰', 곧 다른 사람들이 나를 위해 드리는 기도를 조율하는 역할이라고 여기지 않는다는 점을 다른 사람들과 나누었다. 그리고 자주 기도 제목을 달라는 요구를 받을 때마다 나는 하나님이 약물 등의 외형적인 수단과 상관없이 행하실 수 있지만, 그가 취하시는 일상적인 방식은 그런 수단을 통해 일하시는 것임을[6] 전제하는 식으로 답변했다. 긍정적인 결과들이 있을 때 나는 의사들에게만이 아니라 반드시 하나님께 찬송과 감사를 드렸다. 왜냐하면 하나님은 이런 수단을 통해 일하시며, 이에 대해 감사로 응답하는 것이 합당하기 때문이다. 그런데 어떤 사람은 '직접적인' 치유를 기대하며 기도하지 않고 하나님이 수단을 통해 일하신다는 식으로 가정하는 것은 현대의 세속주의를 수용하는 허약한 자세일 뿐이라고 말한다. 그러나 나는 이에 동의하지 않는다. 세속주의자나 이신론자일 수 없는 존 칼빈의 다음과 같은 발언은 계몽주의 이전 시대에 있었던 많은 기독교 신학자들이 이 문제에 대해 지녔던 사고를 전형적으로 보여준다.

의학이 하나님에게서 왔다는 사실은 얼마든지 증명할 수 있다. 왜냐하면 필연적인 조건들에 종속되어 있는 우리의 처지를 따라 하나님이 주시는 창조의 은사들을 조심스럽게 사용하는 하나의 지식이기 때문이다. 하

전능자께 애통을 토로하다

나님은 우리의 육체를 주림과 목마름에 종속되게 하신 후에 우리의 필
요를 채우도록 먹고 마실 능력을 우리에게 베푸시고, 또한 우리를 추위
와 열기에 종속되게 하신 후에 그 문제를 해결할 수단을 우리에게 베푸
신다. 마찬가지로, 우리를 질병에 종속되게 하신 후에 그 질병을 다룰 능
력을 우리에게 베푸신다.……분명히 말하지만, 하나님이 정해 주신 그
수단을 중요시하지 않는 자는 누구든지 하나님을 신뢰하지 않고 거짓된
교만과 만용으로 허풍을 떠는 것이다.[7]

하나님의 섭리는 음식이나 열기나 의약품 등 외형적인 수단을 통
해서 역사하신다. 따라서 창조의 하나님이 이런 수단들을 무시하고 치
료를 베푸신다는 생각은 교만한 불신앙이다.

이러한 사고는 마이클 호튼이 현대의 많은 그리스도인들 가운데
만연한 "극초자연주의적 운명론"(hypersupernaturalistic fatalism)이라
불리는 사고로 이어진다. 이러한 그리스도인들은 "마치 하나님이 자신
의 삶 속에서 어떠한 수단도 사용하지 않고 모든 일을 직접 행하시기라
도 하는 것처럼 이야기하는 경우가 많다."[8] 그들은 의술을 통해 일하시
는 하나님에 대해 말하는 사람들을 책망하며, 극단적인 경우 자신의 게
으름과 지혜나 준비가 없는 것을 하나님의 주권을 빙자하며 변명하기
까지 한다. "그냥 그것을 놓고 기도해라" 혹은 "하나님이 원하시면 이루
어질 거야"라는 식이다. 그들은 하나님이 능동적으로 일하시지만 사람
들이 아무것도 하지 않도록 하는 방식으로 일하신다고 주장한다. 구체
적으로 무슨 일이 일어나든 간에, 그것은 "하나님의 직접적이며 즉각적
인 역사하심이다."[9] 전문 용어로 말하자면, 이런 접근은 하나님의 활동
을 '단일인과론'(monocausality)의 관점으로 보는 것이다. 곧, 세상에서

일어나는 일에 대해 하나님이 단일한 원인이시며, 그가 직접적으로 즉각적인 사건 하나하나의 원인으로 역사하신다는 것이다. 그러나 이러한 접근은 구별된, 그리고 흔히 하나님을 반대하는 의지를 지닌 피조물들의 행위를 인정하지 않는다. 이처럼 단일인과론적인 접근은 광범위한 신학자들이―교부 시대나 중세 그리고 종교 개혁 시대에 아르미니우스주의와 개혁주의에 속한 신학자들 대다수가―극단적인 입장으로 정죄한다. 그러나 오늘날 서구 기독교에서는 놀랍게도 이것을 아주 흔하게 볼 수 있다.

정반대의 극단: 세상이 하나님의 손안에 있는 것이 아님

이처럼 운명론적이며 단일인과론적인 접근에 대항하는 해결책은, 어떤 일들이 그저 우연히 발생한다고, 곧 하나님은 그런 일들에 대해 아무것도 하실 수 없다고 주장하는 것이 아닐까 하는 느낌이 들 수도 있다. 위기가 일어날 때 하나님이 의도적으로 그런 재난이 일어나도록 허용하셨다고 말하면, 그것은 하나님의 위신을 깎아내리는 일이 아니겠는가? 하나님이 내가 39세의 나이에 암에 걸리기를 바라셨는가? 아니면 그보다 더 나아가서, 하나님이 아동 학대 같은 끔찍한 비극을 바라시겠는가? 하나님은 분명 무고한 자들의 고난을 반대하시기에, 그저 악을 대적하실 뿐 어떤 식으로도 그것을 허용하거나 용인하지 않으신다는 추론이 이어진다. 하나님이 왜 재난을 허용하시겠는가? 이것에 대해 신정론 문제에 대한 답을 제시하고픈 유혹이 생긴다. 곧, 재난이 일어나는 것은 하나님 자신의 한계 때문이며, 하나님은 그처럼 고난당하는 자들과 함께 그저 슬퍼하실 뿐 달리 아무 일도 하실 수 없다는 것이다. 무시무시한 고난들이 세상에 있다는 것은 무언가 하나님의 권능의 손길 바깥에 있는 것들이 있다는 증거라고 한다. 왜냐하면 전능하신 하나님이

시라면 그런 것을 절대로 허용하지 않으셨을 것이기 때문이다.

이런 식의 해결이—신정론의 문제를 하나님이 선하시기는 하나 전능하시지는 않다는 발언으로 답하려는 시도가—신실해 보일 수도 있다. 그렇게 보면 하나님의 손은 깨끗하고 그의 위신도 더럽혀지지 않을 것이다. 누구든 비극적인 사건에 하나님을 연루시키는 말을 하면 비난을 받는다. "하나님은 이것을 원하지 않으셨어!" 그러나 이는 광범위한 기독교 전통들에 고전적으로 뿌리를 박은 신학자들이 반대해 온 또 하나의 극단적인 입장이다. 내가 보기에 그러한 극단성은 그것이 시편 기자의 외침을 진지하게 대하지 않는다는 사실에서 드러난다. 위에서 살펴본 바와 같이 시편 기자가 재난 중에서 흔히 하나님을 탓하기 때문이다. 하나님이 전능하지 않으시면 하나님을 탓하거나 그를 연루할 이유가 없다. 더욱이 이 견해는 신정론의 문제에 대해 시편 기자들과 욥기의 경우처럼 개방적인 자세를 취하지 않고, 재난은 하나님의 통제권 밖에 있다고 주장하며 문제를 해결하려 한다.

이 부분을 쓰기 몇 주 전, 나는 암으로 사망한 올리버라는 이름의 여섯 살짜리 소년의 장례식에 참석했다. 그의 가족은 가능한 모든 치료법을 다 사용하며 몇 년 동안 이 소아암과 담대하게 싸웠다. 그러나 무수한 검사와 많은 항암 요법들을 다 시도했지만 더 이상의 방법이 없었다. 올리버는 가정 호스피스 케어에 들어갔다. 어느 날 아이스크림 트럭이 인근에 왔고, 올리버의 아버지는 암에 찌들어 야윌 대로 야윈 아들을 데리고 아이스크림을 사러 가느라 우리 집을 지나가고 있었다. 두 살 난 우리 아이는 즐겁게 손을 흔들었고, 세 살 난 아이는 눈을 크게 뜨고 쳐다보았다. 그게 우리가 살아 있는 올리버를 마지막으로 본 장면이다.

한 로마 가톨릭 성당에서 장례식이 행해졌는데, 사제는 계속 반복해서 말했다. "하나님이 올리버를 그에게로 부르셨습니다." "하나님이 이번에 올리버를 그에게로 부르시기로 정하셨습니다." 아! 나는 "절대로 아니지!"라고 마음속으로 외쳤다. 우리는 올리버와 그의 가족을 위해 기도했었고, 우리 모두는 암과의 싸움과 올리버의 생명을 위한 싸움을 돕기 위해 가능한 모든 일을 행하고 있었다. 그런데 이제 그 사제는 심지어 올리버의 고통과 죽음에서도 하나님이 주권자이시라고 고백하고 있었다. 이 일에는 올리버의 암 및 그의 나이 어린 죽음과의 씨름에 하나님을 연루시키는 쓰라림이 있었지만, 한 가지 확신도 있었다. 그 쓰라림은 열린 의문점으로서의 신정론의 문제다. 이것은 참 아프다. 어린 아이의 죽음은 있음 직한 일이 아니기 때문이다. 그런데 왜 하나님은 이런 일이 일어나도록 허용하셨단 말인가? 그러나 그러면서도 다시 드는 확신은 올리버가 그저 하나님의 손가락 사이로 빠져나가지는 않았다는 점이다. 삶에서나 죽음에서나 올리버는 하나님의 손안에 있었다. 시편 기자와 더불어 우리는 다양한 은사들과 생명의 복을 주신 하나님을 마땅히 찬양해야 한다고 고백하며, 또한 하나님은 심지어 죽음의 재난에도 연루되신다고 고백한다. 올리버는 하나님의 손안에 있었다. 심지어 왜 이런 일이 일어났으며 이런 일이 하나님의 목적과 어떻게 부합되는지 우리가 전혀 깨닫지 못하더라도 말이다. 고통의 이유들이 인간의 지혜를 넘어서지만, 그럼에도 우리는 전능하신 하나님의 선하심과 권능을 믿고 신뢰한다.

하나님의 섭리: 보존하심과 다스리심

고대와 중세 및 종교 개혁 시대의 교회에서는 하나님의 섭리적인 보살피심의 중심적이고 주요한 신비를 보호하는 한편, 극단적인 견해들

전능자께 애통을 토로하다

을 피하려고 성경 주해의 과정에서 일련의 단언과 구별을 활용했다. 긍정적으로, 이 진술들은 삼위일체 하나님이 세상을 자유로이 창조하셨을 뿐 아니라 왕이신 하나님이 그 자신의 선한 목적을 위해 세상을 계속 지탱하고 다스리신다는 점을 다양한 방식으로 인정했다. 웨스트민스터 소요리문답은 이러한 선대의 신학을 잘 정리해서 하나님 섭리의 역사를 "그의 모든 피조물과 그들의 모든 행동을 보존하시며 다스리시는 지극히 거룩하고 지혜로우며 능력 있는 역사하심"이라고 설명한다. 그런데 정확히 어떻게 하면 위에서 말한 단일인과론적이며 운명론적인 함정에 빠지지 않고 하나님의 왕적인 통치를 그의 보존하시고 다스리시는 권세와 더불어 시인할 수 있을까? 다른 한편으로 단일인과론을 피한다면, 하나님이 그의 창조 세계를 능동적으로 보존하시고 다스리시는 것이 아니라 세상에 대해서 '손을 떼는' 식의 입장을 취하신다고 보는 이신론을 어떻게 피할 수 있을까?

그러므로 하나님의 신비를 극복하는 것이 아니라 성경에 제시된 하나님의 역사하심의 신비를 고백하고 높이 우러르도록 돕기 위해, 하나님이 그의 창조 세계를 보존하시고 다스리신다는 단언에 대해서 좀 더 상세히 구별할 필요가 있다. 그래서 섭리에 관한 다양한 많은 입장들(개혁주의, 아르미니우스주의, 로마 가톨릭 등)에 대해서 여러 세기 동안 많은 개신교 신앙고백과 신학자들이 이런 용어들을 활용했다(이 용어에 대해서는 다음 단락에서 묘사할 것이다). 이렇게 구별해서 설명한다고 해도, 하나님이 악을 허용하시는 이유에 대한 신정론적인 설명이 제시되지는 않는다. 그리고 모든 성경 외적인 구별들이 그렇듯이, 오해되거나 오용될 소지도 있다. 그러나 지혜롭게 사용한다면, 하나님 섭리의 역사 자체는 신비한 상태로 남아 있다 해도, 성경이 제시하는 하나님의 왕적인 다스림의 복잡한 내용들을 그것을 통해 논할 수 있게 된다. 하나님은 온 창조 세계를 향해 능동적인 사랑과 보살핌을 드러내신다. 그러나 우리의 타락한 세상에서는 하나님의 이러한 사랑의 처신이, 우리가 마음대로 다룰 수 있는 정보가 아니라 그저 고백할 수 있는 하나의 신비다.

성경적 신비 대 이신론과 운명론의 고전적인 구별을 회복함

가장 기본적인 범주는 동시적인 역사(concursus)의 범주인데, 이는 "구체적인 행동과 사건 속에 신적인 행위와 인간적인 행위가 동시에 개입하는 것"을 가리킨다.[10] 이는 성경에서 어떻게 한 가지 동일한 행동을 인간의 역사와 하나님의 역사로 동시에 묘사할 수 있는지 정리하려고 한다. 예를 들어, 요셉의 형제들이 그를 노예로 팔아넘겼는데, 그 일이 과연 사람의 행위인가 아니면 하나님의 행위인가? 한편으로, 성경 기사에서 형제들의 행동은 자유롭고 우발적인 행동으로 나타난다. 그러나 요셉이 증언한 것처럼("하나님이 생명을 구원하시려고 나를 당신들보다 먼저 보내셨나이다"[창 45:5]), 하나님이 심지어 그런 행동을 통해서도 창조 세계를 보존하시고 다스리시는 일을 행하신다. 그렇다면 과연 누가 요셉을 애굽에 팔았는가? 동시적인 역사의 가르침이 하나님과 요셉의 형제들 모두가 그 사건에 개입했다고 말할 수 있는 방도를 제시해 준다. 하나님은 주권자시며, 인간들 역시 책임성 있게 우발적으로 처신한다. 마치 하나님의 행위가 인간의 행위를 손상시키는 것처럼, 신적인 행위와 인간적인 행위가 서로 경쟁하는 것은 아니다. 반대로, 하나님의 권능이 인간의 행위를 가능하게 만들어 준다. 토마스 아퀴나스(Thomas Aquinas)는 이를 다음과 같이 설명한다. 하나님은 "첫째가는" 혹은 가장 주된 원인이시며, "그가 자연적이며 자의적인 원인들을 움직이신다." 물론 "자유 의지가 그 자신이 움직이는 원인이지만", 그렇다고 해서 "자유로운 것 그 자체가 반드시 첫째가는 원인이어야만 하는 것"은 아니다. 피조물의 행위의 주된 원인이 하나님 섭리의 권능에 있는 것인데도 여전히 그 피조물이 스스로 자유로이 행동하고 움직일 수 있다. 사실 하나님은 "피조물의 행동에서 자율성을 제거하지 않으시고, 오히려 자신이 피조물의 자율성의 원인이 되신다. 그는 각각의 것들 속에서 그 본질에 준하여 활동하시기 때문이다."[11] 아퀴나스가 보기에 하나님은 신적이며 인간적인 행동의 동시적인 역사 속에서 실제로 제2의 행동자가 자유로이 행동할 능력을 부여하신다. 하나님의 섭리하시는 능력을 떠나서는 피조물이 자의적이며 책임 있는 자유로 행동할 수 없다.

이와 관련하여, 하나님의 능동적인 뜻과 허용적인 뜻을 구별하는 것도 하나님과 사람의 동시적인 역사의 본질을 설명하는 데 도움이 된다.[12] 하나님의 "허용"이란 하나님이 수동적인 방관자가 되신다는 뜻이 아니라, 하나님이 (신비롭게) 죄인들로 하여금 그 마음에 있는 악을 행하도록 허용하기를 선택하신다는 뜻이다. "하나님이 그들을 마음의 정욕대로 더러움에 내버려 두사"(롬 1:24). 하나님이 그렇게 하시는 이유는 아직 모르지만, 그분은 사탄이 욥에게 고난을 줄 수 있도록 허용하신다. 그리스도를 따르는 자들로서 우리는 하나님의 나라가 임하기를 기도한다. 삼위일체 하나님이 왕이시며 그의 왕권이 언젠가는 무적인 상태가 되겠지만("하늘에 있는 자들과 땅에 있는 자들과 땅 아래에 있는 자들로 모든 무릎을 예수의 이름에 꿇게 하시고 모든 입으로 예수 그리스도를 주라 시인하여 하나님 아버지께 영광을 돌리게 하셨느니라"[빌 2:10-11]), 아직은 그렇지 않기 때문이다. 하나님의 어린양이신 예수 그리스도의 왕권이 무적인 상태에 이르기까지, 우리는 일어나는 모든 일이 하나님의 다스리시는 손안에 있는 세상에 산다. 그러나 모든 일이 정확히 동일한 방식으로 '하나님의 뜻'대로 이루어지는 것은 아니다. 어떤 일은 하나님이 허용을 통해 이루시고, 또 어떤 일은 하나님이 성령의 능력으로 그리스도의 통치에 복종하도록 능동적으로 역사하신다.

그리하여 우리는, 하나님이 악의 창시자가 아니시지만 하나님이 다스리심으로써 악으로 의도한 일이 선한 목적을 이루게 되리라는 사실을 신뢰한다. 요셉의 형제들이 의도한 악을 하나님이 다루신 것처럼, 또한 이보다 더 의미 깊게, 병사들이 예수 그리스도를 십자가에 못 박은 그 악한 행동을 통해서 구속을 이루신 것처럼 말이다. 이와 대조적으로, 하나님의 능동적인 뜻은 예수님이 니고데모에게 대답하실 때처럼, 새 생명을 주셔서 보는 눈과 듣는 귀를 갖게 하는 데에서 입증된다. "사람이 거듭나지 아니하면 하나님의 나라를 볼 수 없"는 것이다(요 3:3). 하나님의 사랑 어린 바람은 피조물들이 그리스도의 나라에 있는 생명의 자유를 경험하는 것이요, 또한 성령님은 능동적으로 죄인들에게 눈과 귀를 주셔서 그 일을 가능하게 하신다. 그런데 복음을 들은 모든 사람이 다 그것을 믿지 않는 이유는 무엇일까? 하나님은 왜 지속적인 반역을 허용하실까? 로마 가톨릭 신학자 매슈 레버링이 말했듯이 그것은 오직 하나님만이 아신다. 그러나 "허용에 관한 교리의 중심이 되는 목표는 하나님의 사랑을 시인하는 데 있다. 하나님이 그의 이성적인 피조물들에게 오직 선한 것만을 뜻하시는 일이 무한하신 사랑에 합당하기 때문이다."[13] 허용의 교리는 하나님의 권능과 하나님의 사랑하시는 은혜의 역설을 함께 엮어 준다. 욥과 시편 기자들이 대면한 바와 동일한 신비를 우리도 대면하지만 말이다. 아니면, 하나님의 작정하심 혹은 뜻하심에 관한 한 개혁주의 신앙고백서의 말을 빌면, "하나님은 악을 작정하시되,

전능자께 애통을 토로하다

선을 작정하시는 것과 동일한 방식으로, 곧 하나님이 기뻐하시는 일로서 하지 않으시고, 오히려 하나님이 싫어하시는 일로서 하신다." 그러면서도 하나님은 피조물들의 악을 자유로이 허용하시고, "놀라운 방식으로 그것을 선을 위해 사용하신다."[14] 하나님은 악을 미워하시지만, 그런 가운데서도 세상은 하나님이 악을 허용하기를 뜻하실 때 우리가 애통하고 하나님을 탓할 수 있을 정도로 하나님의 다스리시는 손안에 있다. 하나님이 왜 악을 허용하시는지—일반적인 혹은 우리의 구체적인 정황 속에서—우리는 모른다. 그러나 그리스도의 나라가 완전히 임하기까지 우리는 시편 기자와 더불어, 선하시고 신실하시며 능력이 있으시고 사랑하시는 하나님 앞에 나아가 애통과 탄원과 찬양을 올릴 수 있다.

참새의 떨어짐과 머리털에 관하여: 섭리와 항암 치료

암 진단을 받은 후 3개월 동안 나는 섭리에 관한 몇 가지 주요 성경 본문을 묵상했고, 암 치료의 여정과 관련하여 이런 구분들에서 도움을 얻었다.

:

참새 두 마리가 한 앗사리온에 팔리지 않느냐. 그러나 너희 아버지께서 허락하지 아니하시면 그 하나도 땅에 떨어지지 아니하리라. 너희에게는 머리털까지 다 세신 바 되었나니 두려워하지 말라. 너희는 많은 참새보다 귀하니라(마 10:29-31).

이식을 위한 접견에서 나는 이식 과정에 포함되는 집중적인 항암 치료로 내 머리털을 다 잃게 될 것이라는 말을 들었다. 레이철과 나는 계속 진행하기로 결정했고, 세 살 난 네티에게도 병 때문에 몇 달 안에 아빠 머리털이 다 빠질 거라고 이야기했다. 물론 결국에는 다시 날 거라고 덧붙였다. 네티는 그 말에 꽤 흥미를 보였다. 며칠 전 함께 차로 집에 오는 중에, 아이가 그 문제를 꺼내며 큰 확신 가운데 이렇게 말했다. "하나님이 머리털을 다시 나게 하실 거야." 그러고는 호기심에 차서 물었다. "하나님이 파란 머리털을 주실까? 하나님이 파란 머리털을 주시면 좋을 텐데!"

아빠가 파란 머리털을 갖게 되기를 바라는 네티의 소원을 떠나서라도 그 주제는 몇 가지 문제점을 제기하는데, 최근 들어 나는 그것들을 정리해 오고 있었다. 하이델베르크 요리문답의 첫 번째 문답에서는 그리스도께서 "하늘에 계신 내 아버지의 뜻이 아니고서는 머리털 하나도 떨어지지 않도록, 모든 것이 합력하여 나의 구원을 이루도록" 하신다고 말한다.[15] 이 신앙고백의 진술은 다양한 성경 본문의 진리들을 반영하지만, "머리털"이 떨어진다는 언급에 대한 주요 근거 본문은 마태복음 10:29-31이다. 마태복음 10장에서 예수님은 그를 따르는 자들을 증인으로 보내는 일에 대해 말씀하시며, 그들이 반대와 박해를 받을 것이라고 경고하신다(16-23절). 그러나 두려워할 필요는 없다(26-28절). 그들은 홀로 보냄을 받는 것이 아니고 하나님의 공급하심과 임재의 복이 함께하시기 때문이다. 그러므로 29-31절의 섭리에 관한 말씀은, 그리스도인들이 편안한 삶을 누릴 것이라거나 혹은 고통이나 고난을 피하는 특권이 그들에게 있다는 것을 확신시켜 주는 문맥에 속한 것은 아니다. 오히려 그리스도께서는 그를 증언하는 일에 대한 반대가 결국 승리하게 될까 봐 두려워할 필요가 없음을 우리에게 확신시킨다. 더 나아가서 좀 더 친숙한 예를 들면, 참새 한 마리나 머리털 하나도 "너희 아버지께서 허락하지 아니하시면……땅에 떨어지지 아니"한다. 몇몇 영어 성경들은 이 본문을 "너희 아버지의 보살피심 바깥에서는"(outside your Father's care), "너희 아버지의 뜻이 아니면"(without your Father's will), "너희 아버지의 동의가 없으면"(without your Father's consent) 등으로 번역한다. 마태복음과 하이델베르크 요리문답의 구절들은 확신을 주면서도 신비한 섭리적인 보살피심을 지적한다. 내가 집중적인 항암 치료를 받는 것이 아버지의 '뜻'이었을까? 사람들이 암에 걸리는 일이 우리의 타락한 세상의 현실이기에, 아버지께서 이것에 그저 '동의'하신 것일까? 아니면 아버지께서는 이 일이 일어날 것을 그저 '아신' 것일까? 개인적으로 나는 이와 관련하여 빛을 밝혀 주는 하나의 구별을 벨직 신앙고백서에서 발견했다. 그것은 우리가 현재 속해 있는 죄의 혼란한 상태를 전제하고, 하나님의 창조로부터 하나님의 능동적인 뜻과 그분의 허용적인 뜻을 구별하는 것에 대해 말한다(13조). 이 구별은 그 신비를 깔끔하게 설명해 주지는 않지만, 암과 줄기세포 이식에 관해 말하는 길을 제시한다. 곧, 그것(암과 줄기세포 이식)이 땅의 기초가 세워질 때부터 있었던 하나님의 뜻은 아니지만, 우리의 타락한 처지를 전제할 때 그것이 여전히 하나님의 손안에 있고, 어떤 의미에서 여전히 하나님의 허용의 범위 내에 있다는 것이다. 왜냐하면 하나님은 암과 같이 악한 것들까지도 그의 선하신 목적을 위해 사용하실 수 있고 또한 사용하시기 때문이다. 요셉이 형들에게 그들의 반대와 배반에 대해 말했듯이, "당신들은 나를 해하려 하였으나 하나님은 그것을 선으로 바꾸사 오늘과 같이 많은 백성의 생명을 구원하게 하시려 하"신 것이다(창 50:20).

⋮

벨직 신앙고백은 개혁주의 전통에 속하지만, 하나님의 왕적인 통치와 하나님 및 인간의 동시적인 역사를 묘사하면서 가톨릭교회의 일상적인 구별법을 사용한다는 점에서 대다수의 고전적인 섭리관의 기본적인 특징들을 반영한다. 이 신앙고백은 극단적인 입장들을 피해야 한다고 지목한다. "이 선하신 하나님은 만물을 창조하신 후에 그것들을 우연이나 운명에 버려두지 않으셨다." 반면에 "하나님은 발생하는 죄의 창시자(author)도 아니시며, 그 죄에 대해 책임을 지실 수도 없다." 벨직 신앙고백은, 재난이 어쩌다가 하나님의 손가락 틈에서 빠져나오는 것도 아니요(우연), 그렇다고 하나님이 악이나 죄의 창시자이신 것도 아니라고 말한다. 왜냐하면 "아무것도 우연히 일어날 수 없고 오직 우리의 은혜로우신 하늘 아버지의 조정하심에 따라 일어나기 때문이다. 그는 아버지다운 보살피심으로 우리를 감찰하시고 그의 주되심 아래서 만물을 유지하시기에, 아버지의 뜻이 아니라면 우리의 머리칼 하나도 떨어지지 않고(그 숫자를 다 세시므로), 심지어 작은 새 한 마리도 땅에 떨어질 수 없다. 이러한 생각 속에서 우리는 안식한다. 하나님이 마귀와 우리의 모든 원수를 주관하시기에, 우리는 그분의 허용과 뜻이 없이는 그들이 우리를 해칠 수 없음을 안다." 벨직 신앙고백은 이러한 사실로 인해 신비가 우리에게 있다는 사실을 터놓고 인정한다. 그러나 그것은 명료한 신비로서, 심지어 하나님이 이런 위기를 허용하신 이유를 알지 못할 때라도 하나님의 말씀에 근거하여 그분의 보살피심에 대해 확신하게 해준다. "우리는 인간의 이성을 능가하며 우리의 이해력의 범위를 넘어서는 하나님의 역사하심에 대해 궁구하기를 원하지 않는다. 그러나 모든 겸손과 높이 우러르는 자세로 우리는 우리에게서 감추어진 하나님의 의로우신 판단들을 흠모하며, 그리스도의 제자라는 사실로 만족하고, 하

전능자께 애통을 토로하다

나님이 말씀 속에서 우리에게 보여주시는 것만을 배우고 그 한계들을 넘어서지 않는다." 벨직 신앙고백은 하나님이 말씀 속에서 그의 뜻을 그리스도의 제자들에게 드러내 보이신다는 점을 주목한다. 곧, 예수 그리스도 안에서 성취된 하나님의 율법과 약속 안에서 우리가 새로운 정체성을 부여받았으며, 누구를 신뢰할지를 알고, 그리스도를 따르는 자들로서 우리의 정서와 행동이 취해야 할 길을 알고 있다는 사실이다. 어떤 이들은 이것을 하나님의 "계시된 뜻"이라고 부른다. 그러나 때때로 재난이 닥칠 때는 하나님의 뜻이 그저 감추어져 있고, 우리는 그것을 하나님의 손에 맡겨 드릴 수밖에 없다. 하나님이 왜 특정한 순간에 자연재해가 발생하도록 허용하시는지, 혹은 하나님이 왜 이 특정한 시기에 나를 암에 걸리도록 허용하셨는지에 대해 이리저리 사색해서는 안 된다. 그 이유를 우리는 알 수 없다. 하지만 하나님 자신의 말씀에 우리의 신뢰를 둘 수는 있다. 곧, 애통과 감사로, 탄원과 찬양으로 드러나는 신뢰 말이다.

은혜로우면서도 신비한 섭리에 비추어 고난당하는 자들을 보살핌

실질적인 면에서도 이런 구별을 지혜롭게 활용할 때 고난당하는 자들을 보살피는 그리스도인들에게 도움을 줄 수 있다. 욥에게 일어난 일에 근거하여 하나님이 행하시는 일을 산정할 수 있다고 주장한 욥의 친구들처럼 기계적인 섭리관에 빠지지 않으면서도, 하나님의 약속과 그의 섭리의 보살피심을 증언할 수 있다. 그러나 하나님의 섭리에 대해 이런 종류의 증언을 제시할 때, 우리는 성급하게 "이것이 바로 하나님의 뜻이다!"라고, 마치 하나님이 이 재난을 세상을 창조할 때부터 의도하셨다는 식으로 의기양양하게 외쳐서는 안 된다. 삼위일체 하나님이 왕이시지만, 그리스도의 나라가 아직 무적인 상태는 아니다. 다른 한편으로, "하나님은 당신의 고통을 이해하시지만 그것에 대해 아무것도 하실 수 없다"라는 식의 무기력한 답변만 우리에게 남겨진 것도 아니다. 우리는 시편 기자와 더불어 복에 대해 감사하지만, 동시에 복이 없는 상태를 전능자의 문 앞에 내어놓는다. 고난과 재난은 여전히 주권자요 왕이신 하나님의 통치 아래 있다. 고통당하는 자는 그저 우연의 변덕에 종속되어 있는 것도 아니고, 반대로 하나님 역시 변덕을 부리시거나 혹은 악의 창시자이신 것도 아니다. 오히려 고통당하는 자는 선하시고 능력 있으신 하나님의 손안에 있다. 벨직 신앙고백으로 다져진 그리스도인은 고통당하는 자로 하여금 하나님 말씀의 약속들을 바라보게 하며, 심지어 위기 중에도 하나님이 신뢰할 만한 분이심을 확신시켜 줄 수 있다. 그리고 하나님의 약속들을 진정으로 신뢰의 중심에 두기 위해서, 고통당하는 자와 더불어 감사의 시편들은 물론 애통의 시편들로 함께 기도한다.

벨직 신앙고백은 악을 허용하시는 하나님의 이유들을 사색하는 일에 대해 온건한 자세를 취하는데, 이와는 대조적으로 일부 그리스도인 친구들은 흔히 나의 암 투병 여정에서 특정한 사건들이 왜 이런 식으로 귀결되는지 그 이유를 자기가 알 수 있다고 주장하는 경우가 많았다. 내 집에서 50킬로미터 정도 떨어진 그랜드래피즈에서 줄기세포 이식 수술 스케줄을 잡을 수 있었다는 것에 대해—몇 개월이 소요되는 그 일을 위해 주 경계를 넘나들며 운전하지 않게 된 것에 대해—하나님께 감사드린 기억이 난다. 어떤 이들은 많은 말로 구구절절 반응하지 않았지만, 그들의 반응은 기본적으로 다음과 같았다. "하나님이 당신이 암에 걸리도록 하셨고 이 시기에 진단을 받게 하신 것은 바로 그의 계획이 완전하기 때

전능자께 애통을 토로하다

문이다." 항암 치료를 받는 중에 조금이라도 틈이 생겨 내 삶이 좀 편안해질 때면, "아, 그게 하나님의 완전한 계획의 일부다"라는 반응이 왔다. 이런 일들이 하나님께 감사할 일이라는 점은 나도 인정한다. 하지만 그런 반응은 내가 당하는 실질적인 고통의 재난과 암 진단의 심각성을 경시하는 처사인 듯했다. 운전 시간이 짧다거나 치료 중에 휴식할 수 있는 기간이 있다고 해서 그 고통이 줄어드는 건 전혀 아니었기 때문이다. 그들은 고통을 허용하는 하나님의 이유들이 아주 투명한 것처럼 여기는 듯했다. 그러나 이는 애통하는 시편 기자와도, 욥기와도, '육체의 가시'가 제거되기를 거듭 간구했지만 응답을 받지 못한 바울과도 어긋나는 사고다.

십자가에 달리신 주 예수 그리스도를 따르는 자들로서 우리는 하나님이 극한 재난의 사건들 속에서 또한 그 사건들을 통해서 일하신다고 확신할 수 있다. 사도행전 2장에서 베드로는 이렇게 설교한다. "그가 하나님이 정하신 뜻과 미리 아신 대로 내준 바 되었거늘 너희가 법 없는 자들의 손을 빌려 못 박아 죽였으나"(행 2:23). 하지만 "이 예수를 하나님이 살리"셨으며, 또한 "너희가 십자가에 못 박은 이 예수를 하나님이 주와 그리스도가 되게 하셨"다(2:32, 36). 그리스도를 십자가에 못 박은 일은 하나님이 하셨는가 아니면 병사들이 했는가? 둘 다이다. 그리스도께서 십자가에 달리신 일은 어쩌다 하나님의 손에서 빠져나간 끔찍한 사건도(우연), 인간의 행위를 완전히 무시한 사건도(운명론) 아니었다. 동시적인 역사의 교리야말로 베드로의 설교가 증언하는 그 두 가지 가능성을—그 일은 "하나님이 정하신 뜻과 미리 아신 대로" 된 일이지만, 동시에 "너희가", 곧 베드로의 설교를 듣는 청중이 자유롭고 우발적인 행동으로 예수 그리스도를 못 박아 죽인 것이었다[16]—모두 긍정하는 논지를 갖도록 도움을 준다. 그 일은 성부, 성자, 성령 하나님의 뜻이었다. 왜냐하면 성자를 보내셔서 십자가에서 죽게 하시고, 또한 성령을 보내셔서 성부께서 입양하신 사람들을 그리스도와 또한 그들끼리 서로 연합하게 하심으로써, 타락하고 죄악 된 사람들을 구원하기를 삼위 하나님 모두가 바라셨기 때문이다.

하나님이 그리스도의 십자가와 부활의 역사 속에서 우리를 자신과 화목하게 하셨기에, 우리는 하나님께 감사해야 한다. 더욱이, 이 그리스도는 우리의 제사장적인 중보자로서, 곧 우리를 대신하여 애통하시고 간구하시며 하나님을 찬송하시는 분으로서 높이 오르셨다. 그리스도 안에 있는 자들로서 우리는 선하시고 능력이 크신 하나님께 애통하시고 간구하시며 찬송하시는 그분의 기도에 합류하여 함께 기도할 수 있다.

전능자께 애통을 토로하다

5
⋮

항의에 합류하다
현재와 미래의 왕께 드리는 애통과 사랑 어린 증언

내가 신학대학원에 있었을 때 아동 병원에서 원목으로 사역했던 친구가 있었다. 그는 '동정의 소진'(compassion burnout)이라 불리는 처지에 있던 한 간호사에 대해 말한 적이 있었다. 그녀는 사람들을 돕기 원했다. 어쩌면 오늘날의 많은 사람들처럼 그녀 역시 세상을 변화시키고 싶었을 것이다. 그러나 현실은 그저 병실마다 다니며 불치의 질병으로 고통받는 어린아이들을 돌보는 것뿐이었다. 잘해야 몇 년도 채 살지 못할 아이들이었다. 그러니 이 일이 도대체 무슨 유익이 있었겠는가? 이 일이 과연 세상을 변화시키고 있었는가?

어떤 의미에서 그 간호사는 욥기에서 사탄이 여호와께 제기한 질문과 흡사한 의문에 직면하고 있었다. "욥이 어찌 까닭 없이 하나님을 경외하리이까"(욥 1:9). 사탄은 의문을 제기했다. 하나님이 "그의 손으로 하는 바를 복되게 하"지 않으셨다면 욥이 하나님을 경외하겠는가 하

항의에 합류하다

는 것이다(10절). 그 간호사의 의문은 다음과 같았다. 병든 아이들을 헛되게 돌보는 건 아닌가? 일이 내가 바라는 대로 복이 되고 긍정적인 결과로 이어져야만 그 아이들을 돌보겠는가? 세상이 변하지 않는다 해도, 이 불치의 병을 앓는 아이들의 생명을 연장시켜 줄 수 없다 해도, 어려움에 처한 그 아이들을 돌보아 주겠는가? 극한 어려움 가운데 있는 자들을 섬기는 그리스도인들은 거듭 이런 의문을 맞닥뜨린다. 우리의 노력이 아무런 유익을 주지 못하는 것 같을 때, 우리의 생명을 거기에 쏟아붓는 일이 과연 가치 있는가? 나는 5년 동안 노숙자 보호소의 직원으로 일한 적이 있는데, 그 기간 동안 가난한 사람들을 영웅적으로 '구출' 하겠다는 착각이 여지없이 드러나고 깨졌다. 보호소에 수용된 수많은 이들은 그들을 공격하는 여러 가지 중독과 정신병, 경제적 빈곤 등과 씨름하고 있었다. 그때 내가 만일 중요한 결과, 곧 보호소에 거주하는 이들에게서 가시적인 변화를 보게 되는 결과 때문에 동기 부여를 받았다면, 5년이 아니라 몇 개월밖에는 그 일을 하지 못했을 것이다. 그 간호사처럼 나도 이런 의문이 들었다. 내가 헛되게 가난한 자들을 섬기는 것은 아니었을까? 가난한 이들의 사정을 '고쳐 주거나' 혹은 그들을 '구해 줄' 수 없었다 해도 내가 그들을 섬기기 원했을까?

내 친구는 그 간호사의 어려움에 대해 충격적으로 대응했다. 오로지 세상을 변화시킬 수 있어야만 섬기겠다고 하지 말고, 항의의 뜻으로 섬김을 계속해야 한다고 조언한 것이다. 죽어 가는 어린아이들이 있는 세상에 대해 어떻게 대응하겠는가? 그는 이 타락한 세상에서 일어나는 일들이 정상이 아니라는 사실을 증언하는 하나의 애통으로서 긍휼 베푸는 일을 계속해야 한다고 말했다. 여자들이 성 노예로 팔려 나가는 세상에 대해 우리는 어떻게 대응할 것인가? 문제의 엄청남에 압도당할 때도 우리는 항의하고 애통하며 긍휼로 행동한다. 바울의 말로 표현하면, 우리는 죽음과 또한 하나님과 이웃으로부터의 소외를 조장하는 "이 어둠의 세상 주관자들"을 상대하는 "씨름" 가운데 있다(엡 6:12). 우리는 든든히 "서서"(14절) 죄와 마귀와 권세자들을 이기신 예수 그리스도를 증언하기 위해 힘써 싸운다. 그의 승리는 확실하지만, 그가 이루시는 평화와 샬롬의 통치는 아직 완전히 임하지 않았기 때문이다.

이러한 관점에서 볼 때, 긍휼을 베푸는 활동의 의미는 세상을 변화시키는 데 있지 않다. 오히려 전혀 다른 나라, 곧 왕이신 예수님의 나라에 대해 신실하며, 말과 행동으로 그 나라를 증언하는 데 있다. 우리가 입술로 "나라가 임하시오며"라고 말할 때, 우리는 이 "악한 세대"(갈 1:4)에서 어둠에 저항하는 혁명가로서 기도하며 행동한다. 칼 바르트(Karl Barth)의 말처럼 "기도의 법칙은 행동의 법칙이다." 왜냐하면 하나님의 이름이 거룩히 여김을 받으시고 하나님의 나라가 임하기를 위해 기도하면서, 우리가 "현실에 안주할 수는 없기"[1] 때문이다. "내적으로 외적으로 통제하고 침투하고 독약을 뿌리고 모든 인간관계와 교류를 망가뜨리는 무질서"에 대항하여 "일어나 싸워야" 한다.[2] 그리스도인들은 "구체적인 봉기에 가담할 필수적인 의무"를 진다. 왜냐하면 "한숨지으며 '주의 나라가 임하소서'라고 부르짖으며 외치는" 중에 그리스도인들은 "무질서에 대항하는 봉기"에 가담하기 때문이다.[3] 하나님의 선한 창조 세계는 여전히 선하나 부패하고 소외된 처지에 있으며, 또한 하나님의 통치가 최종적인 완성에 이르지 않았다. 그리스도의 신부가 새 예루살렘에서 그 남편에게 완전하고도 최종적으로 연합할 때, 왕이신 예수님이 이렇게 말씀하실 것이다. "보라, 하나님의 장막이 사람들과 함께 있으매 하나님이 그들과 함께 계시리니 그들은 하나님의 백성이 되고 하나님은 친히 그들과 함께 계셔서 모든 눈물을 그 눈에서 닦아 주시니 다시는 사망이 없고 애통하는 것이나 곡하는 것이나 아픈 것이 다시 있지 아니하리니 처음 것들이 다 지나갔음이러라"(계 21:3-4). 그러나 아직은 우리가 거기에 이르지 못했다. 모든 눈물이 마르고 사망이 정복되며 고통이 극복되는 그날이 이르기까지, 우리는 우리 구주와 함께 "주의 나라가 임하소서"라고 기도한다. 슬픔과 항의와 소망 가운데서 말이다. 세상이 하나님의 손안에 있지만, 세상의 일들이 정상으로 굴러가지 않고 있다.[4] 그러므로 그리스도를 따르는 자로서 살아가면서, 우리는 하나님의 사랑 어린 신실하심과 관련하여 애통하고 감사하며 소망한다. 그리고 그 신실하심이 우리가 주위에서 마주치는 고통에 대응하는 방식에 실질적인 결과를 초래한다. 하나님이 선하시고 권능이 충만하시며, 또한 우리 주위의 고통과 죄와 죽음이 최종적인 것이 아니기 때문에, 하나님의 언약의 약속들을 의지하며 소망하는 가운데 완악했던 마음이 부드러워질 수 있다. 그리스도의 나라가 완전히 임하기까지, 쉼 없는 애통의 기도들이 연민 가득한 항의와 함께 나아간다.

하나님이 왕이시지만, 우리는 최종적인 나라를 사모한다

나는 암을 원하거나 기대하지 않았다. 나의 암은 "피조물이 다 이제까지 함께 탄식하며 함께 고통을 겪고 있는 것"(롬 8:22)과 또한 "우리 곧 성령의 처음 익은 열매를 받은 우리까지도 속으로 탄식하여 양자 될 것 곧 우리 몸의 속량을 기다"린다는(23절) 바울의 말씀이 거론하는 한 가지 실례다. 성령을 받았으므로 우리는 하나님의 백성으로서 우리의 최종적인 입양을 맛보고, 우리의 최종적인 구속을 맛보며, 또한 세상의 정상적인 모습을 맛본다. 하지만 그 최종적인 구속이 임하기까지는 우리의 몸이 고통을 겪는다. 아직 거기에 이르지 못했기 때문이다.

하나님이 주권적인 왕이신데도 우리가 현재의 처지와 다른 상태(고통과 괴로움과 죽음이 없는 상태)를 소망하다니, 어떻게 이런 일이 있을 수 있는가? 시편 96편은 시편에서 흔히 반복적으로 나타나는 하나님 왕권의 이러한 면을 실례로 보여준다. 여호와는 왕이시며 온 창조 세계로부터 찬송을 받아 마땅한 분이시다. 그러므로 "온 땅이여, 여호와께 노래할지어다"(시 96:1)라고 찬송한다. 이스라엘은 "그의 영광을 백성들 가운데에, 그의 기이한 행적을 만민 가운데에 선포"해야 마땅하다(3절). 왜 그런가? 여호와께서 창조 세계의 우주적인 왕으로 인정받지 못하실 때조차도 그는 왕이시기 때문이다. "여호와는 위대하시니 지극히 찬양할 것이요 모든 신들보다 경외할 것임이여. 만국의 모든 신들은 우상들이지만 여호와께서는 하늘을 지으셨음이로다"(4-5절). 이스라엘의 하나님은 만유의 창조주이시다. 이스라엘의 하나님이야말로 참된 왕이시기에, 그는 "모든 신들보다 경외할" 분이시다(4절).

한편으로 시편 기자는 여호와께서 지금 땅의 참된 왕으로서 통치하심을 선포한다. 그의 통치를 신뢰하고 만국에 선포해야 마땅하다. "모든 나라 가운데서 이르기를 여호와께서 다스리시니 세계가 굳게 서고 흔들리지 않으리라. 그가 만민을 공평하게 심판하시리라 할지로다"(시 96:10). 그러나 다른 한편으로, 시편 기자는 여호와의 무적의 통치를 기대하며 바라보기도 한다. "그가 임하시되 땅을 심판하러 임하실 것임이라. 그가 의로 세계를 심판하시며 그의 진실하심으로 백성을 심판하시리로다"(13절). 여호와는 땅의 참된 왕이시다. 그러나 여호와께서 참된 왕으로서 심판하시기 위해 임하실 것이다. 여기서 말씀하는 심판은 모든 일을 정상으로 돌려놓으실 의로운 왕의 심판이다. 시편 기자가 하나님이 땅의 참된 왕적 통치자이심을 거듭 주장하는 것과 마찬가지로, 시편은 또한 의인이 망하는데도 악인이 현재 번영을 누리고 있는 상황을 불평하기도 한다. 학대와 폭력과 고통과 불신앙이 모두 우리 주위에 널려 있다고 말이다. 그러므로 N. T. 라이트(Wright)가 말했듯이, "시편에는 현재 상태의 창조 세계에 대해 찬송하는 것과 여호와께서 임하셔서 결국 모든 일을 올바로 정리하시기를 소망하는 것 사이에 끊임없는 긴장이 있다. 이 긴장은 이런저런 식으로 모든 성경적인 사고의 특징인데, 긴장의 이유 자체는 전혀 탐구되지 않는다. 즉, 시편들은 '악의 문제점'에 대한 답을 우리에게 제시하지 않는다." 시편 기자들은 악의 문제점에 대한 "답을 제시함으로써", 곧 하나님의 주권적인 능력이나 그의 언약적인 사랑 중에서 어느 하나를 양보함으로써 긴장을 완화하기보다는, "세상을 지으신 이가 그의 창조 세계를 새롭게 하실 것이요 또한 (그 세계를 부패시키고 일그러지게 만든 모든 것을 향해 결정적으로 선포하신다는 의미에서) '심판하시며' 모든 것을 단번에 완전히 바로잡으실 것이라는 그 약속을 거듭 찬양한다."[5]

신약에서는 예수님도 친히 이러한 역설의 한가운데서 사시며 기도하신다. 예수님은 하나님의 나라가 임박했음을 선언하신다. 그리고 요한복음이 증언하듯이 그는 왕으로 높이 '오르신다.' 그러나 그는 십자가로 높이 오르시는 것이다. 그리고 그렇게 오르시는 과정에서 세상의 죄가 심판받고 폭로된다. 대제사장들은 하나님이 참되시고 통치하시는 왕이심을 선포하기는커녕, 가이사가 자기들의 유일한 왕임을 증언했으니 말이다. "빌라도가 이르되 내가 너희 왕을 십자가에 못 박으랴. 대제사장들이 대답하되 가이사 외에는 우리에게 왕이 없나이다 하니 이에 예수를 십자가에 못 박도록 그들에게 넘겨주니라"(요 19:15-16). 대제사장들은 상과 벌을 내릴 정치적 권력을 지닌 한 사람의 왕권을 선포하려고, 시편 기자들과 구약 전체의 거듭되는 증언을 저버렸다.

그러나 삼위일체 하나님은 그를 대적하여 원수가 되어 버린 피조물들을 향해 그의 사랑을 보여주신다. 십자가를 통해 왕이신 예수 그리스도께서 죄와 마귀를—그를 박해하는 자들을 옭아매던 세력들을—이기고 승리하셨다. 우리가 그의 의를 취하도록 하시려고 그리스도께서 신비한 방식으로 죄를 취하셨다. "하나님이 죄를 알지도 못하신 이를 우리를 대신하여 죄로 삼으신 것은 우리로 하여금 그 안에서 하나님의 의가 되게 하려 하심이라"(고후 5:21). 그리스도의 십자가야말로 우리를 하나님과 화목시키기에 완전히 충족하다. 그것은 시편 기자가 요구하는 대로 완전한 승리요 완전한 심판이다. 그러나 하나님의 왕권은 아직도 무적의 상태가 아니다. 그리하여 바울은 동일한 본문에서 이렇게 말한다. "모든 것이 하나님께로서 났으며 그가 그리스도로 말미암아 우리를 자기와 화목하게 하시고 또 우리에게 화목하게 하는 직분을 주셨으니 곧 하나님이 그리스도 안에 계시사 세상을 자기와 화목하게 하시며 그들의 죄를 그들에게 돌리지 아니하시고 화목하게 하는 말씀을 우리에게 부탁하셨느니라. 그러므로 우리가 그리스도를 대신하여 사신이 되어 하나님이 우리를 통하여 너희를 권면하시는 것같이 그리스도를 대신하여 간청하노니 너희는 하나님과 화목하라"(18-20절). 하나님은 이미 우리와 같은 죄인들을 그리스도와 그의 십자가를 통해 자신과 화목시키셨다. 그 일이 이루어졌고 완전히 마무리되었다. 그럼에도 하나님은 여전히 우리를 복음의 사신으로 삼아 "우리를 통하여……권면하"고 계신다. 그러므로 시편 기자처럼 우리도 "모든 나라 가운데서 이르기를 여호와께서 다스리시니"(시 96:10)라고 외쳐야 한다. 하나님의 왕권이 그리스도 안에서 성취되었음을 선포해야 한다. 그리고 그리스도 안에서 성취된 하나님의 왕권이 아직 무적의 상태로 완성되지 않았으므로, 우리의 증언에는 연민이 가득한 항의가 포함된다. 마치 "이것은 정상이 아니다"라고 말했던 아동 병원 간호사처럼 말이다.

사랑 어린 항의의 윤리와 "반드시 이럴 수밖에 없다"의 윤리의 대결

하나님의 나라가 '이미' 임했지만 '아직' 완성되지 않았다는 일상적인 표현의 이면에는, 성경에 나타나는 하나님의 자기 계시를 깊이 관통해서 흐르는 역설이 있다. 하나님은 유일하시고 참되시며 주권적인 왕이시다. 그러나 우리 주위에 보이는 것, 곧 암과 죽음, 죄와 소외가 있는 세상은 그의 완성된 나라의 모습이 아니다. 삼위일체 하나님은 성부의 아들을 보내셔서 성령의 권능으로 말미암아 사시고 죽으시고 다시 살아나게 하신 일로써 죄와 마귀를 정복하신다. 그러나 창조 세계는 여전히 탄식한다(롬 8장). 우리는 여전히 "통치자들과 권세들과 이 어둠의 세상 주관자들과 하늘에 있는 악의 영들을 상대"(엡 6:12)하여 하나님의 전신갑주가 필요한 싸움 가운데 있다. 하나님의 현재의 통치는 왕적이며 주권적인 통치다. 죄와 "통치자들과 권세들"은 그 왕의 허락 아래서 일시적인 권세를 지닐 뿐이다. 바울의 표현을 빌면, 그리스도께 속한 자들이 다시 살아날 그 "마지막"에 "그가 모든 통치와 모든 권세와 능력을 멸하시고……그가 모든 원수를 그 발 아래에 둘 때까지 반드시 왕 노릇 하시리니 맨 나중에 멸망받을 원수는 사망"이다(고전 15:24-26). 그때가 오기까지 우리는 현재와 미래의 왕이신 성부, 성자, 성령 하나님을 증언하면서, 하나님의 원수들(사망과 죄와 마귀)과 싸운다.

사랑 어린 증언이 애통과 또한 죄와 사망과 마귀를 대적하는 저항의 양상으로 제기된다는 것은 악의 문제점이 해결되었음을 시사해 주지 않는다. 반대로, 고난의 문제는 이론적인 답변이 아니라 우리의 실질적인 대응을 요구하는 문제로 접근해야 한다. 사실 "왜 이런 고난이 존재하는가"에 대한 이론적인 답변은 우리를 사랑 어린 행동으로 인도하기보다는 실제로 우리 마음을 더 완악하게 할 수 있다. 노숙자 보호소에서 일할 당시, 내 주위에서 목격한 고난에 대해 다양한 이유를 들어 그저 간단히 설명할 수도 있었다. 정신 질환과 중독으로 고통받는 사람들이니 도저히 어찌할 수 없다거나, 그들이 너무 상해 있으니 어찌할 수 없다거나, 너무 완고해서 손을 쓸 수 없다거나, 아무도 그들에게 일자리를 주지 않을 테니 어찌할 수 없다거나, 도움을 받을 수 있을 만큼 그들이 건강하지 못하니 어찌할 수 없다는 식으로 말이다. 이런 모든 변명은 한 가지 방향으로 향한다. 곧, 세상의 현재 상태—기거할 곳이 없어 고통당하는 자들이 있는—가 그럴 수밖에 없다는 것이다. 현재 상태가 이렇기 때문에, 이것이 바로 왕이신 하나님이 원하시는 상태가 아니겠냐고 말하는 이들도 있을 것이다. 그러나 이런 식으로 주장한다면, 우리 주변의 노숙자나 기타 고통받는 자들에 대한 우리의 무관심과 냉담을 변명하는 방식으로 신정론의 문제에 답할 뿐이다.[6] 그렇게 한다면, "주의 나라가 이 땅에 임하소서"라고 기도하는 기독교 신앙의 급진적인 본질을 놓치게 될 것이다. 왜냐하면 하나님은 주권을 지닌 왕이시지만, 그가 약속하신 땅에서의 통치는 아직 완전히 성취되지 않았기 때문이다.

무신론 철학자 프리드리히 니체(Friedrich Nietzsche)는 사람이 고통에 대해 어떻게 응답하는가(혹은 응답하지 않는가)가 그 사람의 존재론, 곧 세계와 그 현재 상태에 대해 진정 무엇을 믿고 있는지를 여실히 드러낸다고 선명하게 인식했다. 니체가 작업한 상당 부분은 하나님을 믿는 신앙에 정면으로 반대해 논증하기보다는, 하나님이 '죽은' 세상을 상정하고 또한 하나님을 믿는 신앙의 근거들이 이미 훼손되어 버린 상황을 부각하는 데에 할애되었다. 그러나 니체가 모순되게 지적하듯이, 하나님을 이미 버렸다고 주장하는 자들은 여전히 마치 하나님이 살아 계시기라도 한 것처럼 처신한다. "하나님은 죽었다. 그러나 사람들의 형편을 보면, 그의 그림자를 볼 수 있는 동굴들이 수천 년 동안 존재하고 있을지도 모른다. 따라서 우리는 그의 그림자까지 지워 버려야 한다."[7] 니체가 직면하기 가장 어려웠던 현실 가운데 하나는, 만일 하나님이 죽었다면 고통당하는 자에게 사랑 어린 반응을 보이는 일이 터무니없다는 것이었다. 이는 우리의 현 세상을 비판하는 평화의 세상이 존재한다는 점을 시사한다. 그것은 하나님을 믿는 신앙의 그림자이기에 반드시 제거되어야 한다. 현재 세상을 평화의 세상(에덴 혹은 천국 등)의 빛 속에서 바라보는 것과는 대조적으로, 니체는 언제나 폭력이 있었고 또한 있을 것이라고 주장했다. 폭력에 대응하는 저항은 현재의, 또한 항상 있게 될 상태를 대적하는 저항이라는 것이다.

따라서 그의 작품 『짜라투스트라는 이렇게 말했다』(*Thus Spoke Zarathustra*)에서 짜라투스트라가 대면하는 마지막의 "죄"와 유혹은 바로 "동정심"의 유혹이다.[8] 니체는 만일 하나님이 죽었다면 짜라투스트라는 "화"의 외침을 무시하는 법을 배워야 한다고 생각한다. 왜냐하면 "화는 '가라! 없어져라. 화여!'라고 간청하기" 때문이다. 화는 "더 멀고, 더 높고, 더 밝은 것"을 바라고 또한 그것을 외친다.[9] 화는 동경하는 세상을 사모한다. 동정심과는 대조적으로 "기쁨"은 또 다른 세상, 곧 폭력이 없는 세상을 사모하지 않는다. 오히려 그것은 "반복을 원하고, 모든 것이 영원토록 동일하기를 원한다." 짜라투스트라는 "동정심은 억지다"

라고 가르친다. 곧, "신의 동정이든 사람의 동정이든 동정심은 수치감을 해친다. 그러므로 돕기를 원하지 않는 것이 도움을 베푸는 덕보다 더 고상하다."[10] 만일 세상이 언제나 고통의 세상이었고 또한 앞으로도 그럴 것이라면, 고통을 상대로 "저항"하는 일이나 동정심과 연민을 가지고 행동하는 일은 허무하다.

니체의 묘사는 연민에 대한 기독교석인 시각과는 정반대되는 것을 보여주는 통찰력 있는 거울이다. 그것은 애통도 없고, 바꾸어 달라고 하나님께 간청하는 일도 없고, 동정심도 없는 세상에 대한 견해이다. 불행하게도, 그가 묘사하는 행동, 곧 모든 동정심이 '억지'이므로 고통당하는 자를 무시하는 것은 끔찍하게도 오늘날 서구 문화에 속한 수많은 종교인과 비종교인들 모두의 태도와 흡사하다. 많은 사회학적 연구 조사는 동정심에 대한 이러한 폭넓은 니체적 접근이 증가 추세에 있음을 지적한다. 로스 두뎃(Ross Douthat)이 지적하듯이, 최근 수십 년 동안 미국에서 "(자기중심적인) 나르시시즘이 증대되었고" 또한 "공감이 감소되었다." 그는 이렇게 썼다.

2010년에 미시간 대학교의 연구자들은 오늘날 대학생들이 상대방의 입장에서 생각하는 능력을 측정하는 테스트에서 1970년대의 선배들보다 40퍼센트나 낮은 점수를 받았다고 보고했다. "다른 사람의 불행에 대해 보통 크게 신경 쓰지 않는다"와 같은 진술에 대해 그들은 부모 세대보다도 동의할 가능성이 더 높았고, "때로는 친구들의 입장에서는 어떻게 볼지를 생각하여 그들을 이해하려고 힘쓰기도 한다"나 "나보다 불행한 사람들에 대해 자주 안타깝고 걱정스러운 느낌이 든다"와 같은 진술에 대해서는 동의할 가능성이 더 낮았다.[11]

항의에 합류하다

다시 말하면, 현재 상태에 대한 애통과 사랑 어린 항의가 불필요하다고 여기는 현상이 늘어나고 있다는 말이다. "네 일이나 신경 써라!"라는 말을 듣는 것 같기도 하다. 앞에서 언급한, 불치의 병으로 고생하는 어린아이들의 필요를 보살피던 그 간호사의 경우는 "신경 쓰지 말라"라는 말을 들을 것이다. 사회학자인 크리스천 스미스(Christian Smith)와 패트리샤 스넬 헤어족(Patricia Snell Herzog)이 젊은 성인들과 광범위하게 한 인터뷰는 이러한 논리를 더 깊이 보여준다. 몇 명은 어려움에 처한 자들을 도울 의무가 있음을 느꼈다고 진술했지만, "인터뷰에 응한 대다수의 사람들은 그 반대를 진술했다. 곧, 아무도 다른 사람을 도울 본성적인 혹은 일반적인 책임이나 의무를 지지 않는다는 것이다." 고통받는 자들을 무시하는 것이 완전히 합당한 반응이라는 말이다. "인터뷰에 응한 자들은 어려움에 처한 다른 사람들을 무시한다 해도 그들은 무죄하며 어떠한 죄책감도 느낄 이유가 없다고들 말했다. 자연재해나 정치적인 억압의 희생자들에 대해서는 어떤가? 또한 극빈자들은 어떤가? 그들은 자신의 빈곤이나 불구 상태에 대해 전혀 책임이 없이 그런 어려움을 당하고 있지 않은가? 이러한 질문에도 그들은 아니라고 대답했다."[12] 이런 형태의 사고에서는 어떤 사람이 고통을 당하고 있으면 그것은 그 사람 자신의 문제다. 그게 현실이라는 것이다. '억지'를 부리는 것보다 더 큰 죄가 없다는 식이다. 하지만 연민의 행동은 이것이 정상적인 현실이 아니라고 말한다. 그런데 과연 누가 그런 말을 할 위치에 있단 말인가?

서구 세계의 실질적인 신학들: 역설이 없고 애통이 필요 없는 하나님

스미스와 동료들이 『전환 속의 상실』(*Lost in Transition*)에서 주장하는 것처럼, 이들 10대와 20대 성인들의 성향을 보여주는 연구들은 전반적인 문화의 더 큰 성향을 반영한다. 그 연구 결과는 "나이가 더 많은 성인의 세계를 거울로 보여준다."[13] 그러므로 "젊은이들의 삶에 나타나는 문제점들의 대다수는 그 젊은이들이 어울리며 접하게 되는 더 큰 성인 세계에서 비롯된다."[14] 더 나아가서, 다가오는 하나님의 평화의 통치에 비추어 고통의 세상을 상대로 저항하기를 거부하는 그들의 무정한 자세는 노골적인 니체적 무신론에서 비롯된 것이 아니라, 흔히 기독교 신학이라고 주장하는 하나의 신학에서 비롯된 것이다. 그것은 10대와 신세대 성인들 사이에서는 물론 기성세대에서도 흔히 볼 수 있는 신학인데, 사회학자들은 미국의 10대들이 지니는 종교적 신념에 대해 포괄적으로 연구하여 다음과 같이 정리했다.

1. 세상을 창조하고 운행하며 땅에서의 인간의 삶을 살피는 신이 존재한다.
2. 신은 성경과 대부분의 세상 종교들이 가르치는 대로 사람들이 선하고 친절하며 서로 공평하기를 원한다.
3. 인생의 중심적인 목표는 행복하며 자기 자신에 대해 좋은 느낌을 지니는 것이다.
4. 신은 문제 해결이 필요할 때를 제외하고는 사람의 인생에 구체적으로 개입할 필요가 없다.
5. 선한 사람은 죽을 때 천국으로 간다.[15]

이런 '신조'에 대해 우리는 여러 가지 종류의 관찰을 할 수가 있다. 사회학자들은 그것을 이신론(혹은 자연신론)의 한 형태라고 부른다. 사람들이 날마다 신을 정말로 필요로 하는 것은 아니기 때문이다. 그러나 이 것은 18세기의 이신론과는 형태가 다르다. 왜냐하면 사람이 위기에 처할 때는 신이 '문제의 해결'을 위해 그 모습을 드러내기 때문이다. 물론 신이 임해서 우리의 문제를 해결해 주기를 바라는 이런 자세는, 이 세상의 죄와 사망을 상대로 저항하는 것에 기초한 "주의 나라가 임하소서"의 기도와는 다르다. 죄와 사망은 해결해야 할 문제가 아닌 것이다. 오히려 종교의 목적은 사람이 스스로 행복하고 자기 자신에 대해 좋은 느낌이 들도록 돕는 데 있다. 따라서 신은 그런 목적(만)을 돕는다. 하나님으로부터 소외된 상태를 극복하거나 성령님이 우리에게 능력을 베풀어서 선을 행하게 하시도록 중보자(그리스도)가 있어야 할 필요는 없다. 인간은 그보다 자기를 더 의지하며, 따라서 세상을 창조하고 유지하고 구속하는 일에 능동적으로 개입하는 삼위일체 하나님은 필요 없다. 오히려, "신은 신적인 시종(Divine Butler)과 우주적인 치료사(Cosmic Therapist)가 합성된 것 같은 존재로서, 언제나 호출에 대기하고 있고, 무슨 문제가 일어나든 다 해결하며, 그의 사람들이 자기 자신에 대해 더 좋은 기분을 느끼도록 전문적으로 도움을 주며, 또한 그 과정에서 지나치게 개별적으로 개입하지 않는다."[16] 이런 접근은 여러 면에서 애통의 신경 줄을 아예 끊어 버린다. "신은 선하지만 창조 세계에 특별히 개입하지 않는다. 그러므로 재난에 대해 신을 탓할 수는 없다. 더 나아가, 세상 자체는 그저 현실이다"라는 식이다. 새 창조에 대한 갈망도, "주의 나라가 임하소서"라는 열정적인 기도도 없다. 그러므로 사회학자들이 다음과 같이 한 말은 전혀 놀랍지 않다. "우리가 인터뷰한 10대 중에서 신이 자기를 망가뜨렸다고 그를 탓하는 자는 거의 없었다"[17] 그들은 신에 저항하지도 애통하지도 않고, 그의 새로운 창조를 소망하지도 않는다.

때로는 애통이 이신론의 한 형태를 통해 꺾이기도 한다. 그러나 4장에서 지적했듯이, 때로는 일반 그리스도인들이 성경에 있는 애통의 역설들을 꺾어 버리는 또 다른 극단에 빠지기도 한다. 곧, 모든 사건 하나하나를 하나님의 직접적이며 즉각적인 행동으로 보는 운명론이 그것이다. 목회자인 나의 친구는 아기를 유산한 부부와 대화를 나누고 있었는데, 남편은 전혀 눈물을 보이지 않았고, 감정도 없었으며, 그저 "하나님이 정하신 대로 된 것이다"라는 말만 했다는 것이다. 친구는 이러한 냉담한 반응을 보고서 그 남편이 개혁주의적인 섭리관을 아주 강하게 주장하고 있다고 생각했다. 그러나 그런 것이 아니었다. 하나님이 왕이시라고 한 남편의 고백은 옳았다. 그러나 그는 애통과 항의의 자리를 놓쳐 버렸다. 하나님 나라의 충만한 상태는 아직 임하지 않았다. 우리는 그날을 사모하며 탄식하는 것이다. 한 개혁주의 신앙고백의 진술에 따르면, 하나님이 죄와 악을 허용하시지만 그 일은 "하나님이 기뻐하시는 것이 아니고 혐오하시는 것이다."[18] 부모가 아기를 잃어버리는 것을 하나님은 혐오하신다. 하나님은 그의 선한 창조 세계의 부패를 혐오하신다. 하나님은 죄를 혐오하신다. 하나님은 학대를 미워하신다. 따라서 우리도 그래야 한다. 그러므로 다음의 두 가지 성경적 진리들이 함께 나아간다. 세상과 우리가 세상에서 당하는 지극히 힘든 상황까지도 왕이신 하나님의 손안에 있다는 것과, 또한 세상의 일들이 아직 정상적인 모습이 아니라는 것이다. 그러므로 우리는 비극에 대해 스토아 철학자처럼 반응하지 않고, 성령의 도우심을 받아 슬픔과 항의와 소망 가운데서 "주의 나라가 임하소서. 주 예수여, 오소서"라고 자유로이 외친다.

그런가 하면, 또 다른 신학 운동은 성경에 있는 애통의 역설적인 관계들을 끊어 버리는 정반대의 극단으로 기운다. 곧, 개방적 유신론(open theism)이 그것이다. 존 샌더스(John Sanders) 등의 주요 주창자들은 그들 자신이나 다른 사람들의 삶 속에 나타나는 순전한 비극에 대해 반응한다. 그리고 그들은 하나님이 악을 미워하신다고 올바로 주장한다. 사실 그들은 위에서 제시한 예에서 나타난 고전적인 기독교 교리에 대한 스토아 철학적인 오해와, 4장에서 논의했던 섭리에 대한 운명론적이며 단일인과론적인 접근을 반대해 올바로 움직이는 것은 사실이다. 그러나 하나님이 사랑하시지만 또한 전능하시다는 신비 속에 살아가고, 또한 그의 약속들이 위기에 처하는 듯할 때 주권자이신 하나님께 애통을 토로하도록 인도하는 것이 아니라, 하나님으로 하여금 책임을 면하게 만들어 준다. 곧, 하나님은 권능이 있으시지만, 그 비극을 사전에 방지하실 수는 없었다고 주장하는 것이다. 이렇게 해서, 욥과 시편과 고전적인 기독교 전통과 더불어[19] 신정론을 인간의 지혜로는 해결할 수 없는 하나의 열린 문제로 접근하는 것이 아니라, 하나님이 인간에게 자유를 주어 선으로 이끄시는 일반적인 목적은 가지고 있으되 특정한 비극의 실례에 있어서는 "하나님이 그런 일들에 대한 구체적인 목적은 가지고 계시지 않다"[20]고 단언한다. 특정한 비극들은 "무의미한 악", 곧 인간의 안목에서만이 아니라 하나님의 입장에서도 무의미한 악의 실례들이라고 샌더스는 단언한다.[21] 샌더스의 접근법에서 결정적인 것은 그의 신학적 방법론에서는 신적인 신비, 적응(accomodation), 역설 등 창조주와 피조물 사이의 심오한 차이를 상정하는 고전적인 논의를 거부한다는 것이다.[22] 그리하여 그는 하나님이 악을 허용하실 수 있다는 사고를 거부한다. 그것은 하나님이 특정한 비극을 의도적으로 허용하신다는 점을 암시하기 때문에 "무의미하다"고 강변한다.[23] 우리가 접하는 많은 비극들이 무의미하게 보이며, 따라서 욥의 친구들처럼 그런 비극을 허용하시는 하나님의 특정한 이유에 대해 이리저리 사색해서는 안 된다는 점에는 나도 동의한다. 우리가 알 수 없기 때문이다. 그러나 불행하게도, 샌더스는 일부의 악들이 하나님의 시각에서도 무의미하다고 말하는데, 이는 인간 지혜의 한계에 대한 욥기의 메시지에서 벗어난다. 그는 우리가 악과 고통의 문제를 열린 문제로 남겨 두어야 할 바로 그 지점에서 그 비극의 이유(곧, 하나님의 지식과 권능의 한계)를 제시함으로써 성경의 역설을 피하려고 했다.

애통과 신비한 중간 입장

샌더스와 같은 접근법은 하나님의 선하심을 증명하려고 하면서도, 성경의 애통을 떠받치는 역설로부터 결정적으로 이탈한다. 만일 하나님이 자신의 지식과 권능으로도 특정한 비극을 방지하지 못한다면, 성경적인 애통의 근거들이 근본에서부터 무너지기 때문이다. 3, 4장에서 상세히 살펴보았듯이, 시편 기자들은 그들의 재난에 대해—심지어 인간의 죄악 된 행동들이 개입되는 경우에도—거듭 하나님을 탓하며, 그의 주권적인 주 되심이 그들의 비극적인 현실에 개입되어 있음을 선언한다.

> 내가 잠잠하고 입을 열지 아니함은
> 주께서 이를 행하신 까닭이니이다.
> 주의 징벌을 나에게서 옮기소서.
> 주의 손이 치심으로 내가 쇠망했나이다(시 39:9-10).

그러면서도 시편 기자들은 소망 가운데 기도하며, 그들의 짐을 하나님 앞에 내어놓는다. 그들은 하나님이 사랑하시며 은혜로우신 분임을 거듭 선포한다. "여호와께 감사하라. 그는 선하시며 그 인자하심[헤세드]이 영원함이로다"(시 136:1). 만일 악이 그저 하나님 자신에게 무의미하다면, 하나님이 실제로 재난을 허용하신 것이 아니라면, 시편 기자들이 애가에서 하나님을 탓할 근거가 전혀 없었을 것이다. 라이트는 성경이 특정한 비극들과 안전하게 거리를 두는 것이 아니라, "하나님이 세상을 지저분한 상태에서 건져내기 위해 일하셔야만 했던 그 지저분한 방식에 대해" 이야기한다고 말한다. "하나님은 우리가 거부감을 느끼는 방식으로, 세상을 다시 올바른 상태로 되돌리기 위해 그의 장화를 진흙투성이로 만들고 그의 손에 온통 피를 묻히셔야만 한다. 많은 사람들이 그러하듯, 우리가 차라리 그렇게 되지 않기를 바란다고 선언하면, 우리는 그 반대의 질문을 받게 된다. '우리가 과연 무슨 마르고 깨끗한 땅 위에 서 있기에 그 문제에 대해 그렇게 확신을 가지고 선언하는가?'"[24] 하나님은 세상에 깊이 개입하신다. 하나님의 손길이 그의 약속들을 의심하게 만들 만한 재난을 허용하실 때, 시편 기자와 더불어 우리가 애통할 수 있고 또한 애통할 수밖에 없을 정도로 개입하시는 것이다. 그러나 하나님과 그의 길은 신비다. 하나님의 전능하신 능력이나 그의 사랑 어린 선하심을 부인함으로써 고통의 문제가 지닌 신비에 종지부를 찍으려 해서는 안 된다. 그 대신, 라이트가 하나님의 권능과 허용에 관해 논하는 중에 고전적인 전통에 나타나는 본능들을 병렬하여 제시한 문구에서 말하듯, 성경의 기사는 "너무도 분명하게 하나님은 악을 저지하시고, 그것을 억제하시며, 그것이 최악의 일을 행하지 못하도록 막으시고, 심지어 때로는 그 자신의 낯선 목적들을 증진하기 위해 인간의 악의까지도 사용하신다"는 사실을 말한다.[25] 이것은 우리도 인정하지만, "하나님은 왜 그의 세상에서 악을 그냥 제거하지 않으시는가"에 대한 질문에는 "답이 제시되지 않는다."[26]

이처럼 다양한 요인들이 상호 의존적으로 긴밀하게 엮여 있다. 우리는 세상에서 활동하시는 하나님의 신비도, 하나님의 새 창조를 소망하면서 죄와 사망이 있는 세상을 상대로 행하는 저항도, 우리가 신뢰할 약속들을 주신 선하고 전능하신 하나님께 올리는 애가도 단언한다. 섭리에 대한 고전적인 구분법을 여러 가지 방향으로 전개할 수 있지만, 고전적으로 뿌리박은 신학자들 사이에서는 하나님 섭리의 역설들을 하나로 묶고, 악을 미워하면서도 세상을 그의 손에 쥐고 계시는 선하시고 전능하신 하나님의 신비를 고백하는 방식에서 상당한 연속성이 나타난다. 토머스 오덴(Thomas Oden)과 같은 아르미니우스주의적인 감리교도나, 매슈 레버링과 같은 아퀴나스주의적인 로마 가톨릭교도나, 데이비드 벤틀리 하트(David Bentley Hart)와 같은 정교회 신학자나, 마이클 호튼과 같은 개혁주의 신학자가 모두 섭리에 대한 고전적인 기독교적 접근의 기본 윤곽을 공유하며, 세상의 고통과 소외에 대해 열정적으로 대응하면서도 성경의 애가와 감사를 그대로 유지하는 방식으로 고전적인 구분법을 사용한다.[27]

이러한 고전적인 접근법은 내가 양 극단 사이에 있는 "신비한 중간"이라 부르는 입장을 제시한다. 이는 하나님이 언제나 직접적이고 즉각적으로 행하신다고 주장하는 운명론적이며 단일인과론적인 섭리론과, 하나님과 그분의 권능을 다양한 방식으로 우리의 재난으로부터 너무 멀리 있게 하고, 성경의 역설들을 증언하기보다는 그것을 무디게 만드는 입장(스미스가 진단한 대중적인 이신론과 샌더스의 개방적 유신론 등) 사이에 있다. 그러나 성경의 역설을 느슨하게 만드는 모든 사람이 다 하나님의 권능을 약화시키는 방향을 취하는 것은 아니다. 존 로스(John K.

Roth)는 "항의의 신정론"(Theodicy of Protest)이라는 장에서, 악이 신이 지닌 권능의 한계를 보여준다고 말하는 자들을 반대하는 논지를 전개한다. 그들은 "신이 언제나 그가 할 수 있는 최선을 행하지만" 전능하지는 않기 때문에, 악에 대해서 그를 탓할 수는 없다고 주장한다. 반면에 로스는 전능하지 않은 신이라면 "신경 쓸 가치가 거의 없다"고 반박한다.[28] 하지만 그는 하나님의 전능하심을 인정하면서도 그분의 자비는 포기한다. 그는 "세상에서는 하나님의 구원 활동이 너무도 희귀하고 간격이 멀다"고 항의한다.[29] 질문의 형식으로 애통을 진술했다면, 로스의 항의는 시편 기자의 자세와 일치할 수 있었을 것이다. 우리는 시편 기자와 함께 하나님께 불평할 수 있고, 그가 그의 약속들을 이행하지 않는 것 같다며 항의를 제기할 수도 있다. 사실 우리는 그런 애가들을 통해 하나님의 성품에 대해 의문을 제기할 수도 있다. C. S. 루이스(Lewis)는 아내가 암으로 사망한 뒤, 과연 하나님이 "선하신 하나님이신지 아니면 우주적인 사디스트이신지"에 대한 의문과 씨름한 바 있다.[30] 그러나 로스는 결국 애통의 문제를 전능자 앞에 제기하는 신뢰의 자세와 결합하지 않고 "그 책임이 영원토록 하나님께 있다"고 선언한다.[31] 하나님이 "전적으로 선한 분"이 아니라고 단언함으로써,[32] 악의 문제를 개방적인 문제로 남겨 두지 않고 그것에 대해 답해 버렸다. 하나님이 전능한데도 재난이 일어나는 이유는 그가 신뢰할 만하지 않기 때문이라는 것이다. 불행하게도 로스의 접근법 역시 고난당하는 자들이 계속해서 애통할 근거를 제거해 버린다. 왜냐하면 하나님께 대한 소망 가득한 신뢰가 있어야만 애통할 수 있기 때문이다.

우리 자신의 믿음 이상의 것을 신뢰하기:
하나님이 소망을 살아나게 하심

암 투병의 여정 가운데서 나는 로스와 동일하지는 않지만 아주 비슷한 한 가지 유혹을 받아 왔다. 내가 받은 유혹은 하나님이 선하지 않다고 단언하는 것이 아니라, 내가 너무 지치고 허약해서 새 창조가 오고 있다는 사실을 도무지 신뢰하지 못하겠다고 느끼는 것이었다. "이 어둠의 세상"(엡 6:12)에서 끈질긴 애통의 기도와 사랑 어린 항의—이것이 세상의 정상적인 모습이 아니라는 항의—를 지속하기 위해서는 하나님의 약속에 대한 소망과 신뢰가 필수적이다. 하나님의 약속에 대한 소망 가득한 신뢰가 제대로 공급되지 않을 때, 그것은 마치 경기 중에 산소가 부족해진 채로 경기에 임하는 듯한 느낌이다. 속도가 느려지고 헐떡거리며 숨이 차오른다. 이상하게 들리겠지만, 시편 기자가 분노와 좌절과 항의를 하나님께 내어놓을 수 있다는 사실은 소망에 그 뿌리가 있다. 하나님이 선하시며 주권자시라는 소망이 없으면, 굳이 주님께 애통과 감사를 내어놓으려 하지 않을 것이다. 때때로 나는 너무 허약해서 소망할 수 없고, 심지어 애통을 토로하기에도 너무 지쳐 있으며, 절망 가운데 있음을 느낀다.

의사가 암이라는 단어를 입에 올릴 때, 그것은 마치 하늘이 닫히는—세상이 작아지고 삶의 배경 음악이 중단되는—느낌일 수도 있다.[33] 그런 순간에 나는 그리스도의 몸에 속한 형제자매들이 내 곁에 있어서 기도한다는 사실이, 나 자신이 너무도 무기력해서 스스로 이런 것들을 위해 기도할 수 없을 때조차도 나를 대신하여 애통과 간구를 올린다는 사실이 특별히 감사했다. 그러나 다른 사람들이 돌보아 줄 때조차도, 홀로 남아 있는 것처럼 어두운 침묵 속에 거하는 작고 무기력한 존재처럼 느낄 수도 있다. "내가 밤을 새우니 지붕 위의 외로운 참새 같으니이다"(시 102:7). 그렇다. 다른 사람들이 돌보아 준다. 하지만 내가 몇 년 안에 죽는다면 그게 무슨 소용이 있겠는가? 그렇다. 치료를 받을 수도 있다. 하지만 치료 과정에서 마치 머리를 얻어맞는 것처럼 완전히 기진맥진해지고, 여전히 암은 사라지지 않고 그대로 있다. 정말 고질병이고 치료가 불가능하다.

그러나 우리는 어린아이들이 가진 치명적인 질병의 비참함 때문에 낙담한 간호사처럼, 중독에 노예가 된 처지의 사람들과 씨름하는 사람들처럼, 사랑하는 사람이 그리스도를 믿는 신앙으로 나아오기를 위해 수년에 걸쳐서 기도하는 그리스도인처럼, 다른 상황들에서도 이와 비슷한 어려움을 접한다. 하나님은 왜 간절한 간구와 그런 증언의 활동에 대해 응답하지 않으실까? 그리스도의 평화의 나라는 정말 오고 있는 것일까? 어떻게 하면 "주의 나라가 임하소서"라고 거듭 간구할 용기를 계속 유지할 수 있을까? 때때로 나는 바르트가 사용한 용어처럼 "반란"에 치쳐 있고 소망하기에도 지쳐 있다.

항암 치료와 약물 치료를 받는 동안, 나는 육신과 영혼이 그냥 피곤한 상태에 있을 때가 많다. 사람들과 접촉할 때는 있지도 않은 에너지를 다 소진해 버린 것 같은 느낌이 들어 나중에 분노가 치밀어 오르는 경우도 많다. 결국 기력이 소진되어 극심한 두통과 현기증으로 끝을 맺는다. 나는 CarePages에 극심한 피곤증에 대해 20번 이상 언급했고, 우리 하나님과 위로자 되시는 성령의 도우심을 구하는 기도를 부탁했다. "항암 치료의 부작용을 말하자면 며칠에 한 번씩 극심한 고통을 겪는 것이고, 가장 큰 도전은 약물 치료 때문에 오는 수면 장애와 이어지는 피곤증이다.……기도 제목: 위로자 되시는 성령의 도우심으로 휴식과 수면의 리

듬을 찾도록." 그러나 때로는 구하는 일에도 지치고 소망하는 일에도 지쳐 버리는 상태에 있기도 했다.

소망은 있다. 애통하기를 계속하고, 사랑 어린 항의 가운데 행동하며 다가오는 하나님의 나라를 증언하기를 계속할 소망 말이다. 그러나 그 소망은 내 속에 있지 않다. 나는 그것을 끄집어 낼 수 없다. 나 스스로는 애통을 계속하고 찬양을 계속하며 신뢰를 계속할 용기도 끈기도 없다. 교회에서 자라나는 청소년들이 그렇듯이, 나 역시 그리스도를 위해 "불을 지피라"는 말을 듣는다. 예수님을 위해 나아가 큰일을 행하라는 것이다. 여기에는 올바른 점도 있다. 냉담해지지 말고 우리의 삶과 에너지를 그리스도를 위해 소진하며, 현재도 계시고 장차 오실 왕께 항의와 증언으로 행동하라는 부름을 받고 있으니 말이다. 그러나 이런 식의 기독교는 나 자신의 믿음을 믿는 믿음을 배양하기도 했다. "예수님을 따르기로 했네"라는 노래를 어찌나 많이 불렀는지, 개개인의 믿음 그 자체가 바로 영웅 심리의 절정이라는 말이 납득될 정도였다. CarePages에 대해 흔히 "이런 시련 중에 그렇게 믿음으로 정진하니 존경스럽다"라는 식의 반응을 접했다. 그게 무슨 뜻인지 나는 잘 모르겠다. 믿음이 있다고, 특히 위기 중에서 믿음을 보여준다고 칭찬을 받아 마땅한가? 어떤 경우에는 이런 반응들이 그런 상황 속에서 우리가 보여주는 믿음이 정말로 하나님께 합당하지 않다는 점을 암시하기도 했다. 시험을 당하는 중에 하나님을 향한 믿음을 그렇게 영웅적으로 보여주니 우리가 하나님께 은혜를 베풀고 있다는 식으로 말이다.

그러나 나는 그 반대가 옳다고 생각한다. 특별히 응답되지 않는 기도가 지닌 난제와 타락한 세상이 전혀 개의치 않는 것 같은 난제를 접할 때는 더욱 그렇다. 나는 믿음 그 자체에 대한 믿음은 없다. 하나님과 그분의 약속들에 대한 믿음이 있을 뿐이다. 예수님이 요한복음 3:3에서 말씀하신 것처럼, "사람이 거듭나지 아니하면 하나님의 나라를 볼 수 없"다. 성령의 역사하심을 떠나서는 그 나라를 볼 수조차 없는 것이다. 이처럼 보는 것에 대해 우리를 자랑하는 일은 합당하지 않다. 우리는 믿음을 보는 우리의 안목을 신뢰하지 않고 하나님을 신뢰한다.

의심이 일어날 때 나는 자주 이런 간구로 기도했다.

> 여호와께서 나를 위하여 보상해 주시리이다.
> 여호와여, 주의 인자하심이 영원하오니
> 주의 손으로 지으신 것을 버리지 마옵소서(시 138:8).

하나님에 대한 나의 소망과 신뢰는 사람이 창조해 낸 것이 아니다. 그것은 하나님이 그의 손으로 지으신 것이다. 그러므로 나는 그것을 다시 하나님께로 돌리며 애통을 올려 드릴 수 있다. "주님, 소망이 사라지는 것 같을 때 우리 속에 주의 역사하심이 어디에 있습니까? 너무도 기진해서 다가오는 주의 나라에 대해 소망을 잃어버리는 느낌이 들 때, 과연 나를 위해 주의 목적을 이루시겠습니까? 주의 손으로 지으신 것을 버리지 마옵소서." 나 자신의 소망에 대해서는 신뢰하지 않는다. 나는 "너희 안에서 착한 일을 시작하신 이가 그리스도 예수의 날까지 이루실 줄을"(빌 1:6) 신뢰한다.

시편 기자가 구원을 바라며 "내 영혼을 지켜 나를 구원하소서"(시 25:20)라고 외칠 때, 시인은 그저 스스로를 돕는 행동의 일환으로 '소망을 회복하기를 애쓰는' 것이 아니다. 자신을 구해 주시기를 하나님께 간구하는 것이다. 칼빈은 이 시편을 묵상하는 중에, 하나님이 "우리의 소망이 작을 때 그것을 크게 해주시고, 무기력할 때 그것을 일깨우시고, 흔들릴 때 그것을 확신시키시고, 연약할 때 그것을 강건하게 하시고, 무너져 내렸을 때 심지어 그것을 다시 살려 주시기를" 기도해야 한다고 말한다.[34] 우리는 소망을 소망하지 않는다. 절망이라는 마른 뼈들을 다시 살리실 수 있는 하나님(겔 37장)을 소망하는 것이요, 예수 그리스도를 죽은 자 가운데서 살아나게 하신 하나님이시기에 잿더미 속에서도 나의 소망을 반드시 살려 내실 수 있다는 사실을 소망하는 것이다. 우리 자신보다도, 우리 자신의 영웅적인 믿음보다도 진정 신뢰할 만한 더 나은 것이 우리에게 있다. 우리 속에서 행하시는 그의 일을 저버리지 않으시는 하나님이 우리에게 있다. 결국 그가 우리의 하나님이 되시는 것이 그의 일이요 그의 언약의 약속이기 때문이다.

6
...

하나님의 이야기 및 교회에 나타나는 죽음

지극히 이상한 시기에 죽음이 뇌리에 떠오른다. 지난 삶을 돌이켜 보면, 삶이 가장 아름답고 소중한 것 같은 때 나 자신의 죽음과 또한 죽을 수밖에 없는 처지에 대한 생각이 떠오르곤 했다. 결혼식 날, 나의 신부와 연합하는 기쁨과 경사스러움을 느끼는 중에도, 죽음과 죽을 수밖에 없는 처지에 대한 생각이 뇌리를 스쳤다. 레이철과 내가 우리의 딸 네티를 만나러 처음 에티오피아로 여행할 때도, 나의 죽음에 대한 생각이 속으로 젖어 들었다. 네티의 장난기 섞인 미소를 보며 기뻐하고 있었는데도 말이다. 미시간의 병실에서 우리의 아들 너대니얼이 태어났을 때도, 죽음과 인생의 연약함이 나를 때렸다. 이런 순간들은 전혀 우울한 때가 아니었다. 하지만 마치 "토드, 너는 죽을 존재야. 너는 죽게 될 거야"라고 말하기라도 하는 듯 지극히 현실적인 순간이었다. 창조 세계는 선하며, 제라드 맨리 홉킨스(Gerard Manley Hopkins)의 말을 인용하자면, "세상은 하나님의 장대하심으로 가득 차 있다." 결혼도, 결혼 생활에 대한 희망도 모두 선하다. 아이들의 삶도, 아이들의 미래에 대한 우리의 희망도 선하다. 우리의 삶을 쏟아부을 값어치가 있을 만큼 좋다. 그러나 우리의 삶은 유한하다. 우리는 죽음을 향해 나아가고 있다. 그러므로 죽을 인생들로 살 필요가 있다.

이런 순간에 나는 삶의 고귀한 아름다움과 죽음에 대한 전망을 함께 경험했다. 새 생명에 대한 소망(결혼과 자녀들과 창조 세계 전반에 대한 소망)을 포함해 창조 세계가 말할 수 없이 선하지만, 이를 통해서 나는 일부 철학자와 신학자들이 "선의 문제"라고 칭하는 것을 대하게 되었다. 앞의 장들에서 이미 악의 문제에 대해 다룬 바 있다. 그런데 평범한 수준을 훨씬 뛰어넘는 세상의 선함에 대해 설명하는 '문제'가 있다(선하신 하나님을 믿지 않는다면 말이다). "만일 세상이 우발적인 현상들의 우연한 집합체라면, 우리가 찬양하고 축하하기를 원하는 것이 왜 그리도 많은가? 왜 아름다움과 사랑과 웃음이 있단 말인가?"[1] 하나님의 창조 세계는 경이와 선으로 완전히 젖어 있다. 급하게 쏟아지는 폭포와 모래사막, 풍선을 불 줄 알고 또 우스꽝스러운 가발을 쓸 줄 아는 어린아이, 춤을 추고 운동 경기를 하며 결혼이 주는 안락한 자유 속에서 성적인 친밀함을 표현할 줄 아는 육체들로 말이다. 과연 이런 것들에 대해 누구에게 감사할 것인가? 아무도 감사할 분이 없다면 '선의 문제'를 제대로 다룬 것이 아니다. 창조 세계의 아름다움과 즐거움은 그것 너머를 지적해 준다. 그것들은 누군가에게―창조주께―감사하라고 외친다. 특정한 철학적 선의 문제를 떠나서 성경은 하나님의 창조 세계가 그저 선하기만 한 것이 아님을 암시한다. 그 세계는 심히 선한(좋은) 것이다! "하나님이 지으신 그 모든 것을 보시니 보시기에 심히 좋았더라"(창 1:31). 시편 기자

들은 자주 온 창조 세계와 합하여 창조 세계에 나타난 그 놀라운 선물들
에 대해 창조주를 찬양한다.

> 여호와께서 달로 절기를 정하심이여.
> 해는 그 지는 때를 알도다.
> 주께서 흑암을 지어 밤이 되게 하시니
> 삼림의 모든 짐승이 기어나오나이다.
> 젊은 사자들은 그들의 먹이를 쫓아 부르짖으며
> 그들의 먹이를 하나님께 구하다가
> 해가 돋으면 물러가서 그들의 굴속에 눕고
> 사람은 나와서 일하며 저녁까지 수고하는도다.
> 여호와여, 주께서 하신 일이 어찌 그리 많은지요.
> 주께서 지혜로 그들을 다 지으셨으니
> 주께서 지으신 것들이 땅에 가득하니이다(시 104:19-24).

존 칼빈이 흔히 사용하는 은유로 표현하자면, 창조 세계 그 자체가
하나님의 영광을 드러내는 극장이다. 각 사람은 "창조 세계의 관람자가
되도록 지어졌고, 그토록 아름다운 것들을 감상함으로써 그 지으신 분
께로 인도되도록 눈을 부여받았다"[2] 아름다움과 영광, 이것들이 모든
선물의 주인이자 그것들을 베푸시는 창조주께 감사하도록 인도한다.

죽음에 대한 예상과 우리의 인생 이야기

그런데 나는 왜 결혼식 날에, 그리고 내 자녀들을 처음 팔에 안았을
때, 하필 죽음에 대해 그렇게 뚜렷하게 생각하게 되었을까? 그 이유를

하나님의 이야기 및 교회에 나타나는 죽음

전혀 모르겠다. 무언가를 얻게 될 때 상실감도 동시에 느끼는 것이 아니었는가 싶기도 하다. 20대의 미혼 시절, 나는 자주 나의 미래에 대해 궁금함을 느꼈었다. 누구와 결혼하게 될까? 과연 결혼을 하게 될까? 다른 가능성들을 상상해 볼 수도 있었는데, 그 하나하나마다 나의 인생 이야기가 달라질 터였다. 소설을 읽거나 주변 사람들의 결혼 생활을 관찰하면서, 특정한 타입의 사람과 결혼할 경우 장점과 단점은 무엇인지 사색하기도 했다. 내성적인 사람이 좋을까, 아니면 외향적인 사람이 좋을까? 민주당 지지자가 좋을까, 공화당 지지자가 좋을까, 아니면 독립당 지지자가 좋을까? 그 가능성에는 끝이 없을 것 같았다. 어떤 면에서는 나의 인생이 거의 무한한 가능성으로 내 앞에 펼쳐지는 것 같았다.

그런데 레이철과의 결혼이라는 선물을 받으면서도, 나는 죽음을 상기시키는 하나의 약속을 하고 있었다. 결혼 서약은 대담하다. 배우자를 취해서 "이날부터 계속해서, 좋으나 나쁘나 풍부하나 가난하나 질병에 걸렸거나 건강하거나 죽음이 우리를 갈라놓기까지 사랑하고 보호할 것이다"라고 서약하니 말이다. 그렇다. 죽음이 우리를 갈라놓을 때까지다. 더는 다른 가능성에 대한 사색이 없다. 이 구체적이고 유한한 이야기가 바로 내 이야기요, 또한 지금 유일한 인생 이야기다. 곧, 레이철과 결혼하여 함께 사는 인생 말이다. 마찬가지로, 레이철과 내가 입양을 위해 여러 해 동안 준비했었지만(엄청난 양의 문서를 작성하고 문서 더미에 도장을 찍고 공증을 받는 등의), 네티를 처음 만났을 때에야 비로소 "이 아이가 내 딸이다"라는 감격에 깊이 젖어들었다. 다른 아이가 아닌 바로 이 아이가 내 딸인 것이다. 네티는 너대니얼과 더불어 진귀하고도 특별한 아이다. 이들은 나와 레이철과 다른 많은 사람들에게 기쁨을 주는 아주 유쾌한 아이들이다. 그러나 다른 모든 사람의 특징을 이 아이들도 지니고 있다. 저 사람이 아니라 바로 이 사람이다. 그들의 고유한 것들이 이제 나를 얽어매게 될 나의 인생 이야기의 일부다.

지금도 그렇지만 나는 언제나 그 아이들의 아버지일 것이다. 하지만 "언제나"라는 단어가 마음에 걸린다. 언젠가는 죽게 될 사람의 유한함과 인생 그 자체의 유약함에 비추어 볼 때, 그처럼 영구한 약속을 하는 것이 주제넘어 보일 수 있다. "여호와여, 사람이 무엇이기에 주께서 그를 알아주시며 인생이 무엇이기에 그를 생각하시나이까. 사람은 헛것 같고 그의 날은 지나가는 그림자 같으니이다"(시 144:3-4). 우리는 유한한 존재요, 우리의 인생은 헛것 같다. 오늘날 서구 세계에서 우리는 우리가 마치 스스로 만들어 낸 개개인이요, 구글을 새로이 검색하고 우리의 새로운 자아를 발견하여 우리의 인생 이야기의 경로를 얼마든지 바꿀 수 있기라도 한 것처럼 처신하는 때가 많다. 기독교 신앙이 지켜지면 불교 웹 사이트를 찾을 수도 있고, 혹은 아마존 닷컴에서 새로운 혁신적인 종교에 관한 책을 추천받을 수도 있다. 새 배우자가 필요하면, 가상 현실의 세계로부터 데이트 상대에 대한 '과학적으로 개발된' 추천을 받을 수도 있다. 심지어 원하기만 하면 우리의 배우자와 자녀들을 버리고 '새 삶'을 찾을 수도 있다. 다른 이들이 그렇게 하는 것을 봐 왔으니, 우리라고 안 될 게 어디 있겠는가? 내가 보기에 이런 모든 경향은 우리가 하나님으로부터 소외되어 있는 상태를 표현할 뿐 아니라, 좀 더 구체적으로 죽음과 피조물의 유한성을 부인하는 우리의 정서를 표현하는 듯하다. 우리의 이야기는 끝없이 이어지지 않는다. 우리의 이야기는 무한한 가능성으로 가득 차 있지 않다. 그것은 형체를 지니고 있다. 그리고 우리는 사실 그 이야기의 저자가 아니다. 우리는 유한한 피조물일 뿐, 한계를 모르는 창조주는 아니다. 우리는 그 이야기 속에서 살며 순

하나님의 이야기 및 교회에 나타나는 죽음

전한 자유로 행동할 수 있지만, 그렇다고 해서 마음에 드는 대로 골라잡을 수 있는 모험 소설의 주인공은 아니다.[3]

암 진단을 받으면, 그 사람의 이야기가 예측 가능성과 합리적인 기대의 길에서 벗어나는 듯하다. 나의 암의 경우는 원인을 알 수 없고, 또한 나이가 가장 큰 위험 요인으로 작용한다. 골수암 진단을 받은 중간 연령은 나보다 30년이 더 많으며, 진단 받은 자들 중에서 아주 작은 비율만 나의 연령대와 같다. 나의 암 진단은 정상적으로는 기대할 수 없는 것이었다. 그보다 더한 것은, 암의 예후가 나의 인생에서 죽음이 오리라고 예상했던 그 시점의 이야기를 다 망가뜨린다는 것이다. 고등학교 시절 여름을 캔자스에 위치한 조부모님의 농장에서 연로하신 두 분과 보낸 기억이 난다. 그분들과 시간을 보내면서 문득 이런 궁금증이 생겼다. '나의 70대는 어떤 모습일까? 괴롭고 후회가 많을까, 아니면 감사로 가득할까?' 이제 겨우 10대였는데도, 나는 내 이야기의 상당히 후반부에 속한 부분을 예상하고 그것에 비추어 살려 하고 있었던 것이다.

우리 가운데 아무도 언제 죽게 될지 모른다. 하지만 '알지 못하는 것'에도 종류가 여러 가지다. 우리 대부분은 "앞으로 10년 동안 살아 있을 확률이 50퍼센트"라는 꼬리표를 달고 있지 않다. 이 숫자는 많은 암 환자들이 받는 것보다 더 나은데도 말이다. 나는 5년을, 10년을, 아니 어쩌면 수십 년을 더 살 수도 있다. 그 이야기의 주인이신 하나님 이외에 과연 누가 알겠는가? 그러나 당장에는 나 자신의 이야기의 의미를 찾는 것이 수수께끼일 수도 있다. 잠시 생각해 보라. 앞으로 5년만 더 산다는 사실을 알고 있다면 어떤 식으로 살겠는가? 그러면 이제는 30년을 더 산다는 사실을 알고 있다고 가정해 보라. 30년을 더 살 것을 알고 있을 경우, 살아가는 모습에 대한 이야기의 줄거리가 다를 거라고 보는

가? 아마도 다를 것이다.

물론 이런 식의 생각은 가상적이요 인위적이다. 우리 가운데 아무도 우리가 얼마나 오래 살게 될지 정말로 모른다. 그러나 인생 이야기에 비추어 현재 자신의 처신을 바라보는 일은 누구나 한다. 그리스도인이든 아니든, 알게 모르게 우리 모두가 늘 그렇게 한다. 그레이엄 스위프트(Graham Swift)의 소설 『워터랜드』(Waterland)에는 이런 말이 나온다. "지금 여기에 전적으로 의존하여 사는 것은 오로지 짐승뿐이다. 오로지 자연만이 기억도 역사도 모른다. 그러나 사람은—사람을 정의해 주겠다—이야기를 하는 짐승이다. 어디를 가든 그는 혼돈의 자국이나 텅 빈 공간을 남겨 두기를 원하지 않고, 위안을 주는 부표와 흔적이 되는 이야기들을 남겨 두고 싶어 한다." 왜냐하면 "심지어 마지막 순간에도, 치명상을 입고 쓰러지는 혹은 물에 빠져 죽는 그 찰나에도, 지나간 인생 전체의 이야기가 급속히 그의 앞을 지나가는 것을 보기" 때문이다.[4]

『워터랜드』에 나오는 이 구절을 접하면서, 나는 우리가 반드시 더 광대한 이야기들의 빛 속에서 우리 인생에 대해 이야기하고 또한 그렇게 살 수밖에 없다는 점에 동의한다. 그러나 우리가 곁에 두고 사는 모든 이야기가 똑같이 하나님의 나라를 위해 충실하고 열매 있는 것은 아니다. 내 의사에게서 받은 나의 예후에 관한 이야기는 부록이 필요하다. 아니, 사실 부록보다 더한, 하나님의 성령으로 말미암는 죽음과 새 생명이 필요하다. 그리스도인으로서 우리는 이야기 속에서 저자가 아닌 배우로 산다고 고백한다. 성경을 통해 하나님에게서 오는 이야기 속에 우리가 등장하는 것이다. 그 이야기는 바로 하나님의 창조 세계가 '심히 좋게' 나오는 이야기다. 그러나 동시에, 하나님이 주신 창조 세계의 아름다움과 선함 때문에 우리의 항의를 불러일으키는 이야기다. 왜냐하면 지금 "이 악한 세대"(갈 1:4)에서는 일들이 정상적인 상태가 아니기 때문이다. 슬퍼하고 항의하는 일이야말로, 창조 세계의 선물들이 진정 놀라우며, 우리가 그리스도 안에서 맛보는 하나님과 및 다른 사람들과의 하나 된 교제야말로 진정 정상적인 상태라는 것—그리하여 소외와 죽음은 진정 '자연스러운 것'이 아니고 하나님과 그의 나라의 원수들이라는 것—을 증언한다. 그리고 이런 것들은 그저 추상적인 관념이 아니다. 우리의 인생 이야기가 죽음과 (출생과 건강, 질병과 죽음을 경험하는 가운데 말씀과 성례라는 하나님의 선물들을 누리는) 공동체 안에 있는 그리스도의 새 생명 속으로 병합되어야 한다. 그 공동체가 바로 교회다. 줄기세포 이식 수술이 잘 진행되어 상태가 호전되기를 기도하고 바라면서 CarePages에 글을 실었는데, 그 글에서 나는 교회가 죽어 가는 것과 죽음을 억제하는 것이 아니라, 오히려 그것을 교회가 살아가는 이야기—그리스도 안에 있는 하나님의 이야기—속에 포함한다는 깜짝 놀랄 만한 선물에 대해 생각해 보았다.

⋮

죽음과 죽어 감: 교회가 주는 의외의 선물?

"그래, 지금까지 무슨 생각을 하고 있었나요?" 정직히 말하면, 최근 들어 나의 목록 중에 죽음이 상위에 있었다⋯⋯.

죽음에 대한 나의 생각 중 일부는 애통과 슬픔과 상실감이 색채를 띠고 있다. 우리는 오랫동안 병 증세가 크게 호전되기를 위해 기도하고 있다. 나 역시 이를 바라고 기도한다. 시편 기자와 더불어 "나의 말이 나의 하나님이여, 나의 중년에 나를 데려가지 마옵소서. 주의 연대는 대대에 무궁하니이다"(시 102:24)라고 기도한다. 그러나 미래를 알지 못하는 유한한 피조물인 나로서는 긴 호전 기간이 내게 있을지 미리 알 수 없다. 나는 3개월 내지 6개월마다 암이 다시 돌아왔는지를 확인하기 위해 검사를 받게 된다. 이것이 상실이다. 그러나 일종의 선물이기도 하다. 우리 모두는 유한한 존재다. 그러나 우리의 서구 문화는, 우리를 밀어붙여 죽음의 현실을 부인하게 하고 죽음의 가능성과 죽어 가는 과정을 격리시키게 만들려는 온갖 세력들이 지배한다. 의료 봉사, 호스피스 사역, 교회 사역 등의 분야에서 일하는 분들에게, 죽어 가는 것과 죽음을 부인하는 우리의 문화를 헤치고 나아갈 수 있는 순간들이 주어진다는 것은 그들에게는 아주 어색한 짐이기도 하지만 동시에 축복이기도 하다. 그리고 나는 그 짐과 선물의 새로운 현실을, 곧 병의 증세가 호전되는 기간이 아무리 길어진다 해도 내가 죽을 수밖에 없다는 사실을 자주―매우 자주―깨닫게 되리라는 것을 경험한다.

아마도 여러분은 이 단락의 제목으로 붙인 "교회가 주는 의외의 선물"이 대체 무엇일까 하고 궁금해할 것이다. 지난 몇 주 동안 나는 내가 속한 교회의 장년 주일학교 반을 인도하며, 애통과 섭리와 그리스도 안에 있는 삶에 관한 주제, 곧 나의 암 투병 여정에서 생각한 몇 가지 일반적이며 신학적인 내용들을 다루었다. 내가 속한 교회에는 어린아이와 젊은 부부, 중년층 그리고 노년층이 있다. 교회 회원들에게 이 주제에 대해 말씀을 전하면서 어쩔 수 없이 어느 정도 정직하게 밝혀야 했는데, 그것이 충격적으로 다가왔다. 이곳은 정기적으로 장례식이 행해지는 곳이요, 항암 치료를 통과한 암 생존자도 있고, 또한 암이나 기타 질병으로 배우자나 사랑하는 이를 잃은 사람도 있다. 교회야말로 서구 문화에서 우리가 관계를 형성하고, 우리의 신앙과 삶을 함께 나누며, 또한 죽어 가는 과정과 죽음에 이르기까지 줄곧 동일한 관계들을 이어 가

하나님의 이야기 및 교회에 나타나는 죽음

는 (내가 생각할 수 있는) 유일한 곳이다. 직장도 호스피스도 필수적인 역할을 감당하지만, 젊은이와 나이 든 사람들이 함께 아기의 출생을 축하하고 또한 죽음에 이르기까지 시종일관 동일한 관계를 맺는 하나 된 교제의 삶은 그런 곳에서는 불가능하다. 교회는 선물이다. 정말 그렇다. 세례를 베풀고 그리스도 안의 새 삶을 축하하는 교회가 또한 장례식도 행하며 죽어 가는 이들과 함께 슬퍼하고 그리스도 안에서의 부활의 약속을 높이 기린다는 것은 놀라운 선물이 아닐 수 없다. 일부 젊은이에게는 실제로 개인적으로 죽음에 노출되는, 곧 그들이 알던 사람이 죽어 장례식을 치르는 유일한 곳들 중 하나다. 이것이 교회의 선물이라 생각한다. 더 나아가서, '교회를 찾는 이들'에게 내가 하고 싶은 첫 번째 질문은 이것이다. "누가 당신의 장례를 치러 주기를 바라는가?" 잠시 그 문제를 생각해 보기 바란다!

유한한 피조물로 살아가는 일은 삶의 일부다. 우리의 육체는 하나님이 지으신 모든 것이 그렇듯이 하나님에게서 온 "심히 좋"은(창 1:31) 선물이다. 그러나 최근 들어 주사다, 혈액 검사다, IV다, 월요일의 소변기 꽂기다 하여, 문자 그대로 수백 번씩 주사를 맞아 온 몸이 쑤시고 아프고 만신창이가 되어 버렸으니, 우리의 육체가 아직은 그리스도께서 이루신 승리를 충만히 맛보지 못한다는 사실을 새삼 깨닫게 된다. 우리는 소망 가운데 살아간다. "맨 나중에 멸망받을 원수는 사망"(고전 15:26)이기 때문이다. "이 썩을 것이 썩지 아니함을 입고 이 죽을 것이 죽지 아니함을 입을 때에는 사망을 삼키고 이기리라고 기록된 말씀이 이루어지리라. 사망아, 너의 승리가 어디 있느냐. 사망아, 네가 쏘는 것이 어디 있느냐"(54-55절).

"이제 그리스도께서 죽은 자 가운데서 다시 살아나사 잠자는 자들의 첫 열매가 되셨도다"(20절). 그러나 그리스도께서 죽음을 이기셨다고 해서, 그것이 우리가 죽을 사람이 아닌 것처럼 처신하고, 죽음과 죽어 가는 일을 우리 뇌리에서 한 구석으로 밀어 넣을 근거가 되지는 않는다. 오히려 우리가 그리스도 안에서 소망이 있으므로, 우리 자신의 죽음에 대해 이야기하면서 교회 회원들의 얼굴을 똑바로 쳐다볼 수 있는 용기를 가질 수 있다. 성령으로 말미암아 우리는 그리스도의 몸 안에서 형제와 자매로 연합되었고, 따라서 "만일 한 지체가 고통을 받으면 모든 지체가 함께 고통을 받"는다(고전 12:26). 우리는 삶의 길과 죽음의 길을 한 길로 삼아 걸어갈 수 있다. 왜냐하면 그 길들이 한 가지 소망―사나 죽으나 나의 몸도 영혼도 나의 신실하신 구주 예수 그리스도의 것이라는 사실(하이델베르크 요리문답 제1문답)―을 공유하기 때문이다. 죽음이 패배시켜야 할 마지막 원수인 것은 분명하나, 죽음과 죽어 가는 것이 (옆으로 밀려나 있지 않고) 그리스도인의 이야기 속에 포함된다는 점은 아주 좋은 일이다. 죽음과 죽어 가는 일은 그리스도 안에 있는 정체성에 대한 증거로서 교인들이 매주 매해 함께 나아가는 여정 속에 포함된다.

:

죽음과 죽어 가는 것은 하나님의 이야기와 교회 생활의 이야기에서 배제되는 것이 아니라 그 속에 포함된다. 오늘날 많은 이들이 교회의 부족한 점들을 극복하고, 교회의 대중적인 관계와 인기를 개선하며, 새로운 날을 위해 교회를 '개조'하려고 애쓴다. 교회 내에 있는 결점들은 깊고도 실질적이다. 그러나 본질적으로, 교회가 교회인 이유는 우리가 적극적인 사고를 믿고 더 나은 세상을 꿈꾸기 때문도 아니고, 심지어 믿음의 중요성을 믿기 때문도 아니다. 교회는 하나님 말씀의 피조물, 곧 외부에서 그 생명을 찾으며, 믿음 그 자체를 믿는 것이 아니라 그리스도 안에서 알게 되는 언약의 약속의 하나님을 믿는 피조물로서의 교회다. 한 가지 관점에서 보면, 교회는 나이 많고 어리며, 건강하고 병들었으며, 자라고 있고 또한 죽어 가고 있는 죄인들의 모임이다. 그러나 하나님의 약속으로 말미암아 교회는 또한 출생과 건강과 죽어 감, 죽음을 통해 부활로 나아가는 여정 중에 있기도 하다(그들이 예수 그리스도의 것이므로). 하나님의 이야기나 교회의 이야기의 마지막은 죽음이 아니라 부활이다. "그리스도께서 죽은 자 가운데서 다시 살아나"셨고(고전 15:20), 또한 부활로 죽음이 패배하는 일이 그리스도로 말미암아 이루어지고 그 다음에는 그에게 속한 자들에게까지 이루어진다. "먼저는 첫 열매인 그리스도요. 다음에는 그가 강림하실 때에 그리스도에게 속한 자"(23절)에게 임하게 된다.

죽음의 증표와 하나님의 약속의 증표

이 글을 쓰는 동안, 나의 배는 푸르고, 누렇고, 벌겋고, 시커먼 온갖 상처로 뒤덮여 있다. 그 상처들은 12시간마다 한 번씩 나 자신이 찌르는 주사 때문에 생긴 것들이다. 배에 상처가 너무 많아서, 주삿바늘을 찌를 때 적절한 부위를 찾기 힘들 때가 많다. 또한 암 세포가 통제 불능이 될 정도로 자라지 못하도록 정기적으로 독(항암 치료제)을 맞기도 한다. 진료실에 들어갈 때마다 나의 암 수준이 어느 정도인지 알기 위해서 쓰라리고 아픈 고통을 참는다. 그러니 날마다 "사망이 왕 노릇" 하는 것을 몸으로 상기하게 된다. 그러나 하나님께 감사드리는 것은 내가 죽음이 왕 노릇 하는 가운데만 있는 것이 아니라 하나님의 약속에 대한 소망으로 산다는 사실이다. 이 약속은 육체적이며 인간적인 교제, 곧 선포되는 말씀과 세례의 물 속에 있는 말씀, 그리고 떡과 포도주 속에 있는 말씀을 위해 모이는 교회에서 이루어지는 교제의 한가운데에 임한다. 이런 모든 형식 속에서, 하나님의 약속이 그리스도와 연합한 하나님의 백성에게 죽음의 통치가 마지막이 아니라는 사실을 알려 준다. "만일 우리가 그리스도와 함께 죽었으면 또한 그와 함께 살 줄을 믿노니 이는 그리스도께서 죽은 자 가운데서 살아나셨으매 다시 죽지 아니하시고 사망이 다시 그를 주장하지 못할 줄을 앎이로라"(롬 6:8-9).

현재 죽음이 통치한다는 증표들은 추상적이지 않다. 아주 예리한 육체적인 증표다. 나는 그런 증표들을 정기적으로 받는 사람으로서, 하나님의 약속과 하나님의 새 창조의 증표들 역시 추상적이지 않다는 사실이 정말 감사하다. 여기서 칼빈은 특히 깊은 통찰을 준다. 어떤 이는 하나님의 약속에 대한 물질적이고 육체적인 증표들이 우리에게 필요한 것은 그저 정신이 무딘 자들에게 '예증'을 주기 위함일 뿐이라고 생각하기도 한다. 그러나 칼빈은 하나님의 약속에 대한 물질적인 증표를 필요로 하는 우리의 욕구가 육체를 지닌 선한 피조물의 본질의 일부임을 주장했다. 그러므로 심지어 우리의 죄와 하나님으로부터의 소외와는 별개로, 하나님의 생명을 주시는 임재와 약속의 물질적인 증표들이 우리에게 필요하다. 창세기 2장과 3장 주석에서 칼빈은 생명나무를 하나님의 약속에 대한 외형적인 증표로 해석한다. 하나님이 그 나무를 통해 "그의 손을 우리에게 뻗으시니, 이는 도움이 없이는 우리가 그에게까지 올라갈 수 없기 때문이다. 그러므로 그의 의도는, 사람이 그 나무의 실과를 맛볼 때마다 자기의 생명이 어디서부터 주어졌는지를 기억하여, 자기가 자기 힘으로 살지 않고 오직 하나님의 자비하심으로 인해 사는 것임을 시인하게 하기 위함이었다." 그리하여 심지어 타락 이전에도 "그의 은혜를 사람에게 인치시기" 위해, 눈으로 보고 냄새를 맡으며, 손으로 만지고 입으로 맛볼 수 있는 물질적인 증표가 필요했던 것이다.[5]

하나님의 약속이 추상적인 것을 훨씬 뛰어넘는 이유는 다른 육체들—그리스도의 몸에 속한 다른 사람들—과 더불어 그것을 육체적이며 물질적인 방식으로 받기 때문이며, 또한 하나님이 말씀하시면 그것이 바로 행동이 되기 때문이다. 하나님은 언약의 하나님으로서 그의 백성에게 약속을 주신다. "나는 그의 하나님이 되고 그는 내 아들이 되리라"(계 21:7. 또한 출 6:7와 레 26:12을 보라). 이것은 그저 하나님이 행하시는 하나의 관찰이 아니다. 이것은 약속이요, 우리를 새로운 상태로 데려가는 하나의 행동이다. 이와 비슷하게, 결혼식에서 주례 목사가 "이제 두 사람이 남편과 아내가 되었음을 선포합니다"라고 레이첼과 나에게 말했을 때, 이것은 하나의 행동이었다. 새로운 역할이 우리에게 부과되었고, 이제 우리가 지고 살아가야 할 새로운 정체성이 (이 새로운 정체성을 뒷받침하고 지탱할 공동체의 맥락에서) 부여되었다. 마찬가지로, 하나님의 언약적인 약속들은(이는 시편의 중심을 이루며, 성경에 나타난 하나님의 백성이 지닌 소망의 중심을 이룬다) 그저 말이나 추상적인 표현만이 아니다. 언약의 약속을 받는 자에게는 새로운 정체성이 부여된다. "너희가 전에는 백성이 아니더니 이제는 하나님의 백성이요"(벧전 2:10). 예수 그리스도 자신이 하나님의 약속들의 성취요, 또한 살아 있는 제정(enactment)이시다. 왜냐하면 "하나님의 약속은 얼마든지 그리스도 안에서 예가 되"며(고후 1:20), 또한 언약을 지키시는 분이자 동시에 언약의 하나님이신 그리스도 안에 있는 자가 바로 우리의 정체성이기 때문이다. 여기서 삼위일체 하나님이 행동의 중심에 계신다. 우리의 정체성을 위해 우리가 죄 사함과 새 생명과 또한 새로운 공동체라는 환경을 부여받는다. 하나님의 약속의 말씀은 하나의 행동이기 때문이다. 그의 말씀을 통해 그의 언약의 목적들을 시행하시는 분이 바로 하나님이시며, 이 목적들이 우리 속에서와 우리를 통해 이루어진다.

하나님은 그의 약속들에서 한 백성을 그의 소유로 입양하겠다고 맹세하신다. 신약 성경에서는 하나님이 한 백성을 입양하시는 일이 때때로 미래의 현실로 간주되기도 한다. 결국 그것은 하나님의 약속이며, 우리는 아직 하나님 나라의 완성에 도달하지 못했다. 오히려 우리는 "속으로 탄식하여 양자 될 것 곧 우리 몸의 속량을 기다"린다(롬 8:23). 그러나 우리의 입양은 또한 이미 이루어진 현실이기도 하다. 바울이 몇 절 앞에서 다음과 같이 암시했듯이 말이다. "무릇 하나님의 영으로 인도함을 받는 사람은 곧 하나님의 아들이라. 너희는 다시 무서워하는 종의 영을 받지 아니하고 양자의 영을 받았으므로 우리가 아빠 아버지라고 부르짖느니라"(롬 8:14-15). 우리는 설교와 세례와 주의 성찬과 같이 하나님의 약속에 대한 외형적인 증표들, 곧 그 약속이 현재 성취되고 있으며, 또한 죄와 죽음의 통치가 완전히 종식되고 최종적인 나라가 임할 때 하나님의 선한 창조 세계가 새로워질 것이라는 증표들 가운데서 하나님의 말씀을 필요로 한다. 이 모든 증표를 통해 우리는 하나님과 및 다른 그리스도인들(이들은 죽어 가고 있으면서도 하나님의 권능으로 말미암아 죽음을 통과하여 나아가게 될 자들이다)과의 언약의 교제를 맛본다. 우리는 공 예배에서 그리스도를 섭취하면서 거듭 죽음을 대면한다. 왜냐하면 그리스도인들은 성령으로 말미암아, 하나님이 데려가시는 그 새로운 창조를 맛보면서 거듭 죽음을 대면하기 때문이다.

교회가 죽음을 부인하는 오늘날의 문화에 대응하여 하나님의 이야기 속에서 죽음의 장소를 증언하는 여러 방식 가운데 하나는 바로 세례에서 찾아볼 수 있다. 물론 세례는 새 생명에 관한 것만이 아니고 불가피하게 죽음에 관한 것이기도 하다. "무릇 그리스도 예수와 합하여 세례를 받은 우리는 그의 죽으심과 합하여 세례를 받은 줄을 알지 못하느냐. 그러므로 우리가 그의 죽으심과 합하여 세례를 받음으로 그와 함께 장사되었나니 이는 아버지의 영광으로 말미암아 그리스도를 죽은 자 가운데서 살리심과 같이 우리로 또한 새 생명 가운데서 행하게 하려 함이라"(롬 6:3-4). 암 진단을 받은 지 한 달 쯤 지났을 무렵 세례식에서 들은 한 설교에서, 목사는 이렇게 말했다.

> 세례는 물론 아름답고 좋은 것입니다. 하지만 우리는 세례를 받고 그냥 걸어 나가는 것이 아니라, 우리의 모든 것이 파산한 상태임을 정직하게 시인합니다. 세례에는 슬픈 점이 있습니다. 무언가 잘못 행했고, 끔찍하게 잘못된 부분이 있음을 시인하는 일이 함축되어 있기 때문입니다. 우리는 잘못 나아갔습니다. 무시무시한 잘못을 범했습니다. 그런데 하나님은 그저 한가하게 옆에 앉아서 그냥 내버려 두고 구경만 하고 계시지 않았습니다. 하나님은 눈감아 주시거나 모든 사람이 문제가 없도록 용어들의 뜻을 다시 규정하지도 않으셨습니다. 하나님은 죄와 악과 부패와 사악함을 결정적으로 처리하셨습니다.[6]

하나님은 인격적인 언약(the covenant-in-person)이신 예수 그리스도의 삶과 죽으심과 부활로 성취된 그의 언약 안에서 결정적으로 죄와 죽음을 이기셨다. 그러나 우리는 소망 중에서 세례 받은 하나님의 언약 백성으로 살아간다. 물론 하나님이 죄와 죽음을 결정적으로 처리하셨지만, 우리는 여전히 그것들 가운데서 사는 것이다.

암 치료실에 들어갈 때마다 항상 죽음이 찌르고 쑤셔 댄다. 하지만 우리 교인들과 함께 세례식에 참석할 때마다, 우리는 성령님이 생명을 주시며, 신자들을 예수 그리스도 및 그의 교회와 연합하게 하시며, 또한 그리스도 안에서와 그리스도로 말미암아 그의 백성을 죽음을 통과하여 생명으로 이끄신다는 그 복된 소식을 기뻐하며 찬송한다. 마찬가지로, 주의 성찬에서도 우리는 성찬의 주인이신 예수 그리스도의 살아 계신 임재를 경축한다. 그러나 그리스도의 죽으심이 없이는 그리스도 안에 있는 새 생명의 선물들은 절대로 없다. 그의 죽으심은 죄인들을 하나님의 언약의 교제 속으로 데려가는 데 있어서 결정적이다. 또한 우리는 그리스도의 죽으심의 전충족성을 선포하면서, 하나님의 나라가 완전히 임했을 때에 있을 마지막 잔치를 기대하며 바라본다. "너희가 이 떡을 먹으며 이 잔을 마실 때마다 주의 죽으심을 그가 오실 때까지 전하는 것이니라"(고전 11:26). 그리스도의 죽으심으로 말미암아, 친히 생명을 지니시는 우주의 하나님이 자유롭고도 은혜로이 우리의 재들을 살아나게 하시고, "외인"과 "나그네"였던 흩어진 죄인들을 "하나님의 권속"의 일원으로 불러 모으신다(엡 2:19). "전에 멀리 있던 너희가 그리스도 예수 안에서 그리스도의 피로 가까워"진 것이다(13절). 우리는 절대로 그리스도의 피 너머로 나아가지 않을 것이다. 왜냐하면 마지막에 완성될 나라 자체가 "큰 음성으로 이르되 죽임을 당하신 어린양은 능력과 부와 지혜와 힘과 존귀와 영광과 찬송을 받으시기에 합당하도다"(계 5:12)라고 외치는 위대한 예배의 모임이기 때문이다. 죽음은 패퇴할 것이다. 그러나 죽음은 여전히, 성령으로 말미암아 입양된 하나님의 자녀로서 또한 그리스도와 함께 상속받을 자로서 우리가 지금 참여하는, 하나님의 구속 이야기라는 드라마의 일부요, 또한 하나님의 새 창조가 절정에 이를 때 우리가 계속해서 노래하게 될 그 이야기의 일부다.

서구 문화에 나타나는 죽음에 대한 부정,
그리고 교회 내에서의 죽음

죽음을 포함하고 또한 감싸는 하나님의 이야기와는 대조적으로, 우리의 상업주의적인 서구 문화의 시류는 죽어 가는 것과 죽음을 짓누르는 방향으로 나아간다. 죽을 수밖에 없는 우리의 처지를 그대로 대면하게 되면, 세상을 우리 중심으로 보려는 시도가 어리석다는 사실이 드러나고, 결국 우리의 연약함과 한계들을 맞닥뜨리게 될 것이다. 그러나 우리의 상업주의 문화는 오히려 이런 한계들을 부인하려 한다. 서구 문화는 젊음을 예찬하고, 오래오래 젊어 보이게 하기 위해 매년 수십억 달러를 소비한다. 죽어 가는 것과 죽음을 실제로 경험하는 일은 어린이와 청소년 그리고 일반 가정과는 동떨어진 요양 병원, 호스피스, 장례 산업 등에 격리되어 있다. 우간다에 있는 농촌 지역에서 6개월 동안 사회봉사에 참여하는 동안 이러한 문화적 경향이 특히 강하게 다가왔다. 그 현장에서는 죽어 가는 일과 죽음이 일상생활과 깊이 엮여 있었다. 새 가족을 만날 때면 흔히 "우리에게 7명의 자녀가 있었는데 지금은 4명만 살아 있습니다"라는 식의 설명을 접하곤 했다. '확대' 가족 중 병들고 죽어가는 사람들이 병원이나 시설에 수용되지 않고 어린이와 청소년들과 같은 집에서 살고 있었다. 그리고 죽음 그 자체도 희귀한 사건이 아니라 일상적인 일이었다. 당시 이 점에 대해 글을 쓰면서, 죽음이 마치 엔야(enya: 하루에 최소한 두 번 먹는 주식)와도 같다고 언급한 기억이 난다. 우간다의 이런 사정을 낭만적으로 다루어서는 안 된다. 이것은 정상이 아니다. 그러나 오늘날 서구에서는 더 나은 의료 체제가 있을 뿐 아니라,

노인과 병든 자들을 시야에서 치워 버리는 경향도 있음을 인식할 필요가 있다. 의도적이든 아니든, 다른 사람들이 죽어 가고 죽는 현실의 삶에서 우리 자신을 격리시키고, 또한 개인의 자존감을 높이고 계속해서 개인적인 '승리'를 성취하는 데에 초점을 맞추느라 죽어 가는 것과 죽음이 변두리로 밀려나는 것이 우리의 문화다.

이러한 우리의 문화적 현실은 서구 교회에 매우 중요한 기회를 제공한다. 오로지 교회에서만 같은 날 아기의 출생을 축하하기도 하고, 또한 다른 사람과 함께 기도로 죽음의 골짜기를 지나기도 한다. 그런 일 모두가 동일한 '공간'—강단과 세례반(盤)과 성찬상이 있는 예배실의 공간, 그리스도의 삶과 죽으심과 부활에서 절정에 이르는 하나님의 약속들의 선포를 귀와 입과 피부로 접하는 공간—속에서 이루어진다. 이것은 새 창조의 공간이요, 하나님의 언약의 약속에 대한 물질적인 증표다. 애통의 시편들처럼, 강단과 세례반과 성찬상의 공간은 우리가 현재 경험하는 하나님의 원수들과의 대결도, 죄와 죽음과의 싸움도 짓누르지 않는다. 오히려 참된 왕이신 예수 그리스도께서 말씀과 성령으로 말미암아 그의 주 되심을 시행하셔서, 우리로 하여금 십자가에 못 박히신 종의 형상을 닮아 가고 평강의 왕의 자녀들의 모습으로 변화되도록 그 문제들을 하나님의 면전에 내어놓게 한다.

불행하게도 서구 교회는, 출생과 성장만이 아니라 죽어 가는 것과 죽음도 그 테두리 안에 엮어 넣을 수 있는 공동체가 되어야 할 특별한 소명을 놓쳐 버리고, 죽음을 부정하는 우리 문화에 굴복하는 경우가 많았다. 예를 들어, 많은 장례식에서 죽은 사람의 시신이 그 자리에 있다는 사실도, 죽어 가는 것과 죽음의 언어도 피하고, 그저 죽은 사람의 생애를 '기리는 것' 일변도로 바꾸는 경우가 계속 늘어나는 추세다. 죽음의 현실을 대면하기를 거부하면서, 우리는 나이 많은 사람의 죽음마저도 "전적으로 감미롭고 아름다운"[7] 것이 아니라는 사실을 잊어버리고, 그저 죽음에 대한 성경적 역설의 단면만을 주목한다. 예수님은 나사로의 죽음을 슬퍼하는 사람들에게 합류하셔서 "심령에 비통히 여기시고 불쌍히 여기사"(요 11:33) 친히 그들과 함께 우셨다. 예수님이 우신 이유가 죽음이 나사로의 최후였기 때문인가? 아니다. 아버지께서는 예수님의 기도를 통해 나사로에게 새 생명을 주셨고, 그리하여 그의 몸이 다시 살아나 하나님이 주시는 새 생명에 대한 걸어 다니는 비유가 되었다. 그럼에도 예수님은 우셨다. 다시 살아날 사람을 위해서도 우신 것이다. 따라서 우리 역시 그래야 한다.

그러나 단지 장례식을 넘어서 많은 교인들이 죽음을 부정하고 짓누르면서 공 예배에서 애통이 사라지게 되었다. 칼 트루먼이 주장하듯이, 기독교의 공 예배는 "창조주로부터 소외된 세상을 사는 우리의 몫인 고통과 고뇌를 슬퍼하는 한편, 부활의 하나님을 찬송하게 해주는 언어를 우리에게 제공해야 마땅하다. 그리하여 우리 모두가 조만간 대면하게 될 한 가지 큰 도전[죽음]에 대한 유일한 해답을 사모하는 우리의 마음을 예리하게 갈아야 한다. 자신이 죽는다는 사실을 인정하는 사람만이 소망을 가지고 부활을 바라보게 된다." 시편은 그 애통과 탄원과 찬송과 더불어 여러 세기 동안 기독교 예배의 주요 요소였다. 그리고 그리스도의 죽으심과 새 생명을 기념하는 성례들과 더불어, 죽음을 기독교 예배의 이야기 속에 병합했다. 그러나 많은 현대 예배의 경향은 죽음과 죽어 가는 것에게서 관심을 멀어지게 하고 주의를 분산한다. "찬양팀과 승리에 찬 노래들의 형식과 내용이 마치 인생의 힘겨운 현실로부터 예배자의 주의를 벗어나게 하도록 고안된 것 같다."[8] 그러나 파스칼

이 지적하듯이, "주의를 분산시키는 것이야말로 여러 비극에 대해 우리에게 위안을 주는 유일한 방법이다. 그러나 그것 자체가 우리의 비극 중에서도 가장 큰 비극이다."[9] 죽어 가는 것과 죽음의 냉혹한 현실로부터 주의를 분산시키는 것은 아무에게도 도움이 안 된다. 그리고 십자가에 못 박히신 주님을 따르는 자들에게는 특히 더 도움이 안 된다.

'무의미한' 죽어 감과 죽음: "그리스도와 함께 하나님 안에 감추어졌음"

죽음의 냉혹한 현실 가운데 하나는, 그것이 무의미해 보이는 경우가 많다는 점이다. 특히 어린아이의 죽음, 보살핌을 소홀히 하여 일어난 죽음, 혹은 사고로 인한 죽음 등에서 이것이 선명히 드러난다. 내가 암 진단을 받은 후에 몇몇 친구들이 암으로 죽는 것을 보면서, 그들이 죽어 가는 과정—몸무게가 급격하게 줄고, 강도 높은 진통제로 연명하며, 더욱더 깊은 고통 속으로 빠져드는 것—이 지극히 불합리해 보였다. 그저 한 인생 이야기의 올바른 최후가 아닌 듯했다. 나 자신의 죽음 역시 십중팔구 그와 똑같은 방식으로, 곧 숨 막히는 통증으로 인해 창조의 선물이 일그러지고 바뀌는 인생 이야기의 최후로 보일 거라는 사실을 인정하지 않을 수 없다.

그러나 복음은 우리의 죽어 감과 죽음을 심지어 그것이 무의미하게 보일 때조차도 포용하고 감싸줄 만큼 큰 복된 소식이다. 암 진단을 받은 후, 나는 흠모해 오던 신학대학원 교수들 중 한 분의 설교 원고를 다시 보게 되었다. 16년 전에 직접 들은 설교였다. 자세한 내용에 대해서는 기억이 희미하지만, 골로새서 3:1-4을 강해하는 중에 부활하신 그리스도께 연합하는 일에 함축되어 있는 깜짝 놀랄 만한 내용이 능력으로 다가왔던 것이 기억난다. "그러므로 너희가 그리스도와 함께 다시 살리심을 받았으면 위의 것을 찾으라. 거기는 그리스도께서 하나님 우편에 앉아 계시느니라. 위의 것을 생각하고 땅의 것을 생각하지 말라. 이는 너희가 죽었고 너희 생명이 그리스도와 함께 하나님 안에 감추어졌음이라. 우리 생명이신 그리스도께서 나타나실 그때에 너희도 그와 함께 영광 중에 나타나리라."

자, 부활하신 그리스도와 연합했으니, 우리의 삶이 계속해서 승리의 삶이 되고 더욱더 세상의 고통거리들에 면역될 것이라고 기대해야 할까? 존 톰슨(John L. Thompson) 교수가 지적했듯이 바울은 그렇지 않았다. 골로새서의 이 본문과 함께 그는 입다의 딸의 죽음에 대해 설교했다. 도무지 터무니없고 어이없어 보이는 죽음이다. 입다의 딸은 아버지가 행한 경솔한 서원 때문에 죽임을 당했으니 말이다(삿 11:29-31). 그러나 톰슨 교수는 초기 교회의 스승인 오리게네스(Origenes)가 그녀를 '순교자'로 보았음을 지적했다. 무의미해 보이는 그녀의 죽음이 악을 이기는 데에 기여했다는 것이다.[10] 이것은 '마구 내지르는' 논평이 아니었다. 오리게네스 자신의 아버지와 그의 많은 가까운 동료들이 순교를 당했다. 그는 이런 죽음들이 무의미해 보이고 마치 하나님께 버림을 당한 것처럼 보인다는 점을 잘 알고 있었다. 오리게네스의 처지에서 보면, 입다의 딸과 그의 주위의 순교자들의 죽음이 패배처럼 보인다. 그러나 바울의 말처럼 그리스도 안에서는 "너희 생명이 그리스도와 함께 하나님 안에 감추어"진 것이다. 그 참된 영광이 눈에 감추어져 있고, 장차 "그와 함께 영광 중에 나타나"게 될 것이다. 그러나 지금은 감추어져 있다. "그리스도와 함께 하나님 안에" 안전하게 감추어져 있는 것이다.

"오리게네스의 이러한 진술은 여러 면에서 마르틴 루터가 말하는 십자가의 신학과 같은 의미다"라고 톰슨 교수는 지적한다. "곧, 그리스도인의 삶은 승리와 영광이 아니라 굴욕과 배척처럼 보이는 경우가 훨씬 더 많은 법이다." 오리게네스에게 있어서 순교자들은 "심지어 삶도 하나님도 친절을 베풀지 않는 것처럼 보일 때조차도 믿음과 신실함으로 삶을 살았다. 신실한 제자로서의 삶이 아무런 가시적인 열매를 맺지 못하는 그 잔인하도록 애매한 처지 속에서도 그들은 여전히 믿음을 지켰다. 그들이 그렇게 믿음을 지키게 된 것은 아무리 고통을 당하고 아무리 하나님이 함께하시지 않는 것처럼 보여도, 여전히 그들의 생명이 안전하게 그리스도와 함께 감추어져 있다는 사실을 신뢰했기 때문이다."

톰슨 교수는 삶이 막다른 골목에 다다른 것처럼 보일 때라도 그들이 그리스도와 함께 하나님 안에 감추어져 있다는 사실을 기억해야 한다고 청중에게 권면했다. 그러고는 내가 잊었던 문구가 이어졌다. "혹시 여러분이 겨우 30대나 40대, 혹은 50대나 60대밖에 안 되었는데 그 질병이 악성일지도 모른다는 의사의 말을 듣는 일이 생기더라도, 그때 이것을 기억하시기 바랍니다."[11]

눈물로 이 설교를 다시 들었다. 16년 전에 들었을 때와는 사뭇 다른 심정으로 말이다. 암으로 죽은 내 친구들의 죽음과 나 자신의 죽음은 십중팔구 터무니없어 보일 것이다. 그렇게도 많은 일들을 겪었고, 하나님의 선한 창조 세계로부터 그렇게 많은 기쁨을 누렸고, 완성을 사모하는 이야기들이 그렇게도 많이 있는데, 삶이 갑작스럽고 허망하게 끝을 맺는 것처럼 보일 것이다. 그러나 톰슨 교수가 계속 지적하듯이, "이 모든 것이 암울하게 들리겠지만" 우리의 생명이 그리스도와 함께 하나님 안에 감추어져 있다는 이 약속 안에 바로 '복된 소식'이 있다. "마치 여러분이 하나님이기라도 한 것처럼 여러분 자신의 성공을 만들어 내는 것은 여러분의 일이 아닙니다. 여러분의 인생의 마지막 장을 쓰는 것도 여러분의 일이 아닙니다. 느슨해진 매듭을 조이는 것도 여러분의 일이 아닙니다. 모든 일을 이해하는 것도 여러분의 일이 아닙니다. 여러분의 생명은 그리스도와 함께 하나님 안에 감추어져 있습니다. 바로 그것을 그 자리에 두는 것이 여러분의 믿음과 신실함의 최고의 행동이 되게 하시기 바랍니다! 제자로서의 삶이 지닌 애매모호한 것들은 십자가 밑에 그대로 두십시오. 하나님이 그 조각들을 모으게 하십시오. 하나님이 그 이야기를 매듭지으시도록 그에게 맡기기 바랍니다."[12]

7

치유를 위한 기도와 그 나라를 위한 기도

침묵이 흘렀다. 내가 무언가 잘못 이야기했는가 하는 의심이 들었다. 나는 웨스턴 신학대학원의 교실에서 학생과 교수들이 모인 자리에 참석하고 있었다. 줄기세포 이식 직전, 나를 위해 기도하려고 신학대학원 공동체의 예배를 계획하는 자리였다. 어떤 이들은 그 행사를 '치유 예배'라고 부르기를 원했다. 또 어떤 이들은 '보냄과 애통'의 예배임을 강조하고 싶어 했다. 내가 한 달 동안 병원으로 보냄받을 것이고, 그 다음에는 몇 개월 동안 공공장소에서 격리될 것이기 때문이었다. 다음 장에서 살펴보겠지만, 응급 처치(이식 수술)가 없으면 나는 맹렬한 독성 물질을 투여받다가 결국 죽음에 이르게 될 처지였다. 그러니 우리가 애통해야 할까, 아니면 치유를 위해 기도해야 할까? 아니면 두 가지 다 해야 할까?

한 학생이 치유를 위한 기도는 물론 애통하는 기도도 함께해야 한다고 제안했고, 나도 거기에 동의했다. 그러나 침묵이 있기 전, 나는 조금 더 나아갔다. "제가 받은 모든 기도에 대해 깊이 감사합니다. 하지만 저를 위해 공적으로 기도해 주시겠다면, 암 진단을 받기 이전으로 시간을 되돌리는 식의 '치유'보다는 일시적으로 '깊은 완화 기간'을 주시기를 기도해 주시면 더 좋겠습니다." 나는 이미 치유를 얻게 해달라는 기도를 많이 받은 터였고, 그 기도는 종종 마태복음 18:19을 인용했다. "너희 중의 두 사람이 땅에서 합심하여 무엇이든지 구하면 하늘에 계신 내 아버지께서 그들을 위하여 이루게 하시리라." 신학대학원과 교회와 가족과 친구들이 나의 치유를 위해 열정적으로 끈질기게 기도하고 있었다. 이 기도들이, 그리고 기도해 주는 모든 사람이 고마웠다. 기도를 통해서 우리는 우리 마음을 하나님께 자유로이 토로할 수 있으며, 또한 하나님은 친히 주요 청취자가 되신다. 나는 '기도 감독자'가 되기를 원하지 않았다. 우리의 미미한 기도는 우리 자신의 것만이 아니다. 우리는 성령으로 말미암아 예수 그리스도 안에서 기도하며, 그리스도께서는 큰 대제사장으로서 우리의 기도를 마무리하시고 완전하게 하신다.

그러나 하나님은 우리의 기도가 따라야 할 성경적인 패턴과 그리스도께서 이루신 경로를 우리에게 제시하신다. 기도에는 좋은 길과 나쁜 길이 있는데, 이는 누군가의 면전에서 그 사람을 위해 기도할 때 특히 분명하게 드러난다. 때로는 자발적인 기도가 하나님보다는 기도의 대상자에게 더 초점을 맞추는 것 같기도 하다. 그래서 때때로 자발적인 기도들이 내게 소외감과 오해의 느낌을 남기기도 한다. 궁극적으로, 그리스도인 형제자매를 위한 우리의 기도는 그리스도 안에 있는 우리의 공통적인 정체성을 반영해야 하고, 또한 그 속으로 들어가야 한다. 그들의 고통에 함께하고, 시편 기자들과 함께 애통과 탄원의 기도를 드리며, 그리스도의 십자가로 형성되는 그 나라가 오기를 위해 기도하시는 우리 주님의 기도로 기도해야 한다. 우리의 자발적인 기도에서 시편 기자들과 주님이 가르치신 기도의 표현들을 사용하든 하지 않든, 하나님이 주신 이 기도들—성경 정경의 빛 속에 있는 기도들—은 대제사장이신 예수 그리스도께 속한 자들로서 기도한다는 것이 무슨 뜻인지를 조명해 준다. 때로는 주변 사람들이 함께 병행되는 애통을 무시해 버리고 곧바로 치유 기도로 넘어가기를 바라기도 했다. 마치 예수께서 먼저 나사로의 가족과 함께 그들의 상실에 대해 우시는 일을 생략하시고, 곧바로 나사로와 그 가정에 치유와 회복을 가져다주셨어야 마땅하기라도 한 것처럼 말이다. "예수께서 그가 우는 것과 또 함께 온 유대인들이 우는 것을 보시고 심령에 비통히 여기시고 불쌍히 여기사"(요 11:33). 때로 우리는 애통 가운데서 그리스도와 함께하는 번잡한 부분은 그냥 지나치고 곧바로 치유를 위한 기도에 들어가기 원한다. 그러나 우리를 위해 기도를 부탁하든 어려움에 처한 다른 이들을 위해 기도하든, 그리스도 안에서 구체화되는 시편 기자들의 패턴을 따라 애통과 탄원을 언약의 주 앞에 내어놓을 필요가 있다.

하지만 예배 준비 모임에서 왜 그렇게 어색한 침묵이 흘렀을까? 신학 교수인 내가 나의 암 진단 이전으로 시간을 되돌리는 '전적인 치유'를 위해 기도하지 않았으면 좋겠다고 말해서, 간구 기도의 능력을 잘라 버린 것일까? 내가 치유하시는 예수님이 아니고 애통하시는 예수님을 택한 것일까? 그 모임에서 나는 전적인 치유가 무엇을 의미하는지 모르겠다고 말했다. 하나님은 치료하실 수 있고 또한 치료하신다. 미국의 교회에서나 동아프리카의 선교 현장에서나 하나님이 치유를 통해 일하시는 것을 나는 보았다. 그러나 이 경우에는 상실이 불가피했다. 지속적인 상실의 과정이 이미 진행 중이었기 때문이다.

심지어 불치의 암 환자에게도 하나님이 완전한 치유를 주실 수 있다는 사실을 내가 믿고 있었던가? 그렇다. 그것이 하나님의 능력 밖의 일이 아니라는 것을 나는 믿었다. 우리는 예레미야 선지자와 함께 "주 여호와여, 주께서 큰 능력과 펴신 팔로 천지를 지으셨사오니 주에게는 할 수 없는 일이 없으시니이다"(렘 32:17)라고 주께 기도할 수 있다. 그러나 암 환자를 위해 치유 기도를 드린다는 것은 팔을 잃어버린 사람이 치유되도록 기도하는 것과 약간 비슷하다. 그러나 치유의 양상이 다를 것이다. 부활 때에 마지막으로 회복되기까지, 이런 상황에서 치유를 위해 기도할 때는 지속적인 애통의 기도를 병행해야 할 필요가 있다. 왜냐하면 결코 시간을 거꾸로 돌려놓을 수가 없기 때문이다. 내게서 암이 완전히 사라진다 해도, 의사들은 암이 재발하리라고 예상할 것이다. 그러므로 혹시 내가 이적적으로 즉각적인 치유를 얻는다 해도, 남은 평생 나는 3개월에서 6개월에 한 번꼴로 암 검사를 받아야 하고, 또한 상태를 유지하기 위해 항암 치료를 계속해서 받아야 한다. 여전히 깊은 상실이 있을 것이다. 결국, 암 진단을 받기 이전처럼 되게 해달라고 기도한다면, 그것은 한마디로 암을 부인하는 행위가 되고 만다. 하나님이 치유를 지금 주시든 오랜 기간에 걸쳐서 주시든, 아니면 마지막 영광을 입을 때에 주시든, 우리가 치유를 위해 기도할 수 있고 또한 기도해야 한다는 사실은 의심의 여지가 없다. 그러나 애통이 없는 기도는 안 된다.

앞의 장들에서 나는 그리스도 안에 있는 하나님의 이야기가 나의 암 진단의 충격 및 놀라움과 교차되는 것에 대해, 또한 초기 치료 과정을 통해 그것이 미친 함축된 의의에 대해 생각해 보았다. 각 장마다 그 부분의 암 투병 이야기를 그리스도 안에 있는 하나님의 이야기에 비추어 각기 다른 각도에서 살펴보았다. 이번 장과 마지막 두 장에서는 계속해서 나의 암 투병 이야기의 두 번째와 세 번째 단계들, 곧 줄기세포 이식을 위해 입원한 이야기와 이식 이후 회복의 시간에 관한 이야기로 넘어가고자 한다. 특히 이번 장과 다음 장에서는 입원해 있는 동안 내가 CarePages에 올린 글들을 실을 것이다. 이 장들을 통해서 나는 (후기 단계의) 암 투병 이야기가 그보다 더 무게 있는 그리스도 안에 있는 하나님의 이야기와 어떻게 계속 교차되는지에 대해 살펴볼 것이다. 이번 장은 위에서 언급한 신학대학원의 모임에서 제기된 문제들에 초점을 맞춘다. 입원해 있는 동안 나는 계속해서 그 문제들을 탐구했다. 치유를 위해 어떻게 기도해야 하는가? 그리스도인의 공동체로서 치료법을 모르는 암으로 고생하는 사람을 위해 신실하게 기도한다는 것은 무슨 의미인가? 더 나아가, 예수 그리스도와 그의 십자가의 길을 따라가는 자들로서 하나님께 간구하며, 그의 나라가 이 땅에 임하기를 기도한다는 것은 무슨 의미인가?

치유를 위한 기도와 '속성 치료' 그리고 몸

때로 그리스도인들은 치유를 위한 기도가 당연히 우리의 시간표에 따라 성취되어야 한다고 생각한다. 정말 하나님이 치유하신다면, 그것이 즉각적이고 충격과 놀람을 주는 경험이어야 한다고 여긴다. 그러나 하나님은 얼마든지 자신의 시간에 치유하실 자유가 있으시다. 심지어 시기가 우리에게 납득되지 않을 경우에도 말이다. 내가 암 진단을 받은 후에, 한 친구가 기도의 응답으로 자신의 언어 장애를 극복한 일을 이야기해 주었다. 그 장애는 깊이 당혹스러웠을 뿐 아니라(마치 영화 '킹스 스피치'[The King's Speech]에 등장하는 조지 6세 왕처럼), 하나님의 말씀을 전하는 설교자가 되고자 하는 소명 의식이 점점 자라 가는 도중에 큰 걸림

돌과 같았다. 그런데 대학에 재학 중이던 어느 날 저녁, 그는 이튿날 자신의 언어 장애가 사라질 것이라는 확신 가운데 잠자리에 들었다. 그는 10년 동안 그 장애를 위해 치료를 받았었는데, 드디어 이제 위안을 경험하게 되리라고 확신하게 되었다. 왜 그랬을까? 어떤 치유 예배에 참석했는데, 그곳에서 하나님이 치료해 주신다는 믿음이 있으면 치료를 받을 것이라는 말을 들었기 때문이다. 내 친구는 그 예배에 참석했다가 하나님이 그 장애를 제거해 주신다는 확신을 주는 치유 기도를 받았던 것이다. 그러나 그는 고침받지 못했다. 그의 언어 장애는 계속되었다.

그러나 이야기는 그것으로 끝이 아니었다. 그 이후 몇 년에 걸쳐서 수많은 시간 동안 훈련과 치료를 병행한 끝에 점차적으로 치유가 찾아온 것이다. 내 친구는 그의 기도에 응답해 주신 하나님께 감사하고 있다. 그러나 많은 그리스도인들은 그의 이야기에 어떻게 반응할지 모른다. 기왕에 낫게 하실 계획이었다면 수많은 시간에 걸쳐 치료를 받는 수고 없이도 하실 수 있었을 텐데, 왜 하나님은 즉각적으로 치유하지 않으셨느냐는 것이다.

그들이 놓치고 있는 점은 우리가 누리는 호흡 하나하나가 하나님에게서 오는 은혜로운 선물이라는 사실이다. 우리는 창조주께 완전하고도 철저하게 의존하는 존재다. 치유가 언제 임하든 하나님은 찬양을 받으셔야 마땅하다. 속히 치유하시든 아니면 오랜 과정을 통해서 치유하시든, 그것은 하나님의 자유다. 내 친구의 기도가 오랜 과정 끝에 응답되었다는 사실에 의아해하는 것은 하나님이 물질적인 수단—몸이 치유되는 쪽으로 움직이게 하기 위해 흔히 힘겨운 육체적인 수고가 있어야 하는 것처럼—을 통해서는 일하지 않으신다는 것을 전제한다. 하나님은 그런 것을 뛰어넘는 분이라는 말이다. 한편, 나는 하나님이 그저 영혼에만 관심하고 계신다고 생각할 것이 아니라 우리의 육체적인 필요를 위해서도 기도해야 한다고 생각한다. 영적인 일뿐 아니라 우리의 육체적인 복지를 위해서도 기도해야 한다. 주님이 가르치신 기도를 통해 일용할 양식을 주시기를 기도하면서, 우리는 하이델베르크 요리문답의 진술에 따라 이렇게 간구한다. "우리 몸에 필요한 모든 것을 채워 주셔서 우리로 하여금 오직 주께서 모든 선한 것의 근원이심을 알게 하소서."[1] 우리의 건강이 모든 선의 근원이신 하나님의 풍성하심에서 오는 것이기에, 우리는 그에게 간구하고 또한 감사해야 마땅하다.

내 친구가 받은 기도의 응답처럼, 몸을 치유하시는 하나님의 역사는 흔히 몸의 과정들이 무시되지 않는 기나긴 과정을 거쳐 일어난다. 사실 우리의 육체적인 상처 가운데 어떤 것은 이생을 지나 부활하신 그리스도의 영광에 참여하게 되는 다음 생까지 치료되지 않을 수도 있다. 13년 전 나는 갑자기 극심한 허리 통증을 경험하기 시작했다. 특별한 사고도 없었는데 통증이 계속되었다. 그러나 나는 여전히 20대의 건강하고 역동적인 사람처럼 보였다. 첫 번째 물리 치료사는 나의 이런 모습을 보고 '속성 치료'(맺힌 근육을 풀기 위해 두드리는 것)를 시도했다. 이 방법을 시도하자마자 물리 치료사는 곧바로 나를 응급실로 보내야 했다. 그녀가 생각한 것보다 나의 몸 상태가 훨씬 나빴던 것이다. 이와 비슷하게, 나는 나의 허리와 암을 위해 속성 치료를 구하는 기도를 많은 사람들에게서 받았다. 그들은 허리 통증이 즉시 사라지게 해달라고 기도했고, 또한 수년 후에 다른 사람들이 불치의 암이 즉각적으로 치유되도록 기도했다. 그런 기도와 그 뒤에 담겨 있는 사랑의 의도에 대해 그저 고맙게 여기기만 할 때도 있다. 그러나 때로는 고질적인 장애를 지닌 많은 사람들의 경험과 비슷하게, 이런 기도에 담긴 조급함이 지겨워지기도 한다.

치유를 위한 기도와 그 나라를 위한 기도

그런 조급함이 물질적이며 형체를 지닌 피조물인 나의 생명—부활하신 그리스도와 연합했지만 새 창조를 위해 여전히 탄식하는 나의 생명—을 쇠약하게 만드는 듯하다.

이 글을 쓰는 동안에도 나는 날마다 고질적인 허리 통증을 겪는다. 왜 그것이 완치되지 않았는지 나는 모른다. 그것은 열려 있는 의문이다. 그러나 지난 13년 동안의 여정 속에서 하나님이 능동적으로 행하셨음을, 또한 하나님이 결국에는 고쳐 주실 것임을 의심하지 않는다. 지난 13년의 여정 중에 허리 통증이 어느 정도 회복되었고, 따라서 새로워진 건강과 활력을 주신 하나님께 감사드린다. 그러나 그 회복은 수백 시간의 치료와 운동과 스트레칭을 통해 조금씩 이루어졌다. 그동안 나는 나의 육체적인 한계들과 함께 살게 되었고, 하나님께 탄식하며 더 치료해 주시기를 구해 왔다. 그러는 가운데, 내 몸의 경고 신호와 몸의 필요들을 무시하는 나 자신의 경향과 마주하게 되었다. 다른 사람들에게 도움을 구하기를 싫어한다는 사실을 대면해야 했던 것이다. 쑤시는 통증 때문에 조금이라도 무거운 것을 들지 못하는 처지인데도 말이다. 경험적인 차원에서, 치료와 지속적인 육체적 통증이 계속되는 긴 여정을 통해서 나는 날마다 내가 육체를 지닌 의존적인 존재임을 시인할 수밖에 없었다. 작은 분량의 치료도, 계속 이어지는 호흡 하나하나도 은혜로우신 창조주에게서 오는 선물이다.

이와 비슷하게, 혹시 하나님이 나의 암에 대해 속성 치료를 베푸신다 할지라도, 여전히 기나긴 과정(상태 유지를 위한 항암 치료나 빈번히 이어질 암 검사 등)이 내 앞에 있을 것이다. 하나님은 능동적으로 역사하신다. 하나님은 은혜로우셔서 나의 유한한 아픈 몸에 치유와 활력을 선물로 주신다. 그러나 즉각적인 치료를 달라고 조급하게 기도하는 것은 애통과 간구와 감사로 주 앞에 나아가는 것이 아니라 오히려 나의 상실을 짓밟는 것 같기도 하다.

탄원, 영웅적 기도 그리고 대머리가 되기

게다가, 이런 속성 치료를 추구하는 본능은 루터가 말한 '십자가의 신학'보다는 '영광의 신학'을 반영하는 듯하다. 여기서 "영광"이란 부활하신 그리스도와 우리의 최종적인 영광스러운 연합에 대한 기대를 가리키는 것이 아니고, 십자가에 못 박히시고 다시 살아나신 그리스도가 아닌 우리 자신을 영화롭게 하는 신학에 굴복하는 것을 가리킨다. 제라드 포드(Gerhard Forde)가 루터의 사고에 드러난 탁월함에 대해 언급했듯이, "영광의 신학은 언제나 의지가 주도하도록 내버려 두나", 십자가의 신학은 십자가에 못 박히신 주님 안에서, 또한 그로 말미암아 우리가 살고 죽는다.[2] 최근에 나는 자폐아를 둔 그리스도인 가족이 목회자를 찾아간 이야기를 읽은 적이 있다. 치유를 위해 기도했는데도 성공을 거두지 못하자, 목사는 혹시 고백하지 않은 죄가 있는지 마음을 살펴보라고 했다.[3] 이 목회자가 과연 그리스도의 십자가로 이루어지는 나라가 오기를 위해 기도하고 있었을까? 아니면 그냥 그리스도인들이 장애를 지닌 누군가를 보살피는 데에 전심을 기울이기보다는 좀 더 편리하고 안락한 삶을 살아야 한다고 생각하고 있었을까? 분명히 그는 기도를 일종의 거래로, 곧 우리가 우리의 부분을 행하면(고백하지 않은 죄 문제를 처리하면) 그 다음에 하나님이 그의 부분(치유)을 행하시는 것으로 바라보았다. 궁극적으로 이 견해에서는 우리 자신의 의지가 주도한다. 하나님이 거래 조건을 성취하시는 것이 예측 가능해야 하기 때문이다. 그러나 욥이나 예수님의 경우에서 보듯이, 의로운 삶을 산다고 해서 큰 고난이 면제되지는 않는다. 하나님은 우리의 채무자가 아니시다. 하나님은 아메리칸드림이 특징적으로 보여주는, 오래오래 편안하고 일취월장하는 삶을 누리게 해줄 의무를 우리에게 지고 계시지 않는다. 성경의 간구들은 하나님의 약속에 근거한 것이요, 스스로 영광을 얻는 것을 당연한 권리로 아는 데에서 비롯되는, 혹은 자기 연민에 뿌리를 박은 우리 자신의 의지에 근거한 것이 아니다.

때때로 나는 기도하는 사람을 기도의 영웅으로 만드는 듯한, 마치 '기도의 용사들'이 기도에서 주연을 담당하고 하나님은 그저 조연을 담당하시기라도 하는 듯한 기도를 받기도 했다. 한번은 이 땅에서 기도의 능력보다 '더 큰' 능력은 없다는 시구가 기록된 카드를 받은 적도 있다. 그러나 그 멋진 시에 하나님에 대한 언급은 전혀 없었다. 과연 하나님을 믿는 것인가, 아니면 '기도의 능력'을 믿는 것인가?

기도에 대한 이런 식의 접근은, 하나님이 키를 잡은 채 주무시고 계시므로 우리가 깨워 드려야 하는 것처럼 생각한다. 그들의 기도는 애정 어린 것으로 애통과 탄원의 형식을 취했을 것이다. 마치 예수님이 주무시고 계셨기에 그를 깨운 제자들처럼 말이다. 그러나 그 드라마의 참된 영웅은 예수님을 깨운 제자들인가, 아니면 바람과 파도를 명하여 잠잠하게 하신 예수님인가?(막 4:31-35) 때때로 우리는 우리가 기도의 영웅이며, 따라서 우리가 우리의 할 일을 행하지 않으면 하나님이 책임을 지지 않으신다고 생각하면서 온통 두려움에 휩싸이기도 한다. 예를 들어, 갑작스러운 허리 통증 때문에 예기치 않게 입원하게 되었는데 기도를 부탁할 사람들과 연락할 수 없을 경우에는 어떻게 생각해야 할까? 어떤 사람은 '기도의 용사들'이 가담하지 않은 상태에서 내 처지가 위험천만하게 될 거라고 염려하는 듯했다.

이런 태도는 때로 예수님이 누가복음 18:1-8에서 가르치신 기도에 대한 비유를 오해하는 데에서 비롯된다. 그 비유에서 끈질긴 과부는 불의한 재판장이 포기하고 자신의 억울함을 풀어 줄 때까지 계속해서 그에게 간청한다. 그러니 그 비유의 요점은 기도의 응답을 받으려면 그 과부처럼 끈질기게 기도해야 한다는 것이다. 과연 그럴까? 아니다. 그 비유에서 불의한 재판장은 하나님이 아니다. 하나님은 과부들의 군대를 우리 편에 확보하고 있어야만 우리의 기도를 들어주시는 불의한 재판장이 아니시다. "하물며 하나님께서 그 밤낮 부르짖는 택하신 자들의 원한을 풀어 주지 아니하시겠느냐. 그들에게 오래 참으시겠느냐. 내가 너희에게 이르노니 속히 그 원한을 풀어 주시리라"(7-8절). 예수님은 이 비유가 "항상 기도하고 낙심하지 말아야 할 것"(1절)에 관한 것이라고 말씀하셨다. 과부의 끈질긴 간청은 칭찬할 만하다. 때로는 하늘이 고요하기만 한 것 같고, 하나님이 불의한 재판장처럼 보이시는 때도 있으니 말이다. 그러나 항상 기도하는 가운데 "낙심하지 말아야" 하는 이유는 하나님이 우리가 깨워 드릴 때까지 키를 잡고 주무시는 분이 아니기 때문이다. 이것이 이 비유의 핵심이다. 하나님은 선하시고 은혜로우시며 언제나 언약의 자녀들을 위해 정시에 공급해 주시는 분이다.[4]

그러나 때때로 우리의 기도가 모든 선한 것들의 자비로운 근원이신 하나님을 지향하지 못하는 경우도 있다. 예수 그리스도 안에서 십자가의 길에 참여하기보다는 자기 영광을 향한 길에 서서 기도할 때도 있는 것이다. 나도 예외는 아니다. 나 역시 '영광의 신학'을 반영하는 이런 길을 따라 기도해 왔다. 그러므로 주님이 우리를 위해 주신 그의 기도에 고백과 다른 이들을 용서하는 기도를 포함하신 것은 지극히 합당하다. "우리가 우리에게 죄 지은 자를 사하여 준 것같이 우리 죄를 사하여 주시옵고 우리를 시험에 들게 하지 마시옵고 다만 악에서 구하시옵소서"(마 6:12-13). 기도는 하나의 순종의 행위이지만, 우리는 기도를 하면서도 여전히 죄를 범한다. 우리는 기도하고 또한 다른 이들에게서 기도를 받기도 하지만 죄 사함을 받고 또 주어야 하고, 심지어 기도의 행위에서조차 시험과 악한 자에게서 구함받을 필요가 있다.

그러나 암 치료를 받는 기간 동안 나는 우리 주님을 향해 순례의 길에 서 있는 기도들을 받기도 했다(예를 들어, 웨스턴 신학대학원에서 있었던 기도회에서 드린 기도처럼). 그들은 시편 기자와 더불어 애통과 기쁨의 눈물로 그 기도를 드렸고, 또한 그리스도의 제자로서 공동 기도를 함께 드리기도 했다. "오직 하나님이 구원을 베푸시니, 주의 나라가 임하시며 주의 뜻이 이루어지이다." 그 간구들은 우리를 그리스도와 그분 안에 있는 십자가의 길에 합한 사람의 모습으로 변화되도록 주님이 가르치신 기도의 길을 따라 이루어졌다. 웨스턴 신학대학원에서 기도회가 있은 지 한 주가 지난 후 내가 입원해 있는 동안에 신학교 공동체가 다시 모였다. "대머리 청년을 위한 도전"이라 불리는 행사를 위해서였다. 나중에 나는 CarePages에 다음과 같이 썼다.

⋮

이식 수술 전에 고단위의 항암제를 맞게 되면 머리카락이 빠질 것이다. 머리카락이 한 움큼씩 빠지게 되면 실망이 크기 때문에 사전에 머리를 미는 것이 좋다는 말을 들었고, 그렇게 했다. 하지만 그게 전부가 아니었다!

웨스턴 신학대학원에서 16명이 나와 함께 기도로 연대했다. 그 일은 내가 걸린 암에 대한 새로운 치료를 연구하는 아주 의미 있는 비영리 기구인 다발성 골수종 연구 재단(Multiple Myeloma Research Foundation[MMRF])을 위한 모금 행사를 겸했다. 결국 웨스턴 신학대학원에서 총장이신 티모시 브라운(Timothy Brown)과 다른 교수들과 몇몇 직원들 그리고 (한 여학생을 포함한) 많은 학생들이 참여한 가운데 머리 밀기 행사에 참여했다. 이 행사는 내가 버터워스 병원에 입원하고 있던 2월 22일에 있었고, 나는 스카이프를 통해 대형 텔레비전 화면에 등장했다. 담당 간호사들이 스크린 주위에 모여 있었다. 아주 유쾌하고 흥겨운 행사였고 기쁨이 가득했다. 그날의 행사로 MMRF를 위해 3천 달러가 모금되었다.

자원봉사자들에게 드리는 편지에서 나는 이렇게 말했다. "굳이 머리털을 깎을 필요가 없었는데도, 여러분은 그리스도의 사랑으로 그 일을 했습니다. 정말 감사합니다. 거울에서 내 모습을 볼 때 외로움이 덜한 것을 느낍니다. 그 모습에 깜짝 놀랍니다! '만일 한 지체가 고통을 받으면 모든 지체가 함께 고통을 받고'(고전 12:26)."

:

게다가 일부 학생들은 내가 병원에서 고단위의 항암제를 투여받을 때마다 기도회로 모였다. 혹시 나를 계속해서 기도로 '덮고자' 그런 모임을 가지는 것이라 생각할 수도 있다. 하지만 그런 용어는 의미가 애매모호하다. 하나님이 불의한 재판장처럼 무자비하고 시샘이 많아서, 내가 기도로·덮이지 않으면 주의를 기울이지 않으실 분이라는 의미를 내포한 것인가? 하지만 이런 종류의 학생 모임에 대한 소식을 들을 때면 감사한 마음이 들었다. 내 몸에 독이 주입되고 있을 때, 그런 모임들이 그리스도의 몸 안에서, 그리고 그리스도의 몸과 함께 하나 된 행동처럼 느껴졌다. 그들은 애통과 간구 속에서 나와 하나가 되었고, 고통당하는 자와 함께 고통당하며, 우리의 모든 짐을 사랑하시는 언약의 주님께 내드리고 있었다. 그들은 성령의 능력으로 말미암아 그의 백성의 연약한 간구들을 모으시고 완전하게 하시는 머리 되시는 그리스도 안에서, 또한 그로 말미암아 기도하고 있었던 것이다.

예기치 않은 입원 연장, 그리고 기도 제목의 '정보'

신학대학원에서 열린 기도회가 있은 지 나흘 뒤, 나는 예기치 않게 병원에 입원했다. 예비 항암 치료를 받았었는데, 백혈구 수치가 거의 제로로 떨어진 것이다. 그러나 위험한 요인은 심한 고열이었다. 극심한 고통과 피로와 정신적인 긴장 상태가 번갈아 찾아와 그것을 견디느라 애썼다. 거듭 기도에 들어갔고, 스스로 기도하는 것은 물론 기도 그 자체가 무엇인지에 대해 묵상하기도 했다. 침체된 면역 체계로 인해 나는 격리되었다. 그러나 전화나 이메일을 받을 때마다 나의 사정에 대한 '업데이트'와 '기도 제목'에 대한 즉각적인 질문이 있었다. 이런 질문들이 순수한 관심에서 비롯된 것이지만, 때로는 그것이 마치 사람들이 무엇을 기도해야 할지에 대해 '정보'를 요구하는 것처럼 느껴졌다. 마치 하나님이 느슨해지지 않으시도록 구체적인 내용들을 상기시킬 필요가 있는 것처럼 말이다. 입원한 지 닷새가 되던 날, 나는 기도에 대한 몇 가지 생각을 CarePages에 올렸다.

⋮

간구 그리고 하나님과의 하나 된 교제

나는 시편을 사랑한다. 시편에는 많은 간구들이 있다. 어려움 중에 하나님께 부르짖거나, 우리가 사랑받지 못하는 것처럼 보일 때라도(예컨대, 일이 뒤죽박죽되어 있을 때) 그의 언약적인 사랑을 보여주시기를 구하는 우리의 외침을 들어 달라고 하나님께 구하는 것 등이 그것이다. 그러나 만일 시편이 그저 우리가 하나님께 원하는 구체적인 것들—"오 하나님, 이든의 백혈구 수치가 올라가도록 도와주십시오"와 같은 것들—의 긴 목록에 불과하다면, 대체 그 모습이 어떠할지 상상해 보라. 지금 나는 구체적으로 드리는 기도에 대해 불평하는 것이 아니다. 나 역시 나 자신의 백혈구 수치가 올라가도록 계속해서 기도를 부탁한다. 그러나 시편의 놀라운 점은 그 모든 것이 언약을 맺으시는 이스라엘의 놀라우신 하나님의 맥락 속에서 제시된다는 사실이다. 시편 기자는 그저 하나님께 "찬양"한다는 말만 하지 않는다. 그는 "주의 모든 기이한 일들을" 전한다(시 9:1). 창조, 아브라함과 맺은 언약, 시내산과 출애굽 등 하나님이 행하신 능하신 역사들의 드라마를 거듭 되살리며, 하나님의 능하신 역사들의 목록을 높이 찬양한다. 또한 그리스도인 독자들에게 하나님의 능력과 사랑의 놀라운 역사하심은 예수 그리스도 안에서 절정에 이른다. 시편 기자와 함께 기도한다는 것은 구체적인 하나님께 아뢰는 맥락 속에서 기도하는 것을 의미한다. 우리는 찬양과 고백과 애통 속에서 그분과 하나 된 교제 속으로 들어간다. 동시에 성령으로 말미암아 그리스도 안에서 함께 연합한 다른 이들과 하나 된 교제 속에서 기도한다. 그러므로 간구의 기도들은 선하다. 아니 그것들은 절대적으로 필요하다. 그러나 시편 기자와 함께 그리스도인으로서 기도할 때는 하나님과 사람 사이의 하나 된 교제와 사람과 사람 사이의 하나 된 교제 가운데서 해야만 한다.

치유를 위한 기도와 그 나라를 위한 기도

함께 기도하는 중에 의도와는 달리
기계적이고 비인격적이 되지 않도록 주의해야 함

기도 제목을 나눌 경우 나는 '제목 나누기' 식의 접근을 피하는데, 이때 나는 과연 무엇을 피하려고 하는가? 치료 상황을 업데이트해 주는 기도 제목들은 기도의 과정을 개별화하고 기계화할 소지가 있다. 서로의 짐과 기쁜 일들을 함께 나누는 상황에서 기도하는 것이 아니라, 하나님께 '정보'를 내어놓고(예를 들어 "토드의 백혈구 수치를 높여 주십시오") 그것이 하나님이 응답하시는 데에 '작용'하기를 바라는 것이다. 내 말을 오해하지 말기 바란다. 그런 기도로 기도하는 것이 훌륭한 경우도 있다고 생각한다. 그러나 우리의 간구들이 하나님과 또한 서로 간의 하나 된 교제를 지속하는 수단의 일부로 행해지는 것이 아니라 그저 특정한 결과를 얻는 일에만 초점을 맞춘다면, 기도가 일종의 자판기나 '응답 기계'가 될 수 있다. 하나님이 우리에게 응답해 주시기를 간구하고 탄원해야 한다. 그러나 지극히 실질적인 의미에서 기도 '제목'은 하나님과 및 서로 간의 폭넓은 삶의 일면이지, 그저 구체적인 소원의 목록 중에서 우리가 원하는 바를 얻기 위한 것이 아니다.

둘째로, 제목 나누기 식의 접근은 기도를 받는 사람을 숫자나 정보로 규정하게 되고, 그래서 의도와는 달리 그 사람을 비인간화할 소지가 있다. 심지어 고통을 견디는 극도로 어려운 순간에도 그들은 웃고, 유쾌하게 놀며, 최근의 식사를 즐기고(혹은 싫어하고), 미래에 대해 궁금해하며, 과거를 돌아보는 사람들이다. 정말 몹쓸 통증을 견디거나 가까운 사람을 잃어버리는 끔찍한 상황을 경험할 때조차도, 그들은 한 가지 색깔로, 슬픔이나 희망이 덧씌워진 렌즈로 규정되지 않는다.

어제 아침, 뼈에 극심한 통증을 느끼던 중에, 나는 내가 박사 학위를 받았을 뿐 아니라 아침 식사 시간에 PBS 만화 영화를 시청하고 있다는 사실을 새 간호사에게 알려 주었다. 또한 최근에 업데이트된 기도 제목에서, 나는 그 주에 가장 기뻤던 사실 가운데 하나가 화요일 내내 삼위일체와 섭리에 관한 길고 촌스러운 책을 읽을 만큼 정신이 또렷했던 것이라고 쓰기도 했다(물론 유쾌한 독서였다! 한 간호사는 내가 뇌 검사를 받아야 한다고 말하기도 했다). 암 투병의 여정 속에 그런 일들을 엮는 것에는 무언가 사람답게 만드는 요소가 있는 듯하다. 나는 그리스도의 몸 안에서 그저 '암에 걸린 친구' 혹은 '어려운 사람'으로만 비치기를 원하지 않는다. 오히려 굉장한 어려움을 당하고 있으면서도 온갖 예기치 못한 과분한 복을 누리는 사람으로, 점심시간에 닭고기를 정말 잘 먹는 사람으로(오늘 병원 음식을 정말 잘 먹었다!), 세 살짜리 딸에게 말도 안 되는 우스갯소리를 하기 좋아하는 사람으로, 대다수의 사람들이 자기만큼 바보가 아니라는 사실을 정말 반가워하는 사람으로 비치기를 바란다. 암이 나를 규정하지는 않는다. 궁극적으로 그리스도 안에 있는 나의 삶과 정체성이 나를 규정한다. 나는 익살스럽고, 때로는 어리석고, 때로는(자주 그렇다) 진지한 사람이요, 그리스도의 십자가로 말미암아 죄에서 구원받았고, 성령으로 말미암아 그리스도께 연합되어 하나님의 입양된 자녀의 한 사람으로 살아가는 사람이다.

그렇다. 나의 기력이 이제 한계점에 다다르고 있다. 그러나 마지막한 가지 단서를 강조하고 싶다. 여러분의 기도가 '제목만의' 기도인 경우가 자주 있다고 해서 비난받는다고 느끼지 말기 바란다. 내가 그것을잘 묘사하는 이유는 내가 그렇게 기도해 왔고 지금도 자주 그렇게 기도하기 때문이다. 나는 지금 나 자신에게 말하고 있다! 하지만 동시에 이런 말을 하는 이유는 왜 내가 계속해서 합심 기도의 틀을 하나님과 하나

된 교제에 준하여 세우려고 계획하는지(심지어 기도 업데이트를 위해 정보를 제공하기도 하면서) 그 근거를 제시하기 위함이다. 우리는 "그리스도와 함께 하나님 안에 감추어"진 자들이요(골 3:3), 삼위일체 하나님과 매우 깊은 하나 된 교제를 누리는 자로서 기도하기 때문이다.

:

간구들, 치유 그리고 믿음

기도는 하나님과 및 서로 간의 교제 속에서 살게 하기 위해 하나님이 정하신 수단이다. 우리는 하나님의 약속—이는 하나님이 우리의 하나님이 되시겠다는 약속인데, 이는 하나님의 드라마의 등장인물로서 우리를 그의 이야기 속으로 데려가시는 행위다—의 말씀에 응답하여 기도한다. 그리하여 우리는 "우리 아버지"께 기도한다. 곧, 성령으로 말미암아 그리스도께 연합한 자로서, 입양된 언약의 자녀로서 그분께 기도한다. 시편의 중심이요 메시아이시며 언약의 주인이신 예수 그리스도 안에서 구체화되는 하나님의 인자하심에 대한 약속을 중심을 두는 이런 맥락을 떠나서는, 간구 기도에 대한 성경의 진술을 깨달을 수 없다.

그러나 기도가 하나님과 또한 그리스도 안에서 입양된 다른 자녀들과 함께하는 하나 된 교제의 한 방식이지만, 그럼에도 기도는 여전히 무언가를 구하며 간구하는 것이다.[5] 예수님은 "그러므로 너희는 이렇게 기도하라"라고 말씀하시는데, 이때 그분이 제시하는 기도의 모델은 자기반성에 몰두하는 모델이 아니다. 그것은 간구에 간구를 더하면서 그 초점을 하나님과 그의 나라로 돌린다. 그는 하나님의 이름이 거룩하게 되기를, 그의 나라가 임하고 그의 뜻이 이루어지기를 구하시며, 이어서 명령법으로 된 표현들을 사용하여 하나님이 행동해 주시기를 구하신다.

"주시옵고", "사하여 주시옵고", "들게 하지 마시옵고", "구하시옵소서." 예수님은 우리에게 간구하라고, 곧 우리의 언약적인 입양의 맥락 속에서 구하라고 명령하신다.

그러나 간구하라는 명령과 하나님의 뜻이 이루어지기를 위하는 기도를 어떻게 조화시켜야 할까? 둘 다 주님이 가르치신 기도에 포함되어 있지만, 기도에 관한 그리스도의 가르침을 다루는 다른 복음서 본문을 살펴보면 이런 긴장의 요소가 더 분명히 드러난다. 한편으로, "주의 나라가 임하시오며, 주의 뜻이 이루어지이다"는 우리 자신의 길을 포기하는 기도요, 기도의 자세로 인간적인 뜻을 하나님 자신의 뜻에 맞추는 것이다. 겟세마네 동산에서 예수님이 하신 기도처럼, "내 아버지여, 만일 할 만하시거든 이 잔을 내게서 지나가게 하옵소서. 그러나 나의 원대로 마시옵고 아버지의 원대로 하옵소서"(마 26:39)라고 하는 것이다. 반면에, 마태복음의 다른 본문에서는 "너희 중의 두 사람이 땅에서 합심하여 무엇이든지 구하면 하늘에 계신 내 아버지께서 그들을 위하여 이루게 하시리라"(마 18:19)라고 말씀하시고, "너희가 기도할 때에 무엇이든지 믿고 구하는 것은 다 받으리라"(마 21:22. 또한 막 11:23-24을 보라)라고도 말씀하신다. 이 본문들은 격려가 되기도 하고, 우리를 어리둥절하게 만들기도 한다. "무엇이든지 구하면", "무엇이든지 믿고 구하는 것은." 이런 말씀들을 기도에 대한 추상적인 진술로 취하면, 그것들은 마치 겟세마네 동산에서 예수님 자신이 드린 기도("이 잔을 내게서 지나가게 하옵소서")에 정면으로 부딪히는 것처럼 보인다. 성부께서는 그의 간구를 허락하지 않으셨다. C. S. 루이스가 말했듯이, 두 번째에 속하는 본문들은 하나님의 뜻의 조건에 부합하는 믿음만을 요구하는 것이 아니다. 오히려 "간구하는 자가 구하는 바로 그것이 베풀어지리라는 믿음이다. 그것은 마치 겟세마네에서 하나님의 아들이 소유하지 못하셨고, 혹시 소유하셨더라도 그릇된 믿음이었을 그런 믿음을 하나님이 요구하신 것과도 같다."[6]

입원실 침상에서 루이스의 글을 읽어 보니, 그 문제는 그저 추상적이기만 한 것이 아니었다. 만일 예수님이 우리에게 기도로 구하라고 가르치시며 또한 하나님이 창조주요 지탱자시라면, 아우구스티누스가 말한 대로 하나님은 "전능하신 의사"이시다. 인간 의사와 달리 "하나님은 여러분의 몸을 지으셨다. 하나님은 여러분의 영혼도 지으셨다. 하나님은 무엇이든 그가 창조하신 모든 것을 재창조하시는 법을 아신다. 그는 그가 친히 형체를 주신 것에 다시 형체를 주시는 법을 아신다."[7] 하나님은 선하시고 권능이 있으시며 또한 치료하실 수 있다. 내게 아직도 기나긴 검사와 현상 유지의 과정이 남아 있지만, 다발성 골수종을 치유하는 일은 분명 하나님의 능력밖에 있지 않다. 마찬가지로, 하나님은 선하시고 권능이 있으시며 그리스도를 갈보리 고난의 "잔"에서 구하실 수 있는 분이시다. 예수님은 우리에게 그의 모범 기도로 구하라고 명하시며, 또한 믿음의 기도로 "무엇이든지 구하면" 다 응답받을 것이라고 말씀하신다. 그러나 갈보리의 고난을 앞에 두신 예수님은 다른 길을 구하셨지만 그의 간구가 허락되지 않았다. 이처럼 예수님의 삶과 가르침에서조차 기도에 대해 이처럼 긴장이 보이는데, 과연 우리는 어떻게 간구해야 옳을까? 루이스의 글이 가능한 긴장을 생생하게 그려 주지만, 우리는 과연 이것이 성경적으로 도출된 역설인지, 아니면 그 대조적인 면을 예리하게 부각하기 위해 본문들을 곡해한 것인지를 물어보아야 한다. "너희가 기도할 때에 무엇이든지 믿고 구하는 것은 다 받으리라"(마 21:22). 마태복음 21:22과 같은 본문에 근거하여 거꾸로 소급해 가는 방식으로 추론해야 옳은가? 곧, 기도에 대해 긍정적인 응답을 받지 못하면, 그것은 믿음이 없는 탓이라는 식으로 말이다. 앞에서 욥의 친구들이 행한 기계론적인 추론에서 우리는 이와 유사한 유혹을 본 바 있다. 욥 역시 애통했고 고난 중에 간구했다. 욥기는 욥의 고난이 욥의 죄 때문도, 하나님을 향한 헌신이 부족하기 때문도 아님을 말한다. 그는 "온전하고 정직하여 하나님을 경외하며 악에서 떠난 자"(욥 1:1)였다. 여호와께서는 욥의 친구들이 거꾸로 소급해 가는 추론을 통해 욥의 헌신이 부족하다고 탓하는 일에 대해 그들을 책망하신다. "너희가 나를 가리켜 말한 것이 내 종 욥의 말같이 옳지 못함이니라"(42:7).

　　복음서에서 예수님은 욥기의 이러한 성경적 가르침과 모순을 일으키지 않으신다. 예수님은 그 자신에게서 임한 그 나라의 표적으로 자주 치유를 행하신다. 사실, 예수님은 심지어 믿음으로 그를 찾는 이방인과 같은 '외인들'에게까지 응답하신다.[8] 예수님을 신뢰하는 것이 간구가 하나님께 응답받는 충분조건이다. 그리고 예수님이 간구하는 자를 자유로이 고쳐 주심으로 응답하실 때, 그것은 "하나님의 나라가 신적인 자비의 사자이신 예수로 말미암아 지금 여기서 개시되고 있다는 증거"다(막 6:53-56, 마 14:34-36).[9] 그러나 욥기처럼 복음서 역시 고난당하는 자들이 치유를 받지 못한 것이 죄 때문이거나 믿음이 없기 때문이라고 생각하는 (거꾸로 소급해 가는 식의) 사고를 뒷받침해 주지 않는다. 성경학자인 데이비드 크럼프(David Crump)가 주장하듯이, "복음서 기자들은 믿음 그 자체가 이적들의 원인이 아니라는 점을 조심스럽게 강변한다."[10] 예수님의 많은 이적들이 "제자들의 믿음 없음에도 불구하고" 일어나며, 또한 "분명한 믿음의 증거와는 전혀 상관없이" 행해지기도 한다.[11] 이적 자체를 일으키는 믿음이라기보다는, 예수님의 이적들은 메시아이신 예수님 안에 하나님의 권능과 임재가 있음을 보여주는 명확한 증표와 증거들로 사용된다. 이런 증거들이 그것을 바라보는 자들을 믿음으로 이끈다. 물론 그의 비유들에서 알 수 있듯이, 어떤 자들에게는 믿음으로 인도하는 도구가 되고, 다른 자들에게는 이런 이적적인 표적들을 보고 돌아서게 만드는 도구이지만 말이다.[12] 복음서는 구원의 하나님께 간구하는 데에 오직 그리스도를 믿는 믿음이 필요하다는 점을 암시하지만, 그럼에도 믿음으로 구하면 반드시 하나님이 치유를 주신다는 정형화된 법칙을 제시하지는 않는다.

덧붙여 말하자면, "무엇이든지" 믿음으로 구하면 받으리라는 본문들을 추상적인 진술이 아니라 복음서에 나타나는 예수님과 그의 사역의 문맥에서 받아들이면, 루이스의 긴장에 새로운 빛이 비치게 된다.[13] 도널드 해그너(Donald Hagner)는 "무엇이든지 믿고 구하는 것"(마 21:22)에 대해 다음과 같이 설명했다. "예수님은 무엇이든 원하는 바를 행하거나 그들 자신을 위해 놀라운 일들을 행하는 마술적인 능력을 제자들에게 주시겠다는 것이 아니다.……모든 일이 당시에 성취되는 과정에 있는 하나님의 목적과 관련되어야만 한다."[14] 예수님은 우리에게 "무엇이든지" 구하라고 말씀하신다. 그러나 하나님의 뜻이 이루어지고, 하나님의 나라가 임하기를 기도하는 맥락 속에서 그리하라는 것이다.

간구와 하나님의 뜻에 맞춤: 겟세마네에서의 그리스도의 기도

그러나 이런 석의적인 설명으로도 다음과 같은 순전한 실존적 질문이 여전히 남는다. 하나님의 목적과 뜻에 따라 구해야 한다 하더라도, 고난당하는 자녀를 고치는 일이 어떻게 하나님의 뜻이 아닐 수 있겠는가? 하나님은 그 일을 하실 수 있다. 그러나 왜 항상 고쳐 주지 않으시는가? 항암 치료 기간 중에, 나는 경건한 그리스도인 가족의 여섯 살 난 아이의 암을 치료하는 일을 위해 다른 많은 이들과 함께 기도했다. 그 아이는 결국 죽었다. 이런 어린아이를 치료하는 일이 왜 하나님의 목적과 뜻이 될 수 없다는 말인가?

다시, 겟세마네에서 있었던 그리스도의 선명한 신비로 돌아가야 한다. 겟세마네에서 그리스도는 고난의 잔이 지나가기를 위해 기도하시면서도, 십자가를 피하고 싶은 자신의 바람보다 아버지의 뜻과 목적에 굴복하신다. 겟세마네에서 우리는 주님이 가르치신 기도가 행동으로 이루어지는 것을 본다. "겟세마네는 기도의 깊고 깊은 의미들을 제시한다. '우리를 시험에 들게 하지 마시옵고 다만 악에서 구하시옵소서.'"15 예수님은 시험의 때로부터 인도받기를 구하셨고, 악에서 구해지기를 구하셨다. 그러나 완전한 믿음을 정의하시는 그분—"믿음의 주요 또 온전하게 하시는 이인 예수"(히 12:2)—의 간구는 허락되지 않았다. 그의 고난의 잔은 치워지지 않았다. 과연 예수님은 "자기를 죽음에서 능히 구원하실 이에게 심한 통곡과 눈물로 간구와 소원을 올"리셨다(히 5:7). 하나님은 골고다의 십자가에서 예수님을 죽음에서 구하실 수 있었다. 그러나 그렇게 하지 않으셨다. "[겟세마네의] 그 장면이 끔찍했던 이유는 예수님이 고난을 당하셔야 했기 때문이 아니라, 그가 고난을 당하시는 것이 고난을 방지하기에 충족할 만큼 전능하신 하나님의 뜻이었기 때문이다."16 문제는 하나님이 능력이 없으신 것도, 하나님의 사랑에 결점이 있기 때문도 아니다. 예수님의 간구가 응답받지 못한 것은 그가 십자가 외에 다른 길을 구하지 않으셨기 때문이거나, 하나님의 권능과 사랑을 믿는 믿음이 없으셨기 때문이 아니다. 예수님은 겟세마네에서 자신의 뜻을 신비하고도 감추어진 방식으로, 곧 십자가를 통해 일하시는 권능과 사랑의 하나님과 일치하는 방도로 그의 마음을 성부께 드리셨다.

십자가의 길에서 기도하심

우리가 기도의 영웅이라고 생각하며 하나님께 나아간다면, 우리는 그리스도의 십자가를 잊어버린 것이다. 하나님이 지금 우리의 삶에서 고통보다는 치유와 기쁨을 뜻하신다고 생각한다면, 우리는 그리스도의 십자가를 잊어버린 것이다. 부활하신 그리스도와 함께하는 삶이 계속해서 승리만을 얻는 삶인 듯 처신한다면, 이 역시 그리스도의 십자가를 잊어버린 처사다. 그리스도의 죽으심은 단 한 번의 희생이었지만, 복음의 사신들은 십자가를 제치고 곧바로 '부활의 삶'을 경험하지는 않는다. 바울은 이렇게 말했다. "우리는 십자가에 못 박힌 그리스도를 전하니 유대인에게는 거리끼는 것이요 이방인에게는 미련한 것이로되……그러나 하나님이 세상의 미련한 것들을 택하사 지혜 있는 자들을 부끄럽게 하려 하시고 세상의 약한 것들을 택하사 강한 것들을 부끄럽게 하려 하시며 하나님이 세상의 천한 것들과 멸시받는 것들과 없는 것들을 택하사 있는 것들을 폐하려 하시나니 이는 아무 육체도 하나님 앞에서 자랑하지 못하게 하려 하심이라"(고전 1:23, 27-29). 하나님의 계시의 중심에는 보다 행복하고 건강한 삶을 사는 비결이나, 꾸준히 위로 상승하는 여정에서 하나님의 일하심이 우리 눈에 선명하게 보인다는 식의 메시지가 있지는 않다. 성령으로 말미암아 그리스도와 연합한 사람들은 십자가에 못 박히신 주님의 길을 따른다. 이 길은 고난 그 자체를 추구하지 않고, 대신 하나님이 지극히 그럴 법하지 않은 곳에서 행하시고 숨으신다는 점을 인식한다. 루터의 말을 빌면, "그리스도를 알지 못하는 자는 고난 속에 숨어 계신 하나님을 알지 못한다. 그러므로 그 사람은 고난당하기보다는 일하기를, 십자가보다는 빛을, 연약함보다는 강건함을, 어리석음보다는 지혜를 바란다."[17]

우리는 개선된 삶의 '빛나는 것'으로 가득한 그리스도인의 삶을 원하는 시대에 살고 있다. 최근에 한 서점에서 대부분의 기독교 서적들이 '자기 계발' 분야에 있는 것을 보았다. 거기에 있는 책들을 살펴보니, 그렇게 분류해 놓은 것에 도무지 이의를 제기할 수 없었다. 하지만 이것은 "십자가에 못 박힌 그리스도"가 아니다. 우리는 우리를 사랑하시는 아버지 앞에 기도로 우리 마음을 열 수 있다. 그러나 우리는 구체적인 목적지로 향하는 길 위에서 기도한다. 겟세마네에서 우리 주님이 하신 것처럼, "주의 뜻이 이루어지이다"라고 기도한다. 우리는 기도할 때 하나님의 나라가 임하기를 구하는 길 위에 있어야 하며, 빛나는 것과 깔끔하게 정돈된 중류(中流)의 삶을 바라는 우리의 욕망을 십자가에 매달아야 한다.

바울은 고린도전서에서 십자가의 신학에 대해 서술한 후에, 고린도후서에서 다시 그 주제로 돌아가 자신의 삶이 왜 승리를 거듭하는 모습을 보이지 않는지 설명한다. 육체의 가시에서 해방되기를 구한 자신의 간구가 응답되지 않았다는 것이다. 그는 치유를 받은 것도 해방된 것도 아니었다. "이것이 내게서 떠나가게 하기 위하여 내가 세 번 주께 간구했더니 나에게 이르시기를 내 은혜가 네게 족하도다. 이는 내 능력이 약한 데서 온전하여짐이라 하신지라. 그러므로 도리어 크게 기뻐함으로 나의 여러 약한 것들에 대하여 자랑하리니 이는 그리스도의 능력이 내게 머물게 하려 함이라"(고후 12:8-9). 바울은 믿음이 부족해서 하나님께 간구한 내용을 응답받지 못한 것이 아니었다. 십자가의 연약함 속에서 능력으로 일하시는 하나님의 신비 속에서, 하나님은 그의 청을 들어 주셨지만 바울을 다시 십자가를 닮은 길 위에 세우셨다. 십자가를 닮은 길의 한가운데서 바울은 십자가에 못 박히신 그리스도의 능력이 나타나리라고 확신했다. 그렇다고 바울이 육체의 가시를 '정상적인 것'으로 받아들이거나, 고난 자체를 위해 고난을 즐거워한 것은 아니었다. 그러나 기도로 나아가는 그의 평생의 사역이 십자가에 못 박히시고 다시 살아나신 주님과 연합한 자가 소유한 그 풍성한 역설로 충만했다. "근심하는 자 같으나 항상 기뻐하고 가난한 자 같으나 많은 사람을 부요하게 하고 아무것도 없는 자 같으나 모든 것을 가진 자로다"(고후 6:10).

그러므로 하나님의 나라가 임하고 그분의 뜻이 이루어지기를 기도하는 맥락 속에서 간구할 때, 우리는 감사와 기쁨 가운데서, 또한 슬픔과 현재의 악한 세대에 대한 항의 가운데서 그렇게 한다. 일용할 양식이나 창조주의 아름다움을 다양하게 드러내는 장엄한 창조 세계와 같이 깜짝 놀랄 만큼 좋은 선물들을 베푸신, 우리의 창조주요 왕이신 그분께 감사하는 마음으로 구한다. 하나님이 그의 언약의 약속을 통해서 우리의 아버지가 되셨으며, 또한 그리스도 안에서 "내가 결코 너희를 버리지 아니하고 너희를 떠나지 아니하리라"(히 13:5)라고 약속해 주셨다는 기쁨으로 구한다. 그러므로 우리는 담대하게 말할 수 있다. "주는 나를 돕는 이시니 내가 무서워하지 아니하겠노라. 사람이 내게 어찌하리요"(6절). 우리는 예루살렘을 위해 우셨고 또한 곧바로 성전의 상들을 뒤엎으시며 항의하신 그리스도와 함께 울며 애통하며 항의하는 자들로서 하나님의 나라가 임하기를 구한다(눅 19:41, 45-48). 우리는 겟세마네에서 울고 애통하신 그리스도와 함께 그 나라가 임하기를 구한다. 왜냐하면 우리는 기도 속에서 "왜 그래야 하는지 이유를 깨닫지 못한다 할지라도 예수님을 따라 겟세마네로 가도록"[18] 부르심을 받았기 때문이다. 우리는 그리스도 형상의 백성(Christ-shaped people)으로서 그리스도 형상의 나라(Christ-shaped kingdom)가 임하기를 기도한다. 겟세마네와 십자가를 회피하지 않고, 그리스도께서 다름 아닌 "만물이 그 안에 함께"(골 1:17) 서 있는 창조주요 또한 십자가와 부활을 통해 죽음을 이기신 구원자이심을 인식한다. 그리스도께서 이루시는 나라가 임하기를 기도하는 가운데, 우리는 십자가가 '승리의 삶'을 향해 나아가는 길에 임시로 쉬었다 가는 곳이 아님을 깨닫는다. 우리는 하나님의 어린양이신 왕을, 우리가 감히 쳐다볼 수 없는 권능을 지니신 십자가에 못 박히신 주님을 섬긴다. "주의 나라가 임하소서." 우리는 치유를 위해서 기도해야 한다. 그러나 애통하며 간구할 때, 그 치유가 우리 구주께서 사랑하시는 십자가의 길을 무시하게 해서는 안 되고, 오히려 우리가 그 길에 순응하게 되도록 기도해야 한다. N. T. 라이트의 말을 빌자면, "그 나라는 과연 예수님과 함께 임했다. 또한 세상이 고침받고 온 창조 세계가 마침내 함께 노래하게 될 때에 완전히 임할 것이다. 그러나 반드시 예수님의 약(藥)이어야 하고, 예수님의 음악이어야 한다. 그리고 그것을 확신할 수 있는 유일한 길은 그의 기도로 기도하는 것이다."[19]

8
:

골짜기에서
독소, 치유 그리고 죄인들을 위한 강력한 약

깊은 치유를 받으려면 무엇이 있어야 할까? 암 진단을 받기 전에는, 의사에게 검진을 받을 때 알약을 먹거나 혹은 상황이 나쁠 경우 수술을 하면 대개 치유를 얻게 된다고 생각했다. 그러나 줄기세포 이식을 예상하는 지금에 와서는 치유에 대한 나의 생각이 얼마나 피상적이었는지를 깨닫는다. 내게는 '강력한 약'이 필요했다. 그리고 준비가 되어 있든 그렇지 않든, 강력한 약물은 독이다. 그것도 맹독이다. 이식 수술의 일부로 내가 받게 되어 있는 주요 항암 치료는 겨자씨 가스에서 추출한 것으로 화학 무기였다. "사망의 음침한 골짜기"(시 23:4)로 다니지 않고서는 치유도 없는 것이다.

여호와여, 내가 수척했사오니 내게 은혜를 베푸소서.
여호와여, 나의 뼈가 떨리오니 나를 고치소서.

나의 영혼도 매우 떨리나이다.

여호와여, 어느 때까지니이까.

여호와여, 돌아와 나의 영혼을 건지시며

주의 사랑으로 나를 구원하소서(시 6:2-4).

나는 내 생명을 위협하는 요인들로부터 구원(구출)받는 것이 필요했다. 부드러운 알약으로는 치유가 오지 않을 터였다. 준비가 되어 있든 그렇지 않든, 나는 전투의 한복판에 서 있었다. 내게는 강력한 약이 필요했다. 이번 장에서는 줄기세포 이식에 필요한 강력한 약 및 깊은 치유와, 이것이 구원받아야 할 죄인인 우리에게 필요한 강력한 약 및 깊은 치유와 어떤 식으로 교차되는지 살펴보겠다.

죄인들을 위한 강력한 약

우리 같은 죄인들이 깊은 치유를 얻으려면 무엇이 있어야 할까? 신약 성경의 지침을 따르고자 한다면, 애통의 시편이 틀림없는 실마리를 제시한다. "내 하나님이여, 내 하나님이여, 어찌 나를 버리셨나이까"라는 통렬한 애통을 다루는 시편 22편 다음으로 신약에서 가장 흔히 인용되는 시편은 69편이다. 이것은 깊은 불평과 탄식의 시요, 원수들로부터 구원받기 위한 간구다.

내가 부르짖음으로 피곤하여 나의 목이 마르며

나의 하나님을 바라서 나의 눈이 쇠했나이다.

까닭 없이 나를 미워하는 자가 나의 머리털보다 많고

부당하게 나의 원수가 되어 나를 끊으려 하는 자가 강했으니 내가 빼앗지 아니한 것도 물어 주게 되었나이다(시 69:3-4).

여호와여, 나를 반기시는 때에 내가 주께 기도하오니
하나님이여, 많은 인자와 구원의 진리로 내게 응답하소서.
나를 수렁에서 건지사 빠지지 말게 하시고
나를 미워하는 자에게서와 깊은 물에서 건지소서(시 69:13-14).

시편 기자는 구원을 위해 절박하게 울부짖는 가운데 거듭 변함없는 사랑에 대한 하나님의 약속에 호소한다. 이 시는 택함받고 입양된 백성에게 주신 언약의 약속을 친히 신실하게 지키실 여호와께 찬송하라는 요청으로 끝을 맺는다. "하나님이 시온을 구원하시고……그의 종들의 후손이 또한 이를 상속하고 그의 이름을 사랑하는 자가 그중에 살리로다"(35-36절). 이상하게 들릴 수도 있지만, 신약에서는 이 시편이 죄인들을 구원하시기 위해 하나님이 사용하시는 강한 약에 대해 말씀하는 것으로 계속 사용되었다. 그 강한 약이란 (그리스도의 부활로써 증명되는) 그의 의로우신 고난과 그의 신실하신 삶 및 죽으심을 통한 구원의 역사로 말미암아 원수들에게 승리를 거두셨다는 사실이다.[1]

이식 수술을 위해 '강한 약'을 받게 될 날이 다가오면서, 나는 죄인들의 깊은 치유를 위해 필요한 강력한 약에 대해 생각하지 않을 수 없었다. 마가복음 2:17에서 예수님은 "건강한 자에게는 의사가 쓸 데 없고 병든 자에게라야 쓸 데 있느니라. 나는 의인을 부르러 온 것이 아니요 죄인을 부르러 왔노라"라고 말씀하신다. 우리는 의사이자 강한 구주가 필요한 병든 자와 죄인들 중에 속해 있다. 2013년 1월 10일에 나는 CarePages에 다음과 같은 글을 올렸다.

⋮

복된 성탄절과 새해를 맞으셨기를 바란다. 우리 가족은 때로 큰 도전이 있기도 했지만, 기쁨을 맛보기도 하고 어둠을 경험하기도 하면서 좋은 시간을 보냈다. 성탄절이 누군가에게는 슬픔의 시간임을 목회자가 우리에게 상기시켜야 한다는 사실을 알았다. 예를 들어, 사랑하는 사람을 잃었거나 특수한 도전으로 인해 성탄절에 끊임없이 '행복'을 누리는 일이 극히 힘든 사람들도 있다. 목회자가 이 점을 상기시키는 것은 옳다. 사실 이것은 성탄절 휴가 기간에 목회자가 '덧붙여 주는' 사항이 아니고, 아주 불편하면서도 눈에 잘 띄지 않는 현실을 지적해 주는 것이다. 곧, 타락과 죄의 어둠을 깨닫는 일이 성탄 축하 자체의 고유한 요소라는 사실 말이다. 천사가 목자들에게 "오늘 다윗의 동네에 너희를 위하여 구주가 나셨으니 곧 그리스도 주시니라"(눅 2:11)라고 선포했지만, 이것이 성탄을 축하하는 유일한 동기는 아니다. 그때나 지금이나 과실(過失)이 성탄 축하의 동기다. 누구에게 구주가 필요한가? 어둠을 맛보았고, 그래서 구원이 필요한 사람들이다. 성탄절은 우리의 선의를 축하하는 것이 아니고 우리의 구주를 축하한다. 그런 분이 우리에게 필요하기 때문이다. 우리는 타락과 죄의 유배 상태에 있고, 본향으로 돌아갈 길을 찾을 수 없는 처지다. 우리 스스로 해결책을 만들어 낼 수도 없다. 성탄절은 우리 자신의 처지가 괜찮으니 정말 우리에게는 구주가 필요 없다는 허상을 깨뜨려야 한다. 우리는 온갖 문제투성이 속에 있으며, 따라서 우리에게 구주가 필요하다. 올해는 우리 주님의 오심을 축하하는 성탄절의 이런 면이 내게 절실히 와 닿았다.

⋮

깊은 병과 그리스도 안에 있는 깊은 치유

CarePages에 실은 위의 글이 암시하듯이, 위대한 의사이신 예수 그리스도의 복된 소식은 우리의 질병이 얼마나 깊으며, 치유를 위해 극히 강한 약이 우리에게 얼마나 절실한지를 알리는 소식이기도 하다. 아우구스티누스는 이 강한 약에 대해 깊이 묵상한다. 우리는 교만의 질병으로 부패했다. 그러므로 예수 그리스도 안에서 하나님이 육신을 입으셨고, 종의 형체를 취하셔서 그 교만이 "치유받게 하셨다. 그가 임하셨고 하나님의 아들이 낮아지셨다."[2] 우리는 건강한 모습이 어떤지를, 곧 죄의 질병이 없으신 사람이신 언약의 동반자가 어떤 모습으로 보이고자 하셨을지 살펴볼 필요가 있다. "'말씀이 육신이 되어 우리 가운데 거하'셨으므로(요 1:14), 그는 탄생 그 자체로 말미암아, 우리 마음의 눈이 깨끗이 씻겨 그의 낮고 천하심을 통해 그의 위엄을 볼 수 있게 해주는 안약을 베푸셨다.……그의 육체의 낮고 천하심으로 말미암아 치유를 받지 않고서는 아무도 그의 영광을 볼 수가 없다." 이것은 과연 값비싼 약이다. 성육신이요, 순종의 삶이요, 십자가요, 부활이다. "그는 그의 육체로 육체의 과오들을 도말하시고 그의 죽으심으로 죽음을 죽이시는 방식으로 이 땅에 임하셨다."[3]

더 나아가서, 그리스도의 성육신과 삶과 죽으심 그리고 부활이라는 약은 그저 먼 거리에서 건강한 '모범'을 보는 것 이상을 요구한다. 그 약이 효력을 발휘하기 위해서 우리는 그리스도로 말미암아 양육받아야 하고 그에게 연합해야 한다. 왜냐하면 "내가 진실로 진실로 너희에게 이르노니 인자의 살을 먹지 아니하고 인자의 피를 마시지 아니하면 너희 속에 생명이 없"기 때문이다(요 6:53). 이처럼 예수 그리스도를 먹고 마시려면 생명을 주는 지속적인 연합이 있어야 한다. "내 살을 먹고 내

피를 마시는 자는 내 안에 거하고 나도 그의 안에 거하나니 살아 계신 아버지께서 나를 보내시매 내가 아버지로 말미암아 사는 것같이 나를 먹는 그 사람도 나로 말미암아 살리라"(56-57절). 와! 우리의 약을 먹으려면, 성령으로 말미암아 그리스도를, 아버지에게서 보내심을 받은 그분을 먹어야 한다. 그냥 알약을 가지고 놀지는 않는 법이다. 그리스도를 먹고 치료자이신 그분과 함께 거하며 그의 안에 거해야 한다.

이식 수술과 건강을 위한 전투

암 담당 의사들이 이식 수술을 위한 '강한 약'에 대해 알려 준 대로, 나는 치유를 위한 길이 싸움을 요구하며, 죽음으로 솔질을 한 다음에야 비로소 구출이 이어진다는 점을 알게 되었다. CarePages에 나는 다음과 같은 글을 올렸다.

⋮

항암 치료 과정, 특히 줄기세포 이식 수술은 군사 작전을 떠올리는 것들로 가득하다. 그것은 항암 '전투'요, 모두가 '암과의 싸움'의 일부다. 줄기세포 이식 과정의 여러 부분에서 군사 용어를 사용한다. 그리고 이것은 아주 적절하다. 넓은 의미에서 줄기세포 이식 과정은 전부 전투요, 극도의 화학전이다. 3월 초에 입원했을 때, 나는 제1차 세계 대전 때 사용한 겨자 가스 화학 무기에서 유래한 강력한 항암 약물을 투여받았다. 어떤 의미에서 나는 줄기세포를 이식받기 위해 병원에 입원한 것이 아니다. 맹독을 받기 위해 입원한 것이다. 회복시키는 방법이 없다면 그 독들이 결국 나를 죽이고 말 것이다. 백혈구 수치가 거의 제로로 떨어질 것이고, 감염에 대한 저항력이 실제로 전혀 없어질 것이다. 그것은 사람이 살 수 없는 상태다. 그러나 나의 건강한 줄기세포들이 다시 내 몸에 투입되면서, 마침내 그것들이 다시 건강한 백혈구 상태를 이루어 내기 시작할 것이다. 줄기세포 이식 일을 가리켜 흔히 "두 번째 생일"이라 부르는데, 집중적인 항암 요법으로 인해 사람이 거의 죽음에 내몰리고 그 다음에 줄기세포 이식을 통해 다시 살아나기 때문이다.

암을 "전쟁"이라고 부르는 어법은……몇 가지 점에서 흥미롭다. 때로는 환자 치료가 과도해져서, 환자를 치료하는 것보다 오히려 암을 죽이는 것이 주된 관심사가 되는 상황에서 이 용어를 사용한다. 그러나 다른 때는—나의 암이 이 경우라고 생각하는데—후자에 해당되기도 한다. 곧, 강도 높은 맹독을 사용하는 것이 자비의 행위가 되는 경우다. 골수종은 그것을 밀어붙여 완화되도록 강력한 대처가 필요한 능동적이며 공격적인 암이다.

⋮

이식 날짜와 입원 시간이 다가오면서, 준비가 되었느냐는 질문을 많이 받았다. 이식 수술로 생명을 잃을 확률이 매우 낮기는 했지만, 그래도 나는 겁이 났다. 그러나 전에는 그처럼 사람에게 치명적일 정도로 맹독을 투여받은 적이 한 번도 없었으니, 그것을 "약"이라 부르는 것을 이상하게 여겼다.

⋮

한 친구가 강도 높은 항암 요법을 가리켜 "약"이라 부르는 것을 들었다. 말 그대로 웃음이 터져 나왔다. 어떤 의미에서는 약이지만, 사실은 독이라고 나는 설명했다. 하지만 약과 독의 경계가 때로는 아주 얇아지기도 하는 법이다. 특히 암 치료에서는 더욱 그렇다.

경건 생활을 위한 독서로 존 칼빈의 시편 강해를 읽어 가다가, 하나님의 경륜(세상에서 일하시는 하나님의 방법)에서 독과도 같은 맹렬한 환난과 약 사이에 있는 미세한 경계를 바라보는 그의 능력에 깜짝 놀랐다. "여호와께서 나를 심히 경책하셨어도 죽음에는 넘기지 아니하셨도다"(시 118:18)라는 구절에 대해 묵상하는 대목에서 그런 점이 나타난다. 칼빈은 환난이 우리에게 임할 때, 우리 대부분은 하나님의 아버지로서의 보살피심이 우리에게서 멀다고 생각한다는 점을 지적한다. 그러나 "하나님은 언제나 그의 백성들을 긍휼로 대하신다. 그래서 그의 교정하심이 그들에게 치유가 된다." 그러므로 시편 기자가 하나님에게서 오는 "경책"을 말하지만, 그것은 "결코 치명적이지 않고 오히려 약이 지닌 목적을 이룬다. 약은 일시적으로 쇠약해지게 하지만, 우리의 질병을 제거하여 건강하고 기력이 왕성하게 해준다"(이는 마치 줄기세포 이식에 관한 말처럼 들린다!).[4] 우리가 진정 구주를 필요로 한다면, 우리는 구원이 필요하며 강한 약이 필요하다. 이에 대해 칼빈은 시편 기자를 좇아, 환난은 그 자체가 독처럼 보일 수 있지만 아버지의 손길을 통해 생명을 얻게 해줄 수 있다고 생각한다……

나는 내가 선택해서 이런 전투 속에 들어온 것은 아니다. 하지만 권능이 가득하시고 자비로우신 하나님이 내게 계시고, 전투 중에서도 그리스도 안에서 그분을 구주요 구원자로 알게 되었으니 감사할 뿐이다.

⋮

나의 골수를 쓸어버리게 될 그 '전쟁'을 시작하러 병원에 입원하기 전날, 나는 CarePages 후원자들에게 다음의 기도문을 보냈다. 그것은 다른 환자의 기도문에서 발췌한 내용이었다. 이틀 후, 고단위의 항암제를 투여받은 후 '구조 계획'이 시행되어 연어 색깔을 띤 건강한 줄기세포들이 내 몸에 투여될 때, 우리 교회 목사님이 이 기도문으로 기도할 예정이었다. CarePages의 기도 후원자들에게도 공통적이고 공유된 기도로써 이 기도문으로 기도해 달라고 부탁했다.

⋮

이날은 여호와께서 정하신 것이라. 이날에 우리가 즐거워하고 기뻐하리로다(시 118:24).

지극히 자비로우신 성부, 성자, 성령 하나님,

주님은 말씀으로 빛과 생명을 존재하게 하셨습니다. "빛이 있으라 하시니 빛이 있었고"(창 1:3). 주는 "생물"들을 창조하셨고 그것을 좋게 보셨습니다(20-21절). 주님은 인류를 창조하셨고, "지으신 그 모든 것을 보시니 보시기에 심히 좋았"습니다(31절).

주님은 우리의 주님이시며 구주이신 예수 그리스도를 통해 이를 행하셨으니, "만물이 그로 말미암아 지은 바 되었으니 지은 것이 하나도 그가 없이는 된 것이 없"습니다(요 1:3). 죄로 말미암아 부패하여 타락한 세상에 그리스도께서 오셨고, 우리는 "빛이 어둠에 비치되 어둠이 깨닫지 못하더라"(요 1:5)라는 사실을 즐거워합니다.

오늘 우리는 주님의 크신 생명의 선물로 인해 낮아져서 주님 앞에 나아갑니다. 주께서 우리의 전능하신 창조주로서, 예수 그리스도를 빛과 생명으로 세상에 보내신 우리의 사랑하시는 아버지로서 이것을 우리에게 주셨습니다. 주님은 무한하신 지혜로, 작은 세포들을 우리의 피

속에 심으셔서 치유하고 새롭게 하는 주님의 목적에 사용될 수 있게 하셨습니다. 과학자와 의사와 간호사들에게 이 세포들을 우리의 복지를 위해 사용하도록 지식을 주셨으니 주님께 감사드립니다.

그리스도께서는 우리가 생명을 얻도록 하시고자 그의 생명을 주셨고, 그의 상처들로 말미암아 우리가 나음을 입었습니다. 예수 그리스도의 피로 말미암아 우리가 정결해지고 새로워졌으니 감사드립니다. 이제 구하오니, 주께서 이 이식 수술을 통해 토드에게 주시는 그 새로워진 피를 통해 그의 건강이 회복되게 하셔서 주님의 권능을 보여주소서.

오늘, 토드가 생명을 주는 이 세포들을 주입받을 때 그에게 특별히 복을 주시기를 구합니다. 주님을 제외한 그 세포들의 힘이 아니라, 오직 주님 섭리의 보살피심으로 인해 치유를 얻는 것임을 신뢰하게 하소서. 몸과 정신과 영혼의 회복을 기다리는 동안 토드에게 인내와 소망을 베푸소서.

그리고 지금, 토드와 그의 새로워진 혈액에 주님의 영을 보내셔서, 그와 그의 가족에게 주님의 사랑과 치유의 권능을 주소서. 주께서 토드에게 더 많은 세월을 허락하셔서 그의 가족 및 그의 일과 함께하게 하시고, 주님과 주님의 나라를 위해 봉사하게 해주시기를 기도합니다. 주님의 나라를 위해, 그리고 예수 그리스도의 이름으로 기도합니다. 아멘.

:

이틀 후, 이식 수술을 받는 동안 나는 놀랍게도 컨디션이 좋음을 느꼈다. 내 몸에 독이 들은 '강한 약'이 들어갔는데도, 4, 5일이 지나서야 비로소 부작용이 심해진 것이다. 몸이 피곤했지만 기력이 있을 때는 여전히 독서도 하고 글쓰기도 했다. 간호사들은 그 어간에 내가 탐독하고 있었던 두꺼운 학문적인 책에 대해 나를 놀리기도 했다. 나는 또한 일어나는 일에 대해 신학적으로—암 치료를 위한 강한 약물과 복음의 치유를 위한 그보다 더 강한 약의 상호 유비 관계에 대해—성찰하고 있었다. 이식 수술을 받던 당일, 나는 병원에서 다음과 같은 메시지를 작성해서 CarePages에 올렸다.

⋮

두 번째 생일, 새 생명 그리고 유비에 관하여

자, 오늘은 사람들이 그렇게 부르듯 나의 "두 번째 생일"이다. (이식 수술 후에 아내 레이철이 두 번째 생일을 기념하여 케이크를 가져왔고, 간호사들은 컵케이크를 가져왔다.) 오늘 같은 날을 환자들의 두 번째 생일이라 부르는 이유는 암이—그리고 특별히 강도 높은 항암 치료제가—죽음으로 이끌 수 있기 때문이다. 그러나 이식을 통해 새로운 시작이, 곧 두 번째 삶의 기회가 주어진다.

이날이 다가오면서, 나는 그것이 무엇이며 또한 무엇이 아닌지를 생각해 왔다. 정직하게 말하면, 이식 수술을 '두 번째 생일'에 비유한다는 말을 처음 들었을 때는 다소 마음이 불편했다. 신학적인 견지에서 보면 나는 이미 두 번째 생일, 곧 중생을 경험했다. 그리고 날마다 성령으로 말미암아 재출생을 지속적으로 경험하게 될 것이다. 뿐만 아니라 고강도의 항암 치료와 이식 과정을 가리켜 '죽음과 부활'이라고 묘사한다는 이야기도 들었다. 비슷한 점도 있지만 전혀 다른 점 역시 매우 크다. 죽음에 근접하게 될 수도 있지만, 하나님이 원하시는 한 지금은 죽음을 경험하지 않을 것이다. 더 중요한 사실은 줄기세포 이식으로 부활—그리스도의 부활에 참여하는 것, 몸이 "썩지 아니할 것으로 다시 살아나며……

영광스러운 것으로 다시 살아나"는 것(고전 15:42-43)—이 개시되지는 않는다는 점이다.

이식 과정과 성령님이 행하시는 중생의 역사 사이에 있는—또한 죽음과 부활 사이에 있는—이러한 유비가 내게는 다소 염려스럽다. 먼저, 죽음과 새 생명에 대한 나 자신의 경험을 그리스도의 죽으심 및 다시 사심과 지나치게 가깝게 혼동하거나 병렬하는 것을 나는 원하지 않는다. 그리스도의 죽으심과 부활에서 우리가 그와 연합하는 일은 매우 현실적이다. 그것은 그리스도인의 정체성에서 중심을 이루는 특질이다. 우리는 그리스도의 죽으심과 부활에서 그와 연합했다(예로, 롬 6:5). 그러나 그리스도의 죽으심 및 부활에 우리가 연합하는 것은 '죽음'과 '재출생'에 대한 우리 자신의 경험에 의해서가 아니라 그리스도께서 행하신 일로 말미암아 형성된다. 구속의 성격을 고유하게 담고 있는 생명과 죽음과 부활을 지니는 것은 바로 그리스도 한 분뿐이다. 그리고 그것이 바로 복된 소식이다. 그리스도와 우리 사이에 있는 차이점은(심지어 그분과의 연합에서조차도) 높이 기려야 한다.

최근에 나는 암 환자들과 많이 상대하는 한 병원 직원과 대화할 기회가 있었는데, 그녀의 몸에서도 종양이 발견되어 막 검사를 받고 난 터였다. 그 종양은 양성이었다. 그 결과에 대해 만족해하면서도 그녀는 궁금해했다. "왜 내게서 종양이 발견되었을까요? 악성 암을 지닌 많은 환자들보다 나이가 훨씬 더 많으니, 젊은 환자의 암을 내가 가져와서 그 환자가 좋아진다면 얼마든지 그렇게 할 마음인데요." 이와 비슷하게, 웨스턴 신학대학원에서 있었던 모임에서 내가 암 진단을 받은 사실을 교수회에 보고했는데, 그 감동적인 모임이 끝난 후에 은퇴하신 한 교수님이 내게 다가와 이렇게 말했다. "당신이 아니라 내가 암 진단을 받았으면 좋았을 텐데요." 그 말은 특히 마음을 예리하게 찔렀다. 왜냐하면 그분의 말이 진심으로 느껴졌기 때문이다. 그분은 한 젊은 동료 교수의 앞길이 창창하다는 점을 본 것이다. "사람이 친구를 위하여 자기 목숨을 버리면 이보다 더 큰 사랑이 없나니"(요 15:13).

그러나 우리가 여기서 알아야 할 열쇠는 예수님이 그저 친구들을 위해 우리의 목숨을 버리는 하나의 윤리만을 가르치고 계신 것이 아니라는 사실이다. 마치 그런 식으로 처신하면 우리 스스로 세상을 구할 수 있기라도 한 것처럼 말이다. 요한복음 15장의 이 본문은 우리가 그리스도 안에 거하여 열매를 맺는 문제를 다루는 문맥에 속해 있다. 그리스도야말로 열매를 맺는 유일한 근원이시다. 나와 대화를 나눈 그 직원은 자기가 아는 젊은 환자의 암을 스스로 취하려는 훌륭한 정서를 표현했다. 하지만 다음과 같은 그녀의 말은 설득력이 있었다. "하지만 내가 그들의 암을 가져올 수는 없네요." 그녀가 그 환자들의 구속자가 될 수는 없다. 다른 이들을 도울 수 있다. 자기를 희생하며 그 일에 헌신할 수도 있다. 하지만 그녀가 그들에게 '그리스도'가 될 수는 없다. 오직 그리스도만이 구속자시다. 그리스도만이 우리의 열매 맺음의 근원이시다. 우리 자신을 희생하는 열매 맺음을 포함해서 말이다. 그리스도와 우리의 차이를 인식하는 것이야말로 우리와 그리스도의 연합을 인식하고 기념하는 일에 속하는 중요한 내용이다.

오늘 내가 두 번째 생일을 맞았다. 그러나 진짜 두 번째 생일은 그보다 훨씬 더 좋았고 더 좋다. 위로부터 출생함으로써(요 3:7), 육체의 죽음조차도 멈출 수 없는 그리스도 안의 생명을 성령님이 주시는 것이다. 아주 섬뜩하게도, 바로 지금 삶과 죽음의 약물들이 나의 혈관 속을 헤엄치며 다니고 있다. 그러나 우리는 모두 그리스도 안에 있는 새 생명을

끌짜기에서

경험하기 시작했고, 이제 중간기를 살고 있다. 그러나 또한 로마서 6:6-10에 의하면, 우리는 "옛 사람", 곧 우리의 죽은 자아 속에서 행동할 때가 많다. 죄악 된 자아, 곧 옛 사람에 대해 죽고 그리스도 안에서 살아 있는 자로서 우리의 진정한 정체성에 합당하게 사는 것이야말로 우리 각자가 날마다 마주치는 전투다.

결론적으로 말하면, 두 번째 생일과 그리스도 안에서 우리가 누리는 중생 사이의 유비 관계를 전반적으로 생각할 수 있도록 도움을 주는 여러 방법이 있음을 느낀다. 그러나 그 유비가 오로지 한 길로만, 곧 그리스도와 성경으로부터 우리에게로 움직인다는 점을 조심스럽게 기억해야 한다. 우리는 구속자가 아니다. 이식 수술과 함께 죽음과 새 생명에 대한 전망을 가지게 된 경험 그 자체는 구속의 성격을 지니지는 않는다. 오직 그리스도의 죽으심과 부활만이 구속적인 성격을 지니며, 성령으로 말미암아 우리가 그리스도와의 교제 속에 살며 또한 우리가 그와 함께하는 이 놀라운 연합의 열매를 맺는 것이다.

:

그리스도인들이 어려운 사람들에게 '예수님의 손과 발이 되어 주는' 것에 대해 이야기하는 일이 유행이 되었다. 이것은 기독교 음악에서나 교회에서 흔히 접하는 주제다.[5] 그러나 우려되는 일은 그런 식의 어법이 (물론 의도한 바는 아니겠지만) 죄인들에게 강력한 약이 필요하다는 사실을 전혀 염두에 두지 않는다는 점이다. 그 병원 직원이 제대로 짚었다. 우리는 그들의 암을 취할 수 없다. 우리 주변에 있는 사람들에게 '예수'가 되어 줄 수 없다. 물론 사랑을 보여줄 수는 있다. 슬피 우는 자들과 함께 울고, 기뻐하는 자들과 함께 기뻐할 수는 있다. 그러나 이 모든 일을 다 행하면서도, 다가오는 그 나라의 왕을 증언하는 것보다 더 높은 일은 할 수가 없다. 심지어 우리의 '최고의 시절'에도 우리가 세상을 향해 그리스도 자신의 임재가 되는 것은 아니다. 우리 자신은 세상이 필요로 하는 깊은 약은 아니다. 우리는 사신이며, 다가오는 그 나라의 표적을 제시하는 증인이다. 우리는 위대한 치료자이신 그리스도와 연합해 있다. 그러나 우리가 그의 속으로 흡수되는 것은 아니다. 우리가 그리스도의 몸이지만, 우리는 "교회의 머리"이신 그리스도께 굴복하는 처지다. 오직 그분만이 세상이 필요로 하는 "구주"(엡 5:23)이시다.

두 시대 사이에서 살고 그리스도 안에서 살기

우리는 강력한 약이시며 참된 치료자이신 그리스도 안에서 산다. 그러나 그리스도 안에서 사는 이 생은 두 시대 사이에 있다. 위대한 의사이신 예수 그리스도께서는 이미 그의 생애와 죽으심과 부활을 통해서 죄와 죽음과 마귀를 상대로 승리를 거두셨다. 그 나라가 그의 안에서 임한 것이다. 그러나 우리는 여전히 그 약속하신 나라가 충만한 상태로 임하기를 기다린다. 우리는 성령으로 말미암아 하나님께 입양된 자녀다. 그러나 여전히 우리의 입양과 최후의 치유를 눈물과 탄식으로 기다린다. '두 번째 생일' 이후의 날들 동안 나는 눈물과 탄식을 경험했다. 잦은 메스꺼움과 허약함과 현기증을 느꼈고, 도움이 없으면 걷는 일조차 할 수 없었다. 사실상 면역 체계가 전혀 없는 상태였으므로, 가족의 방문조차 받을 수 없었다. 미시간의 겨울 동안 그들이 감기에 걸렸던 것이다. 그러나 히브리서의 말씀처럼, 하나님의 언약의 약속으로 말미암아 "영혼의 닻 같아서 튼튼하고 견고"한 "소망"이 우리에게 있다(히 6:19). 이 기다림의 시간 동안 내게는 닻이 필요했다. 새 창조 같은 느낌이 들지 않았기 때문이다.

　CarePages에 실은 위의 글에서 지적한 바와 같이, 두 시대 사이에서 산다는 것은 다음과 같은 사실을 함축한다. "우리의 진정한 정체성─옛 사람, 곧 죄악 된 자아에 대해서 죽고 그리스도 안에서 살아 있는 정체성─에 근거하여 사는 것은 날마다 우리 각자가 맞이하는 전투다." 존 칼빈은 이것에 담긴 의미를 신자들이 그리스도와 연합하여 얻는 "이중적 은혜"라는 용어를 사용해서 표현한 바 있다. "다시 말해, 그리스도의 흠 없으심으로 말미암아 우리가 하나님과 화목함으로써 하나님이 하늘에서 재판장이 아닌 은혜로우신 아버지가 되시며, 둘째로, 우리가 그리스도의 영으로 말미암아 거룩하게 되어 흠이 없고 순결한 삶을 배양할 수 있게 된다."⁶ 서로 분리할 수 없으면서도 구별되는 그 이중적 은혜의 두 가지 선물 가운데 첫 번째 선물에서 우리는 그리스도의 의로 말미암아 우리 죄를 사면받게 된다(칭의). 죄인들이 믿음으로 의롭다 하심을 받을 때, 그것은 '행위의 의'가 아니라 완전히 충족하신 그리스도의 의에 근거한다.⁷ 이렇게 해서 우리는 법적으로, 또한 현재 상태로 그리스도 안에서 입양되었다. 곧 하나님의 권속으로 환영받으며, 성령으로 말미암아 하나님을 우리 아버지라 부를 수 있게 되었다. 두 번째 선물에서 우리는 새 생명을 받았고, 따라서 성령님이 능력을 베푸심으로 말미암아 그리스도 안에서 입양된 우리의 새로운 정체성을 구현하도록 자랄 수 있게 된다. 칭의(혹은 의롭다 하심)와는 대조적으로, 성화라는 성령의 선물은─이는 하나님이 우리 속에서 이루셔서 "우리 속에 하나님의 형상을 회복시키는 것"이다─"한순간이나 하루 혹은 1년 내에 일어나지 않는다." 비록 우리가 그리스도 안에, 그리고 "시대의 중간"에 이미 들어와 있지만, 성령님이 베푸시는 능력으로 그리스도 안에서 자라나며 또한 날마다 회개하는 싸움을 싸우는 기나긴 여정이 있기 때문이다. "하나님은 지속적이고 때로는 아주 더딘 과정을 통해서 그가 택하신 자들 안에서 육체의 부패한 것들을 제거하시고, 그들의 죄책을 깨끗하게 하시며, 그들을 성전으로 거룩하게 구별하시고, 참된 순결로 이끌리는 모든 성향을 회복시키신다. 따라서 하나님이 택하신 자들은 평생토록 회개를 실천하며, 또한 이러한 싸움이 죽음에 이르러서야 비로소 끝을 맺게 된다는 점을 안다."[8]

이렇게 해서, 그리스도인의 삶은 바울이 말한 대조적인 두 시제의 한가운데에 사는 삶이다. 그리스도께 연합한 자들은 "죽었"지만(골 3:3) 죄악 된 정욕들을 "죽이라"(5절)는 명령을 받는다. "우리의 옛 사람이 예수와 함께 십자가에 못 박"혔으며(롬 6:6) 또한 "우리가 그리스도와 함께 죽었으"나(8절), 그럼에도 불구하고 여전히 "주 예수 그리스도로 옷 입"으라는 권면을 받는다(13:14). 바울은 직설법(그리스도인들이 그리스도의 죽으심 및 부활에서 그와 연합했다는 것)을 명령법("그리스도로 옷 입으라")을 위한 기초로 삼는다.[9] 그러므로 거룩해지는 기반을 우리 자신에게서 찾으려 해서는 안 된다. 우리의 새 생명(죽이는 삶[회개]과 하나님의 길에 있는 생명으로 나아옴)의 근원은 예수 그리스도시며, 또한 그리스도와의 연합에 속한 우리의 새로운 정체성은 성령으로 말미암아 받는다. 루터가 사용하는 성경적인 이미지를 활용하자면, 교회로서 우리는 그리스도의 신부이지만(엡 5:25-27), 여전히 그 신부라는 정체성이 "어린양의 혼인 잔치"(계 19:9)에서 충만히 완성되기까지 기다려야 한다. 루터는 믿음의 눈으로 예수 그리스도 안에 있는 하나님의 약속과 또한 그와의 연합을 바라보라고 강변한다. "교회는 많은 악들로 인해 짓눌리지만, 그럼에도 불구하고 그 모든 악을 제거하시고 자신에게로 맞아 주시며

골짜기에서

그의 권능과 영광을 전해 주실 신랑이 교회에게 있다."[10] 죄와 마귀가 괴롭힐 때, 그리스도의 신부는 신랑 되신 그리스도를 바라보며 이렇게 말한다. "내게는 신랑의 의가 있다. 그것이 내 것이니 조용히 하라." 또한 "슬픔이 괴롭힐 때 신부는 이렇게 말한다. '나의 신랑에게 생명과 은혜와 평화와 기쁨과 구원이 있다. 그리스도가 내 것이니 이것들도 내 것이다. 그런데 왜 네가 나에게 겁을 주려고 하는가?'"

그러므로 두 시대 사이를 살아가는 우리의 소망은 우리 자신이 아니라 예수 그리스도 안에 있으며, 또한 우리가 그의 안에서 얻는 죄 사함과 새 생명에 있다. 우리는 하나님의 약속을 바라보며, 성령으로 말미암아 그리스도 안에서 주어지는 새 정체성에 맞는 삶을 살도록 힘쓴다. 우리는 죄인이다. 그러나 성령으로 말미암아 그리스도께 연합했기에, 우리는 "지극히 충만한 생명과 의와 은혜와 구원을 그리스도 안에서 소유한"[11] 그리스도의 신부요, 또한 그의 신부가 될 것이다.

이식 수술에서의 접붙임, 그리고 그리스도께로 접붙임

'두 시대 사이'에서 우리가 지닌 소망은 그저 옛날 책이나 혹은 오래전에 죽은 한 사람에 관한 이야기에서 얻어 낸 아이디어가 아니다. 이 소망은 현재의 실체다. 왜냐하면 성령으로 말미암아 살아 계신 그리스도와 실제로 연합하고 또한 그에게 접붙여지기 때문이다. 고강도의 항암 치료가 가진 부작용과 몇 주 동안 씨름한 후, 나는 병원에서 퇴원하여 무균 처리된 암 병동에서 한 주간을 보냈다. 이 병동은 24시간 간호를 받아야 할 필요는 없지만 여전히 면역력이 약화된 내게 머물 곳을 제공해 주었다. 이 병동에서 나는 마스크를 쓰고 날마다 후속 처치를 위해 병원으로 걸어갈 수 있었다. 몇 가지 검사 후에 담당 의사들은 내 뼈에

'접붙임'이 일어났다며 기뻐했다. 나는 하나님께 감사했고, CarePages의 기도 동반자들에게 접붙임에 대한 좋은 소식을 나누었다.

⋮

이식 수술을 받기 전 웨스턴 신학대학원에서 있었던 예배 시간에 나는 시편 102:2-3을 본문으로 불평과 탄원에 관한 말씀을 전했다.

나의 괴로운 날에
주의 얼굴을 내게서 숨기지 마소서.
주의 귀를 내게 기울이사
내가 부르짖는 날에 속히 내게 응답하소서.
내 날이 연기같이 소멸하며
내 뼈가 숯같이 탔음이니이다.

암 투병의 여정 중 이 부분에서 주님이 불평과 탄원의 외침을 들어주셨다고 말하는 것이 합당하다고 생각한다. 2주 전만 해도 고강도의 항암 요법으로 나의 뼈들이 '그을렸지만', 이제는 놀라울 만큼 강력한 회복세를 보이고 있으니 말이다. 나의 골수가 왕성하게 백혈구를 생산하기 시작한 것이다.

⋮

나는 암 병동에서 글을 올리면서, 내가 받은, 생명을 주는 두 가지 다른 접붙임에 대해 계속 이야기했다.

⋮

접붙임이란 무엇인가? 그 용어 자체는 원예 농업의 세계에서 유래했는데, 가지를 다른 식물에 붙여서 그 식물의 일부가 되도록 하는 것이다. 은유적인 표현으로서 접붙임은 놀라운 편입과 연합을 나타낸다. 곧 분리된 것이 하나가 되고, 연합된 것 속으로 영구히 편입되는 일을 뜻한다.

줄기세포 이식 수술 전에 나는 이식 수술에서 발생할 수 있는 위험 요소 전반에 대해 동의하는 양식에 서명해야 했다. 그 양식에는 만일 '접붙임'이 발생하지 않으면 치명적이 될 수 있다는 문구도 있었다. 그런 경우가 어떻게 생기는가? 이식 과정에서 건강한 세포들이 피 속에 주입되지만, 처음에는 그것들이 그냥 피 속에 떠다니기만 한다. 그런데 그 세포들이 골수 속으로 접붙여지지 않으면(곧, 연합되어 하나로 묶이지 않으면) 고강도의 항암 치료에 의존하는 '구조 계획'이 수포로 돌아가고 만다. 그렇게 되면 나는 아무런 해독제도 없이 겨자 가스에서 추출한 항암 치료제를 투여한 것이 되었을 것이다. 접붙임이 실패하게 되면 아마도 죽음에 이르게 되리라는 사실은 놀랍지 않다. 항암 치료제가 죽음을 다루는 힘 때문에, 아마도 동의서 양식이 접붙임이 없으면 생명도 없다는 간단한 문구를 사용할 수 있었을 것이다.

의료팀은 접붙임의 효과가 내게 그렇게 속히, 또한 왕성하게 나타났다는 사실에 기뻐했다. 그들은 접붙이는 시술이 불과 며칠 전에 행해졌는데 일이 그렇게 잘 진행되고 있다는 점에 대해 거듭 나를 축하해 주었다. 그러나 그들의 기쁨을 함께 나누지만, 나는 이 일에 대해 아무것도 기여한 바가 없다. 접붙임은 그저 내게 일어난 일일 뿐이다. 나 자신이 예견한 것도, 힘들게 수고한 일도 아니었다.

하버드에서 졸업 논문을 쓰고 있을 때 "접붙임"이라는 단어와 그 개념을 좋아하게 되었다. 왜 그런가? 나는 그리스도와의 연합에 대한 성경의 가르침과 존 칼빈이 그 가르침을 어떻게 받아들였고 또 어떻게 전개했는지에 대해 논문을 쓰고 있었다. 그 개념부터가 매우 풍성하다. 로마서 11:13-24에서 바울은 구약에 근거해 원예 농업의 용어를 사용하는데, 이방인 신자들이 어떻게 해서 하나님의 백성으로 은혜로이 접붙임을 받았는지 설명한다. 요한복음에서는 그리스도께서 친히 자신이 포도나무요 그의 제자들은 그에게 붙어 있는 가지들이며, 따라서 오직 그의 안에 거해야만 열매를 맺을 수 있다는 사실에 대해 말씀한다(요 15:1-8). "나를 떠나서는 너희가 아무것도 할 수 없음이라"(5절). 접붙임이 없으면 생명도 없다.

존 칼빈도 우리가 어떻게 그리스도와 연합하는지를 말하는 중에 이 표현을 즐겨 사용했다. 칼빈은 요한복음 15장 본문에 덧붙여서, 로마서 6:5에 대한 자신의 번역과 주석에서 접붙임의 표상을 사용했다. NIV 성경은 이 로마서 구절을 "연합한"(united)으로 번역하지만, 칼빈은 이를 "접붙임을 받은"으로 번역한다. "만일 우리가 그의 죽으심과 같은 모양으로 연합한 자가 되었으면 또한 그의 부활과 같은 모양으로 연합한 자도 되리라." 그리스도께 "연합한" 혹은 "접붙임을 받은" 일에 대해 칼빈은 다음과 같이 쓴다. "접붙임은 그저 모범을 따르는 것만이 아니고, 우리가 그분과 하나가 되는 은밀한 연합을 지칭한다. 그러므로 그는 그의 영으로 말미암아 우리를 살리시고, 그 자신의 덕[즉, 능력]을 우리에게 전수해 주신다. 그러므로 접붙인 가지가 그 접붙여진 나무와 동일한 생명이나 죽음을 지니므로, 우리가 그리스도의 죽으심 못지않게 그의 생명에도 동참하는 일은 합당하다. 우리가 그리스도의 죽으심—그

뒤에는 부활이 있다—의 모양을 따라 접붙임을 받는다면, 우리의 죽음에도 부활이 있게 될 것이다."[12] 다시 말하면, 우리는 그저 제자들로서 멀리서 예수님의 모범을 따라가기만 하는 것은 아니다. 우리는 그와 연합해 하나가 되었고 그리스도께 접붙임을 받았으므로, 우리의 생명이 그리스도에게서 오며 그것을 성령으로 말미암아 받는다. 그러므로 우리는 그리스도의 죽으심뿐만 아니라—그리하여 우리는 우리의 "옛 사람"에 대해 죽는다(롬 6:8-11)—그의 부활에서도 그와 연합한다. 이는 성령으로 말미암아 우리가 새 생명을 얻음으로써 예견된다.

그리스도인으로서 우리는 그리스도인의 삶이 우리 스스로 그의 모범을 좇아가기 위해 '열심히 애쓰는' 여부에 달려 있다는 식으로 생각하는 함정에 빠지는 경우가 많다. 그러나 그러한 시각은 그리스도께 접붙임을 받은 사실이 지닌 엄청난 선물을 무시하는 것이다. 칼빈은 이 선물에 대해 다음과 같이 말했다. "그리스도께서는 친히 우리의 소유가 되신 다음, 우리를 그가 부여받으신 선물들을 그와 함께 나누어 받는 자들로 만들어 주신다. 그러므로 우리는 마치 그가 우리 바깥의 먼발치에서 그의 의를 우리에게 전가하시기 위해 서 계시는 것처럼 생각하지 않는다. 왜냐하면 우리가 그리스도로 옷 입고 있으며, 또한 그의 몸속으로 접붙임을 받았기 때문이다. 요컨대 황송하게도 그가 우리를 그와 하나로 만드시기 때문이다."[13]

우리는 그리스도께 접붙여진 동시에 그의 몸인 교회에 접붙여진다. 그리스도 안에서 우리는 우리의 유일한 소망과 위로를 찾으며, 또한 그 안에서 죄 사함과 새 생명을 받는다. 그리고 이것은 우리가 정말 열심히 애써서 접붙임을 성사시켰기 때문이 아니다. 오히려 성령으로 말미암아 믿음으로 그리스도께 연합했기 때문이다. 우리는 멀리서 그리스도를 따라가기보다는 그분께 실제로 접붙여진 자로서 삶 속에서 성령의 열매를 맺을 수 있다. 접붙임이 없이는 생명도 없지만, 그리스도께 접붙임을 받았으니 풍성한 생명이 있다.

오늘 나는 이 두 가지 접붙임에 대해 감사한다(하나는 며칠 전에 시작되었고, 다른 하나는 그리스도와 그의 몸에 접붙임을 받은 것이다). 이는 과연 크나큰 선물이었고 계속해서 그럴 것이다. 이 두 가지 접붙임에 대해 나는 아무것도 한 일이 없다. 그저 감사를 드릴 뿐이다.

⋮

우리 모두에게는 강력한 약이 필요하다. 그저 비타민이 필요한 것도, 피부에 난 상처를 싸매 줄 붕대가 필요한 것도 아니다. 우리에게는 강한 약이 필요하다. 치료받고, 하나님이 창조하신 선한 상태가 회복되며, 하나님과 또한 이웃과의 사랑의 교제 속에서 화목을 찾기 위해서는 죽음과 새 생명이 필요하다. 우리는 연합에서 그 약을 찾는다. 그 연합은 성육신하신 하나님이시며 (죽으심과 부활의 생명으로 이어지는) 겸손한 순종의 참된 인간의 삶을 사신 예수 그리스도와의 연합이다. 고난과 하나님을 향한 애통―심지어 하나님을 탓하고 비난하기까지 하는―을 통해서 오직 그분만이 주실 수 있는 구원을 구하면서, 우리는 우리에게 필요한 그 강한 약을 위해 위대한 의사이신 그리스도를 바라보기 시작한다. 그리하여 "영적 시련과 슬픔, 비통함, 마음의 고뇌" 속에 버려진 느낌이 들 때도, 하나님은 이런 것들을 "죄를 씻어 내는 약"으로 사용하실 수 있다(루터).[14] 이렇게 씻어 내는 것이 실제로 참된 인간적인 건강을 회복시키며, 이는 곧 죄 사함과 새 생명이라는 "약"을 통해서 그리스도 안에 있는 생명으로 나아오는 것이다(칼빈).[15] 우리 자신 속에 머물면 질병 속에 머물 수밖에 없다. 접붙임이 없이는 생명도 없는 것이다. 그러나 "우리 생명이신"(골 3:4) 그리스도를 바라보면 건강을 찾게 된다. 그리스도 안에 거하며 그분을 섭취하는 일이야말로, 절대로 다시 질병에 빠지지 않을 만큼 깊고도 강력한 약을 복용하는 것이다. 위대한 의사이시며 친히 강력한 약이신 그리스도께 연합한 자들로서 우리는 "산 소망"에로 "거듭"남을 얻었다. 이것이야말로 하나님의 입양된 자녀로서 우리에게 주어지는 "썩지 않고 더럽지 않고 쇠하지 아니하는 유업"이다(벧전 1:3-4).

9
⋮

어둠 속을 비추는 완전한 사랑의 빛

그리스도 안에서 나타나는, 고통을 모르는 하나님의 사랑

때로는 고통이, 나를 다시 안전하게 데려다줄 밧줄에 매여 골짜기 아래로 움직이는 것이 아닌 맨몸으로 떨어지는 것같이 느껴지기도 한다. 의사들은 나의 몸이 줄기세포 이식에 반응하는 것을 기뻐했고, 나는 하나님께 감사를 드렸다. 살아 있다는 사실이 감사했다. 암이나 여러 다른 시련을 겪는 많은 이들이 나보다 훨씬 더 험한 길을 걸어왔다는 것을 안다. 나는 이제 몇 개월만 지나면 다시 "산 자의 땅"(사 38:11)으로 돌아갈 예정이었다. 그러나 나 자신도 놀란 일이지만, 이 희소식을 접한 후에 깊고 깊은 탄식이 내게 일어났다. 암 병동에 있던 나의 침상에 누워서 크게 울고 있을 때, 나의 삶이 절대로 예전 같지 않을 거라고 생각했던 기억이 난다. 암 증상이 완화되는 동안에는 저강도의 항암제를 계속 투여받을 것이고, 암이 다시 돌아오기까지 잦은 검사를 받을 것이다. 암이 다시 돌아오면 더 강력한 치료가 필요할 것이다. 어쩌면 암과 싸우

기 위해 고강도의 항암제와 줄기세포 이식, 기증자 이식 혹은 기타 공격적인 치료를 더 많이 받을지도 모른다. '정상 생활'로 돌아가는 것에 대해 생각하면서 전보다 더 소외된 느낌이 들었다. "어떠세요?"나 "어떻게 지내셨어요?" 등의 일상적인 질문에 어떻게 대답하면 좋을까? 미래에 대해, 내 가족과 내 일에 대해 어떻게 기대해야 할까? "곤란으로 말미암아 내 눈이 쇠했나이다. 여호와여, 내가 매일 주를 부르며 주를 향하여 나의 두 손을 들었나이다"(시 88:9). 내 자녀들이 어린 시절이 끝나기도 전에 아버지를 잃게 될까 봐 두려웠다. 이식 수술이 성공했다는 좋은 소식을 접하고도 이런 두려움이 사라지지 않았던 것이다.

　이런 경험을 하던 중에 세 가지 다른 요인들이 찾아왔다. 깊고 무거운 피로와 격리 상태 그리고 두 친구가 암으로 사망한 일이 그것이다. 이식 수술을 받은 후 몇 개월 동안, 나는 피로감이 너무도 강력해서 거의 하루 종일 몸이 극심하게 기진맥진했다. 매일의 과제들―특히 사람들을 대하는 일―이 무척이나 고통스러웠다. 내게 없는 에너지가 필요한 일인 듯했고, 콕콕 찌르는 예리한 두통을 남기기 일쑤였다. 두 번째 요인은 격리 상태였다. 처음 두 달 동안 나는 면역 체계가 비정상적이었기 때문에 공공장소에서 격리되어 있었다. 가족과 이따금 찾아오는 방문객도 병 증상이 전혀 없다는 점을 보증하고, 손을 씻어 소독하는 절차를 거친 후에야 나를 만날 수 있었다. 방문객이 찾아온 지 20분만 지나도 나는 기진맥진해서 생각도 말도 제대로 할 수 없었다. 그럴 때는 물론 '나의 근황'에 대해 그저 표면적으로 말해 주는 것조차도 할 수 없었다. 가족이 함께해 주는 것에 깊이 감사했지만 여전히 소외감을 느꼈다. 셋째로, 이 회복기 동안에 암에 걸린 두 친구가 치료의 마지막 단계에 접어들었다. 실험적인 항암 치료에서 완화 보호로 옮겨져 죽음을 눈앞에 두고 있었다. 이 모든 일이 정말 속히 일어났다. 나는 증세가 호전되었지만 이게 무슨 소용이 있는가? 내 친구들이 당한 그런 일이 내게도 일어나기를 그냥 기다리는 것이 아닌가? 어떤 때는 다른 사람들의 삶이 최고 속도로 앞을 향해 달려가는데, 나의 삶은 죽어 가고 있는 친구와 죽은 친구 주변을 맴도는 듯했다. 예전의 그 의미 깊었던 삶으로 되돌아가기보다는 시편 기자와 함께 그저 애통할 뿐이었다. "나는……죽은 자중에 던져진 바 되었으며 죽임을 당하여 무덤에 누운 자 같으니이다"(시 88:4-5).

설상가상으로 위로 편지나 전화를 받으면, 사람들은 천편일률적으로 나의 병세가 호전되었다는 소식에 기뻐했다. 나 역시 진정으로 그들과 함께 기뻐했다. 그러나 동시에 깊은 탄식이 내게 있었다. 좋은 소식인데 왜 탄식하고 있었을까? 이제 죽음의 골짜기를 통과해서 '일상적인' 생활로 돌아갈 가능성이 높아 보이는데, 이런 시점에서 탄식하는 것은 어울리지 않아 보였다. 의사들이 말하는 대로 '새로운 정상 생활'이 될 텐데 말이다. 그러나 아무것도 정상인 것은 없었다. 마치 다시 격리되는 장소요, 다시 오해받는 장소요, 다시 두려움 속에 사는 장소처럼 느껴졌다.

나는 검역 기간 동안 기도 동반자들에게, 일부 증상 때문에 응급실에 가 있는 상황을 업데이트한 후에 CarePages에 다음 글을 올렸다.

⋮

하나님 앞에서 유한한 피조물로 살아간다는 것

우리는 언제 죽을지 모른다. 우리에게는 죽음을 이길 힘이 없다. 전도서 기자의 말처럼 "바람을 주장하여 바람을 움직이게 할 사람도 없고 죽는 날을 주장할 사람도……없"다(전 8:8).

불치의 암을 지니고 있는 나 같은 환자에게는 이런 현실이 피부로 다가온다. 예기치 않게 병세가 호전될 것이라는 상황은 기쁘지만, 병세가 호전된다 해도 암이 재발할 것이라는 더 큰 현실은 전혀 해결되지 않는다. 우리는 이런 호전 상태가 오래 지속되기를 바라고 또한 그렇게 기도한다. 그러나 그동안에는 암이 재발했는지를 점검하기 위해 빈번하게 각종 검사를 받을 것이다. 그리고 일단 암이 재발하면 치료는 더욱 어려워진다. 우리는 모두 죽게 될 것이다. 그리고 "아무도 죽는 시기를 지배할 힘이 없다." 그러나 3개월 내지 6개월마다 암의 재발 여부를 확인하는 검사를 받는 일이 나의 생활을 바꾸어 놓을 것은 분명하다.

지난 금요일에 나는 응급실에서 동료인 캐롤 벡텔이 추천해 준 훌륭한 책 속에 흠뻑 빠져 있었다. 바로 엘런 데이비스(Ellen Davis)가 쓴 『하나님의 진심』(Getting Involved with God: Rediscovering the Old Testament)이었다. 특히 전도서와 욥기에 대한 내용이 도움이 되었고 훌륭했다.

전도서에 관한 장에서 데이비스가 지적하듯이 "죽음의 현실은 삶의 매 순간을 좌우한다."[1] 전도서는 거듭 그 주제로 돌아간다. "다 흙으로 말미암았으므로 다 흙으로 돌아가나니 다 한 곳으로 가거니와"(전 3:20). 전도서에는 심오한 현실감과 비관적인 자세가 있다. 그러나 이와 함께 다음의 주제가 다루어진다. 곧, 우리가 보잘것없는 유한한 피조물이기 때문에 우리는 명예와 재물에 대한 우리의 열망을 "헛되다"고 규정할 필요가 있으며(1:8-11), 또한 일상적인 피조물로서의 활동을 생명을 주신 하나님의 고유한 선물로 인식하고서 행할 필요가 있다. "사람이 먹고 마시며 수고하는 것보다 그의 마음을 더 기쁘게 하는 것은 없나니 내가 이것도 본즉 하나님의 손에서 나오는 것이로다. 아, 먹고 즐기는 일을 누가 나보다 더 해보았으랴"(2:24-25).

데이비스가 지적하듯이, 욥기는 죽음과 고난의 현실을 대면한 후에 다시 삶의 일상적인 활동에 들어갈 수 있는 길을 보여준다. 그 책의 서두에서 욥은 자녀를 죽음으로 잃은 후, 더 많은 자녀를 기르는 임무를 취한다. 이 사녀들은 전에 잃은 자녀들을 대신하는 것이 아니다. 오히려 데이비스에 의하면, "욥의 생각이 새로워졌음을 보여주는 가장 분명한 표현"은 "자녀를 더 낳으려는 그의 의지"다. "욥이 고난과 예기치 않은 죽음에서 자녀들을 보호할 수 없으면서도, 어떻게 그들을 낳고 사랑하는 그 끔찍스럽게 취약한 일을 다시 행하기로 마음먹을 수 있겠는가?"[2] 욥은 상실과 고난과 죽을 처지의 현실을 잘 알고 있다. 그런데도 그는 유약하며 유한한 자녀들의 삶 속으로 자신을 쏟아붓는다.

여러 가지 면에서 나의 사정은 욥의 이야기와 같지 않다. 욥은 병에 걸렸고, 아들과 딸과 생계까지 다 잃어버렸다. 나는 사랑스러운 가족과 내가 사랑하는 신학교라는 직장과 온갖 후원 등 엄청난 복을 누리고 있다. 그러나 자신이 죽을 처지를 대면하게 되면, 그리고 장차 그런 처지를 빈번하게 대면하리라는 사실을 알게 되면 생활 양상이 뒤바뀐다. 다른 유한한 생명에 자신을 투자하는 것은 엄청나게 기쁜 일이요, 동시에 엄청난 위험 부담이 있는 일이다. 네티에게 동화를 읽어 주거나 혹은 너 대니얼과 공 던지기 놀이를 할 때, 때때로 다음과 같은 생각이 들기도 한다. '미래는 어떻게 될까? 이 아이들이 중학생 혹은 고등학생일 때도 내가 곁에 있을까?' 심지어 검역 과정을 마친 후 "산 자의 땅"에 다시 돌아오면서도, 나 자신이 죽을 처지와 또한 내가 섬기는 사람들이 죽을 처지에 대한 생각이 마음 한편에 있었다. 나 자신이 죽을 수밖에 없는 존

어둠 속을 비추는 완전한 사랑의 빛

재인데, 과연 다른 죽을 이들을 위해 에너지를 쏟는 일이 가치 있을까? 우리 모두는 결국 죽게 될 것이다. 그러니 죽을 처지인 나는 누구의 구주도 될 수 없다. 어쨌든 나는 우주의 중심이 아니다. 하나님이 중심이시다.

그러나 나는 욥이 회복 단계에서 그랬던 것처럼, 내 자녀들과 주위에 있는 다른 죽을 인생들을 사랑하는 일에 전심을 기울이기를 기도한다. 그리고 물론 욥은 그리스도 자신과 비교하면 하나의 그림자에 불과하다. 그리스도의 희생적인 삶과 죽으심은 우리의 죽을 처지를 살핀 후에 계속 '전진'해야 함을 보여줄 뿐만 아니라 사랑 그 자체가 무엇인지를 보여준다. "그가 우리를 위하여 목숨을 버리셨으니 우리가 이로써 사랑을 알고 우리도 형제들을 위하여 목숨을 버리는 것이 마땅하니라"(요일 3:16). 죽을 인생으로 살아간다는 것은 미래가 우리의 통제 아래 있지 않으며, 하루하루가—그날의 인간관계 및 할 일들과 함께—우리에게 선물임을 깨닫는 것을 의미한다. 또한 죽게 될 피조물로서 살아가는 것을 의미한다. 그러나 그리스도께 속한 자들로서, 죽을 피조물로 살아가면서도 죽음에 대한 공포로 마비될 필요가 없음을 확신할 수 있다. 오히려 생명으로 나아가는 길을 보여주시는 그리스도께서 사랑으로 자신의 목숨을 내어놓으셨고, 그래서 사랑이 무엇인지를 우리에게 보여주시는 것이다. 우리는 우리 자신이 아니라 그리스도의 소유다. 그러니 확신을 가지고 사랑 안에서 우리 목숨을 내려놓도록 하자.

⋮

이 시기 동안, 때로는 슬픔이 심했지만 나의 애통은 완전한 절망이 아니라 여전히 소망의 기도였음을 깨닫게 되었다. 전도서를 읽으면서 심지어 자유를 얻고 새로움을 얻는 느낌이 들기도 했다. 이 세상 삶의 많은 부분이 "헛되다"는 것을 인식하면서, 나는 맨몸으로 떨어지는 것이 아니라 창조주의 손에 있음을 깨달았다. 시편 기자와 더불어 기도하면서 내가 어둠 속으로 돌진해 가는 창시자가 아니었음을 알았다. 때로는 그 엄청난 손실을 어떠한 방법으로도 해결할 수 없을 것 같기도 했지만 말이다. "내 하나님이여, 내 하나님이여, 어찌 나를 버리셨나이까. 어찌 나를 멀리하여 돕지 아니하시오며 내 신음 소리를 듣지 아니하시나이까"(시 22:1). 시편 기자가 비록 버림받았다고 느꼈지만 하나님께 애통한 사실을 보면, 그 시인이 하나님께 속해 있음을 알 수 있다. 그렇지 않다면 불평의 외침이 전혀 없었을 것이다.[3] 그 외침은 궁극적으로 어둠 속에서 하나님의 약속에 의지하여 발하는 소망의 외침이다. 이상하게 들리겠지만, 나는 다음과 같은 존 칼빈의 주장이 옳다고 본다. 그는 심지어 시편에 나타나는 지극히 통렬한 애가들조차도, 사실상 "바울이 로마서 8:26에서 언급하는 그 말할 수 없는 탄식에" 속해 있다고 주장한다. "오직 성령이 말할 수 없는 탄식으로 우리를 위하여 친히 간구하시느니라."

우리는 어둠 속으로 돌진하는 창시자가 아니다

고통과 소외의 어둠 속에서조차, 언약의 하나님은 그의 백성들을 참으로 아시며 또한 그들을 그의 손으로 붙드신다. "여호와여, 내 혀의 말을 알지 못하시는 것이 하나도 없으시니이다. 주께서 나의 앞뒤를 둘러싸시고 내게 안수하셨나이다"(시 139:4-5). 우리는 허공 속에서 수직으로 낙하하는 처지가 아니고, 어둠 속에 처음 몸을 던지는 창시자도 아니다. 시편의 하나님은 멀리 계신 하나님이 아니시다. 마찬가지로, 이 동

어둠 속을 비추는 완전한 사랑의 빛

일한 하나님은 그리스도 안에서 제사장적인 중보를 베푸시는데, 그분은 우리가 아무리 캄캄한 순간을 맞고 있다 할지라도 우리에게서 멀리 계시지 않는다. "우리에게 있는 대제사장은 우리의 연약함을 동정하지 못하실 이가 아니요 모든 일에 우리와 똑같이 시험을 받으신 이로되 죄는 없으시니라"(히 4:15). 왜냐하면 "그는 육체에 계실 때에 자기를 죽음에서 능히 구원하실 이에게 심한 통곡과 눈물로 간구와 소원을 올렸고 그의 경건하심으로 말미암아 들으심을 얻"으셨기 때문이다(히 5:7). 우리 자신의 "심한 통곡과 눈물"은 불같은 탄식을 마구 쏟아내는 자들과는 달리 우리보다 어둠 속으로 더 깊이 자신을 내던지신, 그러면서도 소망을 가지신 그분의 고난에 참여하는 것이다.

그러므로 예수께서 십자가 위에서 시편 기자와 더불어 "내 하나님이여, 내 하나님이여, 어찌 나를 버리셨나이까"라고 외치신 것은 버려짐에 대한 부르짖음이요, 우리 스스로 이 기도를 드릴 때 우리가 창시자도 아니고 수직으로 낙하하는 처지에 있지도 않다는 사실을 보여준다. 이것은 말할 수 없는 고뇌의 부르짖음이면서도 깊은 소망의 부르짖음이기도 하다. 왜냐하면 그리스도 안에서 언약의 하나님 자신이 우리 인간의 고난을 취하셨고, 우리가 당하는 소외와 두려움의 고난을 당하셨기 때문이다. 십자가에 달리신 순간에 예수 그리스도는 참 이스라엘과 새 아담의 화신으로서 인류의 유배된 상태와 버림받은 처지를 취하셔서 그것을 다 고갈시키고자 하신다.[5] 곧, 아들이 신실하고도 언약에 근거한 애통 속에서 인간의 비참함을 취하심으로써, 버려짐 그 자체의 최종적인 상태가 비워지게 하신다.[6] 하이델베르크 요리문답은 사도신경에 언급되는 그리스도의 '지옥 강하'를 그리스도의 깊은 애통을 통해 성취된 구속의 행위로 해석한다.

문: 사도신경에 "음부에 내려가셨으며"라는 말을 덧붙인 이유는 무엇입니까?

답: 내가 깊은 두려움과 유혹에 빠질 때, 주 예수 그리스도께서 이 땅에 계시는 동안, 특별히 십자가 위에서 말할 수 없는 번민과 고통과 영혼의 두려움을 당하심으로, 지옥의 번민과 고통에서 나를 구원하셨음을 확신하게 하려는 것입니다.[7]

우리는 '깊고 깊은 고뇌'로 인해 전에 걸어 보지 않았던 길을 걷게 될까 봐 두려워할 필요가 없다. 슬픔의 사람이요 하나님의 어린양이시며, 우리의 고통을 친히 당하셔서 그것을 치료하시는 큰 대제사장이신 그리스도께서 이미 걸어가셨다. 4세기의 교부 암브로시우스(Ambrosius)의 표현을 빌면, "그가 죽으심으로 죽음이 종식되었고 그가 채찍에 맞으심으로 우리의 상처가 치유받은 것처럼, 그의 슬픔으로 우리의 슬픔이 사라졌다." 성육신하신 하나님이신 예수 그리스도께서 시편 22편에 나타나는, 버림받음을 탄식하는 기도로 부르짖으시며, "우리는 위험에 처할 때 하나님께 버림을 받았다고 생각하므로, 그는 친히 나의 두려움을 짊어지시고 부르짖으신다."[8] 예수 그리스도는 시편 기자들이 거듭 증언하듯이 하나님의 불굴의 헤세드의 사랑과 신실함의 궁극적인 성취를 보여주신다. "여호와께 감사하라. 그는 선하시며 그 인자하심이 영원함이로다"(시 136:1). 하나님의 끈질긴 사랑의 완전한 표현으로서, 예수 그리스도께서 죽으셨고 다시 사셨으며 또한 "우리를 위해 간구하시"므로, "사망이나 생명이나 천사들이나 권세자들이나 현재 일이나 장래 일이나 능력이나 높음이나 깊음이나 다른 어떤 피조물이라도 우리를 우리 주 그리스도 예수 안에 있는 하나님의 사랑에서 끊을 수

어둠 속을 비추는 완전한 사랑의 빛

없"다(롬 8:34, 38-39). 가득한 신비로 인해 그 밝은 광채가 오히려 감추어지는 지극히 역설적인 방식으로, 하나님이요 사람이신 예수 그리스도께서 우리의 인간적인 고통과 두려움을 친히 취하심으로써 성부, 성자, 성령 하나님의 사랑을 드러내 보이신다. 하나님이요 사람이신 그리스도께서 인간의 고난의 길을 몸소 취하셨기에, 우리는 어둠 속에 몸을 던지는 창시자가 아니며 따라서 맨몸으로 떨어지지도 않는다. 오히려, 우리의 고통이 무자비한 것처럼 보이고 우리가 맨몸으로 추락하고 있다고 느낄 때조차도, 그리스도를 바라봄으로써 여전히 우리가 항상 신실하고 사랑스러운 하나님의 손안에 있음을 보고 듣고 맛볼 수 있다.

이제 다음에서 보겠지만, 어떤 의미에서 나는 여러 세기를 통틀어 가르쳐진 일반적인 기독교 교리를 표현하고 있다. 그러나 학문적인 신학자와 또한 대중적인 기독교 경건의 일면들 가운데 흔히 전혀 다른 메시지가 있다. 십자가 위의 울부짖음에서 성자는 성부에게 버림받으셨으며, 그리스도는 신뢰로 뒷받침되고 우리의 '깊고 깊은 고뇌'를 치유하는 것으로 끝나는 애통을 내어놓으신 것은 아니라는 말이다. 어떤 이들은 하나님이 우리의 재난들에 대해 속수무책이시므로, 그도 역시 우리처럼 상처를 받으신다고 말하기도 한다. 그러니 우리가 어둠 속에 처음 몸을 던지는 창시자가 아니라는 확신이 사라져 버린다. 어떤 이들은 하나님의 사랑은 '고난당하는 것'이 영원한 신적 속성이라는 점을 함축한다고 말한다. 하나님이 사랑하셔서 우리의 타락과 비참함에 대해 그리스도 안에서 우리 인간의 고난을 취하시고 우리를 그 부패한 결과로부터 구하시기보다는, 하나님 자신이 수직으로 낙하하는 처지에 있으신 것처럼 말한다. 또 어떤 이들은, 하나님은 우리를 구속하시고 구원하시기 위해 우리 고난의 처지 속으로 자유로이 들어오시는 것이 아니요, 그의 신적인 위신을 세우기 위해 고난당하는 세계를 필요로 하신다고 주장한다. 이 모든 신학적인 이슈가 그리스도께서 십자가 위에서 외치신 부르짖음(이는 모든 성경적인 애가들의 절정이다)에 초점을 맞추어 제기된다. 그러므로 이 모든 것이 고통당하는 자들에게 깊고도 구체적이며 체험적인 결과를 낳게 한다.

십자가 위에서의 애통이 지닌 의의를 분별함에 있어서 신적인 불감성(不感性)이라고 불리는 교리를 살펴봐야 할 필요가 있다. 이 교리는 그 근거를 그리스도의 애통의 외침이 지닌 더 넓은 성경적·언약적 문맥을 진지하게 취하는 성경적이고 신학적인 추론에서 찾는다. 그러므로 이를 올바로 정리하면, 이 교리는 내가 다시 산 자의 땅에 들어가려고 애쓰는 동안에 느꼈듯이 수직 낙하하는 것처럼 느끼는 자들에게 깊은 위로와 격려를 제공해 준다. 개인적으로 나는 하나님을 안쓰럽게 여긴다든지 성경이 제시하는 구원의 하나님보다 못한 하나님을 위해 논지를 제시하는 따위의 사치는 없다. 하나님은 그리스도 안에서 우리의 인간적인 고통과 슬픔과 버려짐을 취하셨고, 창시자로서 그것을 통해 길을 가셨으며, 그 궁극적인 괴로움을 극복하셨다. 그리고 이 모든 것이 성부, 성자, 성령 하나님의 자의적인 불굴의 언약적인 사랑에서 흘러나온다. 이것이 십자가에서의 그리스도의 부르짖음을 그의 생애와 죽으심과 부활이 지닌 구원 사역의 일면으로서 바라보는 하나의 성경적인—그러면서도 역설적인—관점을 갖도록 맥락을 제공한다.

하나님의 불감성: 하나님의 인격적인 불굴의 사랑

하나님의 사랑이 우리에게 미칠 수 없는 새로운 공포의 길을 만들고 있다고 느끼는 것에 대해 어떻게 대응하면 좋을까? 불감성의 교리는

어둠 속을 비추는 완전한 사랑의 빛

우리의 인간적인 두려움을 취하시고 그리스도 안에서 그것을 이기시는 하나님의 끈질긴 사랑의 골격을 지적한다. 그런데 어떻게 해서 그런지를 알기 위해서는 몇 가지 정의를 따져 볼 필요가 있다. 신적 불감성이란 과연 무엇인가?

신적 불감성의 교리는 하나님께 '감성'(passion), 곧 사랑하시는 그의 존재와 행위를 들쭉날쭉하게 만들 수 있는 무질서한 감정(affection)이 없다고 믿는 것이다. 하나님의 감정과 행동은 언약의 주로서의 그의 정체성과 완전히 일치하며, 따라서 피조물과의 언약적인 관계 속에 자유로이 들어가시는 주님은 피조물에 의해서 눈이 감겨지거나 오도되는 법이 절대로 없으시다. 오히려 하나님은 창조 세계를 완전히 사랑하시며 또한 그들에 대해 적절한 관계와 애정으로 대응하신다. 곧, 창조 세계의 선함과 순종을 기뻐하시고, 고난당하는 자들을 동정하시고 그들의 부르짖음을 들으시며, 창조 세계 자체를 파괴하는 죄에 대해 탄식하시고, 악과 불의와 사악함에 대해 진노로 대응하신다. 이렇게 해서 불감성의 교리는 두 가지 진리를 하나로 묶는다. 곧, 하나님이 사랑하시고 기뻐하시며 근심하시고 질투하신다는 것이 참이고 옳지만, 하나님의 감정과 우리 피조물의 감정 사이에는 근본적인 차이와 구별이 있다는 것이다.[9] 하나님은 "그의 감정에서 완전하게 왕성하시다." 우리 자신의 감정적인 생활과는 전혀 달리, 하나님의 감정은 죄악 되고 무질서한 격정으로 인해 절대 왜곡되지 않는다.[10]

그러므로 하나님이 세상과 관계하시는 방식을 묘사하는 (하나님이 주신) 방법들을 높이 기리고 활용하는 일은 합당하지만, 사랑이나 탄식, 분노 혹은 질투 등이 우리에 대해 사용될 때와 정확히 동일한 의미로 하나님께 대해 사용된다는 생각은—신학자들은 이것을 '동일 의미'(univocal)로 이 용어들을 다룬다고 부른다—피해야 한다.[11] 우리가 다른 사람에게서 보고 경험하는 사랑과 탄식과 분노와 질투와는 전혀 다르게, 하나님의 감정은 완전하며 그의 신실한 언약적 사랑에서 스스로 이끌어 내시는 표현이다. 우리는 비극이 닥칠 때 깜짝 놀라 휘청거리기 일쑤다. "그때는 내가 나 자신이 아니었어"라고 말할 수도 있을 것이다. 그러나 이와는 대조적으로 하나님의 감정은 언제나 그의 거룩하시고 은혜로우신 성품과 일치한다. 우리의 감정적인 반응은 자주 다른 이들에 의해서 조작되거나 '우리 자신답지 못하게' 만드는 다양한 처지에 따라 가변적이지만, 하나님은 절대로 한순간이라도 참되신 언약의 주보다 못하게 처신하시는 법이 없다. 그러므로 하나님의 감정과 우리 자신의 감정 사이에는 근본적인 차이가 있다. 하나님은 하나님이시지만 우리는 아니기 때문이다. 예를 들어서, 하나님은 인간의 시기를 정죄하시지만(고전 3:3), 그의 백성들이 우상 숭배에 빠질 때 의로운 질투를 발하신다(출 20:5). 질투에 대한 이러한 두 가지 개념 사이에는 유비뿐만 아니라 구별도 있다.[12] 하나님은 성장하시거나 자기를 실현하시지 않는다. 그의 기쁨과 탄식과 분노와 시기에서 하나님은 완전무결한 사랑으로 행하신다. 하나님의 성품과 처신의 완전함으로 인해 그의 약속은 믿을 만하며, 어려움 중에서 그에게 부르짖는 자들에게 그는 피난처가 되신다. "하나님의 도는 완전하고 여호와의 말씀은 순수하니 그는 자기에게 피하는 모든 자의 방패시로다"(시 18:30).

신적 불감성에 대한 고전적인 기독교적 가르침이 하나님을 무정하고 응답이 없는 분으로 만든다고 폄하되는 경우가 많다. 그러나 올바로 정리하면 그 반대가 맞다. 토머스 맥컬(Thomas McCall)은 다음과 같이 말했다.

어둠 속을 비추는 완전한 사랑의 빛

완전한 사랑은 불감성과 양립할 수 없는 것이 아니라 오히려 불감성을 요구한다. 감성적인(passible) 사랑은 순간적인 열기에 휩싸인다. 더 강렬해지거나 덜 강렬해질 수 있다. 강해질 수도 약해질 수도 있다. 불감성이란 정확히 이런 것들이 하나도 하나님께 해당되지 않는다고 단언한다. 불감성은 하나님의 사랑이 절대적으로 불변하며 완전하다는 것을 의미한다.[13]

어떤 면에서 이 가르침은 부정적인 가르침이다. 하나님의 사랑이 기분에 따라 좌우되고, 성장하고 감소하며, 최고점과 최저점이 있는 인간의 사랑과 같지 않다는 것이다. 그러나 그 사랑은 긍정적이기도 하다. 시편 기자가 끊임없이 초점을 맞추는 주제요 그리스도 안에서 성취되는 하나님의 헤세드 사랑은 창조 세계를 향한 삼위일체 하나님의 한결같고 완전한 사랑의 표현이다. 이에 대해 가장 분명하게 정리된 진술을 보면, 그것은 헬라 철학으로부터 도매가로 수입한 하나의 교리가 아니라, 4세기와 5세기에 삼위일체와 그리스도에 관해 전교회적인 신앙고백들을 발전시키는 과정에서 행해진 성경 해석에서 발생했던 여러 논쟁의 용광로 속에서 정제되어 나온 것이다.[14] 다시 말해서 그것은 성경적이며 보편 교회적인(ecumenical) 교리다. 불감성이라는 교리는 하나님의 신실한 언약적 사랑에 대한 구약 성경의 증언을 반영하지만, 참 하나님인 동시에 참 사람이신 그리스도의 탄생과 생애와 죽으심과 부활 속에서 인성을 취하시는, 위대하시며 초월적이신 하나님의 그 깊은 역설에 대한 신약 성경의 증언에 비추어 세워진다.

신적 불감성은 감정들을 하나님의 것으로 제시함에 있어서 성경이 우리에게 참되게—비록 유비를 사용하기도 하나—말씀한다고 주장한다.

어떤 이들은 이 교리가 하나님께 사랑, 긍휼, 분노, 미움 혹은 쾌락이 없다는 사실을 암시한다고 생각하지만, 역사적으로 볼 때 이 교리는 다음의 사실을 강하게 주장한다. "[하나님은] 세상 질서와 관계하여 이 모든 것을 가지고 계신다. 신적 존재에게서 '감성'이 제외된다는 사실이 '감정'의 부재를 암시한 일은 절대로 없었다."[15] 사실, 웨스트민스터 신앙고백은 불감성을 시인한 다음에, 순종과 죄와 불의와 관계되는 하나님의 "사랑하시고 은혜로우시며 자비하시고 오래 참으시는" 행위가 시종일관 적절함을 주장한다.[16] 이것들을 어떻게 함께 연결할 수 있을까? 성경에 흔히 나타나는 대로 죄악 된 반역을 향한 하나님의 진노의 예를 생각해 보라. 이 진노가 하나님이 마구 흥분하시며 노여움을 발산하시는 것인가, 아니면 하나님의 사랑과 갈등을 일으키며 경쟁하는 신적 속성인가? 신적 불감성은 아니라고 답한다. 하나님의 진노조차도 하나님의 질서 있는 거룩한 사랑의 표현이다. 동방 정교회 신학자인 폴 가브릴루크(Paul Gavrilyuk)의 진술처럼, "회개하는 죄인들이 절망감 없이 하나님께 나아갈 수 있는 것은 정확히 하나님의 불감성, 곧 통제할 수 없는 노여움이 없다는 사실 때문이다. 신적 불감성은 신적 보살피심과 인애에 장애가 되기는커녕 오히려 그것들의 기초가 된다."[17] 로마 가톨릭 신학자인 토머스 바이넌디(Thomas Weinandy)의 말을 빌면, 불감성은 하나님의 사랑이 인간의 사랑처럼 변화에 종속된다는 것을 부인한다. 그 이유는 그의 사랑이 이미 완전하기 때문이다. 하나님의 사랑은 이미 그의 행위 속에서 완전히 구현되었다. 따라서 불감성을 지니신 하나님을 가리켜 '감성적'이라고 적절히 부를 수 있는 이유는 "그의 뜻이 사랑받는 선한 자들에게 충만히 그리고 온전하게 고정되어 있기" 때문이다. "하나님은 인간들처럼 가능성을 한층 더 현실화함으로써 더 감성적이

어둠 속을 비추는 완전한 사랑의 빛

되거나 더 사랑하실 수 없다.……하나님이 불감성을 지니시는 것은 바로 그가 최고로 감성적이시므로 더 감성적이 되실 수 없기 때문이다."[18]

"하나님이 당신과 함께 고통당하고 계신다": 이는 과연 고통당하는 사람에게 확신을 주는가?

신적 불감성이라는 주제가 놀랍게도 내가 받은 편지와 나의 질병에 대한 대화에서 아주 여러 번 제기되었다. 한 유명한 기독교 작가에게서 확신을 심어 주기 위한 글귀가 기록된 인사 카드를 받은 기억이 난다. "당신이 아픔을 당할 때 하나님은 아프실까? 물론 그렇다." 그 사람의 의도가 "하나님이 당신의 고통을 친밀하게 아시며, 고통 가운데 있는 당신을 불쌍히 여기신다"라는 사실을 말하려는 것이었음은 나도 안다. 시편 기자들과 함께 나는 마음으로 동의한다. 그러나 이 메시지와 "하나님이 당신과 함께 고통을 받으신다"라고 주장하는 다른 메시지들은 전혀 그것을 말하고 있지 않다. 그것들은 마치 일부 치료사처럼 내가 느끼는 바를 거울로 보며 그대로 따라하는 하나님을 제시하는 것에 가깝다. 그것은 마치 하나님이 내가 그랬던 것처럼 암에 깜짝 놀라고 상처로 아파하기라도 하시는 것처럼 들린다. 언뜻 보기에는, 고통받는 자들에게 필요한 것이 동질감과 연대감을 지닌 그런 하나님일 수도 있다.

그러나 심지어 하나님이 나와 함께 아파하신다는 동질감은 진정한 동질감이 아니다. 암 치료를 받는 동안 새롭게 깨달았지만, 통증과 고통은 하나의 추상적인 관념이 아니다. 그것은 육체적인 현실이다. 내가 겪은 몇 가지 고통―입이 부르트고, 기진맥진하며, 또 다른 주사를 찌르는 아픔 등―은 분명히 그렇다. 그러나 나의 감정적인 고통 역시 마찬가지다. 어린 자녀들을 생각하며 고뇌할 때 그것은 그저 내 위에서 맴도는 생각만이 아니었고, 근육의 긴장과 숨이 가빠짐, 눈에서 나는 눈물 등 나의 온몸으로 겪는 경험이었다. 엘레인 스케리(Elaine Scarry)의 주장처럼, 고통이란 구체적인 육체적 경험 자체와 분리할 수 없는 하나의 상처다. "육체적인 고통은 소리가 없다."[19] 물론 우리는 외치고, 은유와 이야기로 고통을 표현하려고 애쓴다. 그러나 스케리의 책은 그런 언어적 표현들이 언제나 모든 것을 나타내기에는 턱없이 부족함을 보여준다. 인간의 고통은 육체적인 통증과 분리되지 않으며, 육체와는 상관없이 떠돌 수 있는 어떤 관념도 아니다. 그런데 사람의 육체가 하나님의 신성의 일부인가? 아니라고 대답한다면(나를 비롯한 대다수의 그리스도인들이 그렇게 하겠지만), "하나님이 고통받으신다"라는 단도직입적인 주장은 무언가 빛을 던져 주는 신비가 아니며, 그저 추상적인 진술과 아리송한 수수께끼가 되어 버린다. 영이신 하나님이 육체가 없이 혹은 인간적이 아닌 방식으로 고통받으신다는 개념은 내게 아무런 위안이나 동지애 혹은 동질감도 주지 못한다. 나는 나의 고통 중에서 하나님이 완전하고도 사랑 어린 친밀감으로 나를 아신다고 믿는다. 그러나 "하나님이 나와 함께 고통을 받으신다"고 말하면, 이는 하나님을 고통 가운데 있는 나에게 모셔 오고 그 고통을 치유하는 방향으로 나아가기보다는, 오히려 나를 육체적인 고통 속에 고립된 상태로 내버려 둔다.

그러나 교회사의 대부분을 통틀어 대다수의 신학자들은 성육신에서 하나님이 그리스도 안에서 정확히 육체적이며 인간적인 고통을 취하신다고 주장해 왔다. 성자께서는 성육신에서 인간의 고통과 죽음을 취하셔서 고통과 죽음을 정복하시고, 궁극적으로 그것들을 완전히 제거하신다. 성경 기자들이 과연 내가 받은 인사 카드의 문구처럼 "하나님이 당신과 함께 아파하십니다"라는 식으로 확신을 준 적이 있는가?

그런 말은 우리 시대에 흔히 쓰는 어법이지, 성경 기자들이 쓰는 어법은 아니다. 하나님이 고통 중에 있는 우리를 완전한 연민으로 감싸 주시는 것은 과연 참이다. 우리는 그리스도 안에서 이사야서에서 묘사된 고난의 종이 성취되는 것을 본다. "그는……간고를 많이 겪었으며 질고를 아는 자"다(사 53:3). "우리의 연약함을 동정하"실 수 있는 대제사장이신 그리스도 안에서(히 4:15), 하나님은 인간의 슬픔과 고뇌와 고통을 공감하신다. 그러나 우리의 소망은 하나님도 우리와 똑같이 고통에 압도당하시는 데에 있지 않다. 우리가 소망하는 이유는 하나님이 그리스도 안에서 인간의 고통과 죽음을 친히 지셨으므로 그것들이 지닌 궁극적인 고통이 없어지기 때문이다.

그리스도 안에 있는 하나님의 역설적인 사랑

하나님이 고통당하신다는 개념이 어렴풋한 추상적인 의미로부터 성육신(불감하신 하나님이 그리스도 안에서 고통을 치유하기 위해 고통당하는 육체를 지닌 분이 되시는 것)의 신비로 이동할 때, 우리는 찰스 웨슬리(Charles Wesley)의 찬송가에 나타난 것과 같이 예배에 대한 역설적인 말씀을 향해 이동한다.

구주의 피에 참여함을 내가 얻는다는 것이
과연 있을 수 있을까?
그의 고통을 초래한 나를 위해
그의 죽으심을 구한 나를 위해 그가 죽으셨다니?
놀라운 사랑이로다! 어찌 그럴 수 있으랴.
나의 하나님이신 당신께서 나를 위해 죽으시다니?

놀라운 사랑이로다! 어찌 그럴 수 있으랴.

나의 하나님이신 당신께서 나를 위해 죽으시다니?

불멸하시는 분이 죽으시다니, 참으로 신비로다.

그의 놀라운 계획을 누가 헤아릴 수 있으랴?

신적인 사랑의 깊이를 말로 표현하는 일은

처음 난 스랍도 할 수 없도다.

우리 구주 예수 그리스도의 위격의 통일성 때문에, 우리는 예배하는 자세로 "불멸하시는 분"의 "죽으심"을, 곧 초월하여 계신 하나님이 우리를 위해 죽음을 취하셨음을 논할 수 있다.[20] 그러나 그분이 바로 "불멸하시는" 하나님이심을 유념하라. 웨슬리의 역설은 거룩하시고 초월하신 하나님과 고통당하시고 죽으시는 예수 그리스도의 인성과의 통일성에 근거한다. 고통과 죽음은 하나님의 생명의 내적인 요소가 아니다. 만일 그렇다면 "하나님과 사람 사이에 중보자"이신 예수 그리스도께서 "모든 사람을 위하여 자기를 대속물로 주셨"다는(딤전 2:5-6) 성경적 역설이 망가지고 만다. "말씀은 곧 하나님"이셨는데, "만물이 그로 말미암아 지은 바" 된 그 동일한 말씀이 "육신이 되어 우리 가운데 거하"셨다(요 1:1, 3, 14). 창조주께서 친히 인간의 육체를 취하시고, 자신을 그 육체와 연합시키시며, 하나님의 언약의 율법과 약속들의 완전한 화신으로서 우리 가운데 거하시고, 또한 "죽기까지 복종하셨으니 곧 십자가에 죽으"셨다(빌 2:8). 이렇게 해서 삼위일체 하나님이 "그리스도로 말미암아 우리를 자기와 화목하게" 하셨다(고후 5:18). "하나님이 죄를 알지도 못하신 이를 우리를 대신하여 죄로 삼으신 것은 우리로 하여금 그 안에서 하나님의 의가 되게 하려 하심이라"(고후 5:21).

어둠 속을 비추는 완전한 사랑의 빛

그러므로 그리스도께서 고통당하는 육체와 영혼을 취하심에 있어서 하나님은 여전히 하나님이시라는 사실은 필수적이다. 4세기의 감독 나지안주스의 그레고리우스(Gregorius of Nazianzus)의 말을 빌면, 성자께서는 "그 자신의 본질 그대로 남아 계셨고, 그의 본질이 아닌 것을 그가 취하셨다."[21] 성육신에서 인간성을 취하시는 분이 바로 초월하신 하나님이시기 때문에, "취하지 않는 자는 치유받지 못하지만 하나님과 연합한 자는 구원받는다." 그러므로 우리의 육체적이며 인간적인 고통이 속함받는 것은 하나님이 성육신에서 육체적이며 인간적인 고통을 취하셨기 때문이다. "그는 약해지시고 상처를 받으시지만 모든 질병과 연약함을 고치신다." "그가 정죄 아래 있는 모든 자를 자기 자신과 연합시키셨는데, 이는 그들을 정죄로부터 방면하기 위함이었다."[22]

5세기에 있었던 칼케돈 공의회는 그리스도의 신성과 인성의 진정성을 단호히 주장하면서도 그리스도의 위격이 하나임을 확고히 인정함으로써 그리스도의 역설적인 신비를 증언했다. 그리스도의 두 본성에는 "혼동도 변화도 분할도 분리도 없다. 어떠한 시점에서도 두 본성 사이의 차이가 그 통일성으로 인해 제거되지 않았다." 공의회는 이러한 두 본성의 진정성에 준하여 "독생자의 신성이 감성적(passible)이라고 감히 말하는"[23] 성직자들을 정죄한다. 그러므로 칼케돈의 그리스도론에 있어서 "하나님은 하나님이시며 우리가 사람으로서 당하는 고통을 그대로 반복하지는 않으신다. 그러나 성육신에서 하나님은 여전히 하나님이시면서도 고통스러운 십자가에서 죽으실 만큼 우리의 조건에 참여하신다. 하나님은 여전히 불감하시면서도, 그의 인성의 경험들을 완전히 자기 것으로 취하기를 선택하신다."[24] 칼케돈은 그리스도의 위격과 사역을 둘러싼 갖가지 수수께끼를 합리적으로 해결하려 하지 않고, 교회로

하여금 그리스도께서 고통과 죽음을 취하셨을 뿐 아니라 그것을 정복하셨다는 부활의 소망을 인정하는 동시에, 그리스도의 성육신과 십자가에 대한 지극히 역설적인 신약 성경의 증언을 지향하도록 한다.

하나님은 하나님을 대적하시는가,
아니면 변함없는 사랑의 하나님인가?

그러나 어떤 이들은 칼케돈에서 고백한대로, 그리스도의 역설적인 두 본성을 기조로 한 접근에서 매우 요란스럽게 벗어나려고 한다. 매우 영향력 있는 현대 신학자 가운데 하나인 위르겐 몰트만(Jürgen Moltmann)은 예수님이 십자가에서 시편 22편으로 애통을 발하실 때 그것은 "하나님과 하나님" 사이의 "유기"의 사건이라고 강변한다. "십자가에서의 유기로 인해 성자가 성부에게서 분리되는데, 이 일은 무언가 하나님 내에서 일어난다."[25] 아이러니하게도, 유기를 토로하는 그리스도의 부르짖음이 성부에게서 거부당한다고 함으로써, 몰트만은 시편 22편에 근거한 예수님의 외침이 고통당하는 다른 사람들과 연대하는 길을 제거한다. 십자가에서 있었던 예수님의 온전히 인간적인 부르짖음을 강조함으로써만 유지될 수 있는 중요한 통찰을 버리는 것이다. "예수님은 시편 22편에 근거하여 애통함으로써, 하나님을 위해 부당하게 고통당해 왔고 또 하나님이 버리지 않으실 그 종들의 기나긴 행렬 속에 직접 자신을 집어넣는다."[26] 이와는 대조적으로 몰트만은 이렇게 단언한다. "십자가에서 일어난 일은 하나님과 하나님 사이의 사건이었다. 그것은 하나님 자신 속에서 일어난 깊은 분열이었다."[27]

몰트만은 이를 일관성 있게 하려고, 이것이 하나님이 하나님이 되시기 위해서 세상을 필요로 한다는 것을 의미한다고 본다(신학자들은 이

245   어둠 속을 비추는 완전한 사랑의 빛

것을 만유내재신론[萬有內在神論]이라고 부른다). 궁극적으로 몰트만에게 있어서 하나님은 사랑이시며 또한 사랑에는 언제나 고통이 개입되므로, 하나님이 하나님이 되시기 위해서는 하나님에게 고통이 필요하다.[28] 몰트만에게 있어서 불감하신 하나님은 그의 자유롭고 신적인 풍부한 사랑으로 고통을 치유하시고자 그리스도의 고통당하는 육체와 영혼을 취하시는 것이 아니다. 오히려 성육신의 성경적 역설을 평범하게 만드는 방식으로, 하나님은 하나님이 되시기 위해서 세상이 있어야 하며, 또한 하나님이 사랑의 하나님이 되시기 위해서 사람이 고통당할 때마다 언제든지 고통을 당하셔야만 한다. 사실 "이 하나님의 역사 속에서 하나님의 고통이 아닌 고통은 없다."[29]

고통을 신적 본성에 내재하는 것으로 제시하고, 그리하여 신적 생명 속에 영구한 균열을 전제함으로써, 우리는 피조물과 자유로이 언약을 맺으시는 순전한 사랑의 하나님이 아니라, 신적인 자기 구현의 일환으로 우리를 '사랑하시는' 하나님을 대면하게 된다. 동방 정교회 신학자인 데이비드 벤틀리 하트는 이렇게 주장한다. "그러면 선이 선하기 위해서 악을 필요로 하며, 사랑 역시 고통의 격려를 받아야 한다. 요컨대, 하나님으로서의 본성 속에서 고통당하실 수 있는 하나님은 사랑이신 하나님이나(결국 그가 사랑하시는 분임을 입증하시게 되겠지만), 그저 선하시기만 한 하나님이나, 혹은 존재와 생명의 근원이신 하나님이 될 수 없다."[30] 몰트만 같은 신학자들은 "하나님은 사랑이심이라"(요일 4:8)라는 사상은 주목하면서도, 동일하신 하나님이 또한 "빛이시라. 그에게는 어둠이 조금도 없으시다"(요일 1:5)라는 동일한 책의 가르침을 전혀 기억하지 못하는 듯하다. 사실 가브릴루크가 지적하는 것처럼, 이 견해는 "고통의 파괴적인 본질을 하찮은 것으로 치부하고, 또한 그것을 무언가 본질적으로 값지고 구속의 의미를 지니는 것으로 그릇되게 낭만적으로 묘사한다."[31] 특히 나 자신이 고통을 당하는 처지에서는 그렇게 낭만적으로 그리는 일은 참기가 어렵다.

만일 치유가 친히 생명을 지니신 삼위일체 하나님이 절망에서 나를 구하시는 것이라면, 나에게는 고통에 동참해 주시는 일만 필요한 것이 아니라, 그리스도로 인해 고통과 죽음의 최종적인 독이 사라질 만큼 하나님의 언약적인 사랑이 끈질기고 강력하다는 사실을 아는 것이 필요하다. 그리스도 자신이 바로 그 완전한 약이 되신다. 그는 성자로서 "하나님의 영광의 광채시요 그 본체의 형상"(히 1:3)이시며, 동시에 역설적으로 고난을 통해 우리의 구원을 완전하게 하시는 창시자이시며, 우리를 성부의 자녀로서 하나님의 권속으로 이끌어 가시는 우리의 형제이시기 때문이다. "만물이 그를 위하고 또한 그로 말미암은 이가 많은 아들들을 이끌어 영광에 들어가게 하시는 일에 그들의 구원의 창시자를 고난을 통하여 온전하게 하심이 합당하도다. 거룩하게 하시는 이와 거룩하게 함을 입은 자들이 다 한 근원에서 난지라. 그러므로 형제라 부르시기를 부끄러워하지 아니하시고"(히 2:10-11). 이 하나님은 고난과 죽음이 있어야만 하나님이 되시는 그런 분이 아니다. 오히려 그분은 그의 언약의 약속들과 일치하는 사랑 안에서 창시자요 우리의 형제요 또한 인성의 모든 것으로 "우리의 연약함을 동정하"실 수 있는(히 4:15) 큰 대제사장 안에서 성육신하셨다. 하나님이 하나님을 대항하는 것이 아니다. 이것이야말로 변함없고 신실하신 사랑이다.

지식을 뛰어넘는 사랑을 아는 것

이식 수술을 받은 지 몇 개월 후, 홀로 격리된 상태에 있는 기간이

어둠 속을 비추는 완전한 사랑의 빛

끝나 갈 무렵에도 나는 여전히 지친 느낌이 들었다. 나는 감정적으로 불안정함을 느꼈다. 더 이상 무언가를 잃어버리고 싶지 않았다. 위험을 감수하고 싶지도 않았다. 때때로 나는 그저 소외되고 오해를 받는다는 느낌이 들었다. "요즘 아주 괜찮다고 들었습니다만!" "날마다 더 기분이 좋아지나요?" "언제쯤 예전으로 돌아가게 될까요?" 이처럼 선의로 물어 오는 질문들이 나를 다시 어둠 속에 몰아넣는 듯했다. 그것들이 내가 지나온 걸음을 나타내기보다는 오히려 더 흐리게 만드는 듯했다. 어떤 면에서 나는 아주 잘 견디고 있었고, 병 증세가 호전된 것을 매우 감사히 여기고 있었다. 하지만 다른 면에서 나는 괜찮지 않았다. 날마다 느낌이 더 좋아지는 것도 아니었다. 때로는 더 나빠지는 것을 느끼기도 했다. 그러니 다시 '옛 삶'으로는 절대로 돌아가지 못할 것이다.

공공장소에 다시 가도 좋다는 의사의 말을 듣고 내가 처음으로 간 곳은 우리 교회였다. 다른 사람들에게 합류하여 함께 말씀과 성례를 통해 생명을 주시는 그리스도를 받아먹을 수 있는 곳으로 돌아가는 것이 필요했다. 더욱이 그들의 사랑의 보살핌이 확실하게 와 닿기도 했다. 심지어 그들이 항상 '옳은 것'만 말하지는 않더라도 말이다. 때때로 머뭇거리고 마치 나 혼자서도 괜찮은 듯 행동하기도 했지만, 그들은 우리가 "짐을 서로" 질 때 "그리스도의 법을 성취"한다는 사실을 일깨워 주었다(갈 6:2).

이 시기에, 기도와 나눔과 또한 함께 읽은 것들에 기초하여 신학적인 묵상을 나누는 모임을 위해 교회의 한 소그룹이 나와 만났다. 그 기도 모임 중에 무언가 이상한 일이 일어나는 것을 보기 시작했다. 내가 나의 기도들에 더욱 소망을 가지는 동시에, 하나님이 나 자신의 계획을 따라오시며 구체적인 요구 사항 모두를 내가 구하는 방식대로 응답하시는 일에 대해 관심이 덜해져 갔다. 왜 그랬을까? 하나님이 불의한 재판장이 아닌 말할 수 없이 자비로운 분이시기 때문에(눅 18:1-8), 내가 계속해서 기도하고 소망할 수 있다는 사실을 깨달았기 때문이다. 자기 방어적인, 곧 더 이상 상실을 감수할 수 없다는 느낌이 들었을 때도, 내 기도가 포괄할 수 있는 것보다 더 큰, 그리스도 안에 있는 하나님의 사랑 가운데서 안식할 수 있다는 점을 깨달았던 것이다. 역설적으로 바울은 에베소 교회의 성도들이 "지식에 넘치는" 그리스도의 사랑의 "너비와 길이와 높이와 깊이"를 깨닫는 능력을 가질 수 있도록 기도한다(엡 3:18-19). 다시 말해, 하나님의 사랑은 감사하게도 우리의 사랑처럼 허약하지 않다는 것이다. 그 사랑은 우리의 모든 계산을 뛰어넘는다. 그 "너비와 길이와 높이와 깊이"를 진정으로 가늠할 수 없다는 사실을 깨달을 때 그것을 정확히 알게 된다. 이것이 바로 시편 기자들이 그들의 근심과 기쁨과 분노와 비참함 가운데서 신뢰한 언약적인 사랑이다. 사실 우리로 하여금 들쭉날쭉한 유약함과 고뇌 속에서도 그에게 나아가도록 허용하는 것이 바로 한결같은 하나님의 언약적 사랑이다. 이것이 바로 "우리가 구하거나 생각하는 모든 것에 더 넘치도록 능히" 하시는 (엡 3:20) 하나님의 열정적인 사랑이다. 나의 계산법으로는 도저히 가능할 수 없는, 그리스도 안에서 나타나는 하나님의 사랑의 깊이를 깨닫게 되면서, 나의 기도 가운데 조건들이 사라져 갔고, 하나님의 너그러우심과 사랑 안에서 소망하게 되었다. 심지어 (흔히 진부한) 내 기도들의 요구 사항을 따라 주지 않으시는 것 같을 때에도 말이다. 욥이 회복된 후에 그러했듯이, 나는 매우 천천히, 계속해서 잃어버릴 것을 감수하면서 다른 이들을 사랑하는 쪽으로 다시 움직이기 시작했다. 그리스도 안에서 나타나는 하나님의 사랑에 대한 깨달음이 그저 빙산의 일각일 뿐임을

어둠 속을 비추는 완전한 사랑의 빛

알게 되자, 다시 말해 하나님은 절대로 불의한 재판장이 아니시고, 핸들을 잡고 주무시는 법도 없다는 사실을 알게 되자, 나의 계산법이 다 헛되다는 사실이 여실히 드러난 것이다. 그리스도 안에서 우리의 고통을 짊어지셔서 그것을 치유하시는 하나님은 내가 그렇지 못할 때에도 여전히 그의 사랑 안에서 견고하시다. 그분이 바로 "선하시며 그 인자하심이 영원"하신 주님이다(시 136:1). 이것을 약속하시는 언약의 주님은 신실하시고 변함없으시며 흔들림이 없으시다. 히브리서가 아브라함에게 주신 하나님의 언약의 약속에 대한 말씀 이후에 진술하는 것처럼, 하나님의 사랑의 약속은 완전한 신뢰성을 지닌다. 끊임없이 이리저리 흔들리며 자기가 한 약속을 조작하고 방어막을 치는 사람들과는 달리, 하나님은 "거짓말을 하실 수 없"다(히 6:18).

10

⋮

"나는 나의 것이 아니요"

우리의 이야기가 그리스도의 이야기 속으로 병합됨

"사나 죽으나 나의 몸도 영혼도 나의 것이 아니요 나의 신실하신 구주 예수 그리스도의 것입니다."[1] 하나님과 그의 권능의 행위 및 지속적인 역사하심의 이야기는 나의 암 투병 이야기보다 더 크다. 1장에서 주지한 바와 같이, 하나님의 이야기는 나의 암 투병 이야기를 무의미하게 하지 않고 오히려 그 이야기를 감싸며 규정한다. 이것은 그리스도께 속한 자로서의 나의 이야기가 그리스도의 죽으심과 부활 속으로 접혀 들어가기를 요구한다.

다른 길을 선호하고 싶은 날도 있다. 이 책이 취하는 길보다 덜 역설적인 길을 취하면 이점도 있을 것이다. "하나님은 당신이 치유받기를 바라신다!" "하나님이 당신과 함께 고통당하고 계신다. 그는 도저히 이 비극을 막으실 수 없었다!" "이것은 그저 당신의 삶을 위한 하나님의 완전한 계획의 한 부분일 뿐이다!" 이처럼 확신 있게 전해지는 절반의 진리들은 절대로 절반의 진리 너머에 이를 수 없다. 정통 기독교에 본질적으로 내재하는 성경적 역설들을 대면하기를 바라지 않기 때문이다. 그런 절반의 진리들에는 언제나 유혹이 있었다. 그것들이 "사나 죽으나 나의 몸도 영혼도" 온전히 "예수 그리스도의 것"이 되는 것보다 덜 어려운 길을 제시하기 때문이다. 초월하시고 성육신하신 하나님 예수 그리스도는 그로 말미암아 만물이 지어진 분이시지만, 그럼에도 그는 시편 기자와 더불어 죄와 고통과 죽음이 가득한—전혀 정상이 아닌—세상 가운데서 애통하신다. 때로는 그리스도께서 치유하시지만(믿음과 불신앙에 반응하셔서), 다른 때는 우리에게 그렇게도 절실하게 보이는 육체적 질병들을 치유해 주지 않으신다. 하나님은 그의 언약적인 사랑이 절대적으로 변함이 없는 주권적인 왕이시다. 그러나 우리는 여전히 시편 기자와 더불어 애통하는 처지에 있다. 특정한 비극을 자유로이 허락하시는 하나님의 이유들을 우리가 알 길이 없기 때문이다. 그러나 심지어 우리가 어둠 속에 버려졌다는 느낌이 들 때도, 고통과 죽음이 무자비하게 느껴질 때도, 우리는 성령으로 말미암아 탄식하고 애통하며 또한 즐거워한다. 하나님의 약속이 신뢰할 만하고, 동일한 성령이 우리를 그리스도와 연합하게 하셨기 때문이다. 우리는 그리스도로 말미암아 입양된 자녀로서 아버지를 부를 수 있다. 우리는 즐거워하며 또한 애통한다. 이 모든 일에서 우리 자신의 이야기는 순전히 그 자체로 보존되지 않는다. 우리의 처지가 바뀌었고("나는 나의 것이 아니요"), 그래서 훨씬 더 큰 이야기—그리스도 안에 있는 하나님의 이야기—속으로 병합되는 것이다.

이식 수술을 받기 몇 개월 전에 나는 암 수치가 항암 치료 후에 이식을 받을 수 있을 만큼 낮아졌는지에 대한 검사 결과를 예상하면서 다음과 같은 글을 올렸다.

⋮

변환과 시편 27편

여호와는 나의 빛이요 나의 구원이시니

내가 누구를 두려워하리요.

여호와는 내 생명의 능력이시니

내가 누구를 무서워하리요.

내가 여호와께 바라는 한 가지 일 그것을 구하리니

곧 내가 내 평생에 여호와의 집에 살면서

여호와의 아름다움을 바라보며

그의 성전에서 사모하는 그것이라(시 27:1, 4).

담당 의사와의 면담이 예정된 월요일 오전에 이 본문을 다시 묵상
했다. 그것은 그저 확신의 말씀이 아니라 변환(變換)의 말씀이다. 왜 내
가 두려워하지 않는다는 말인가? 검사 결과가 양성으로 나와야 마땅하
다고 기대하고, 소망하며, 생각할 수 있다. 최고의 의료 기술이 내 편이
니 나의 미래가 안개 속에 있지는 않을 거라고 합리화할 수도 있다. 그
럴 만한 조건을 계속 열거할 수 있다.……하지만 이 구절들을 다시 묵상
하면서, "여호와"라는 단어로 인해 나의 소망과 기대와 온갖 불신앙적
인 면들이 내몰리고 쫓겨나는 것을 지각할 수 있었다. 좋은 검사 결과에
대한 소망이 아니라 여호와께서 나의 빛이요 나의 구원이시다. 의료 기
술에 대한 신뢰가 아니라 여호와께서 내 생명의 능력이시다. 시편 기자

"나는 나의 것이 아니요"

가 나를 이 방향으로 데려가고 있다는 것에 대해 일말의 의심도 없게 하기 위해 4절에서 "내가 여호와께 바라는 한 가지 일 그것을 구하리니"라고 말씀하는데, 이는 다름 아닌 여호와의 집과 성전에 거하는 것이요, 그의 임재 속에 거하는 것이다.

인간적으로 말해서 이런 변환의 과정은 나 스스로는 완결하기가 불가능하다. 나는 할 수 없다. 그러나 기도 가운데 나는 내가 혼자 기도하는 것이 아니라는 사실을 확신한다. 성령님이 내 속에서 나를 통해 간구하시고(롬 8:15-16), 나 자신을 신뢰하던 것을 바꾸어 나를 소유하시는 여호와를 신뢰하는 쪽으로 나를 변환시키신다. 게다가 나는 그리스도의 제자로서, 살아 계시고 통치하시는 그리스도께 속한 자로서 이러한 변환의 기도를 드린다. 제자들에게 시편 27:1의 변환의 기도는 "나라가 임하시오며 뜻이 하늘에서 이루어진 것같이 땅에서도 이루어지이다"(마 6:10)와 하나로 합쳐진다. 그리고 이것은 바로 우리를 위해 궁극적인 변환을 겪으신 그리스도 안에서 정점을 이룬다. "아버지여, 만일 아버지의 뜻이거든 이 잔을 내게서 옮기시옵소서. 그러나 내 원대로 마시옵고 아버지의 원대로 되기를 원하나이다"(눅 22:42). 성령으로 말미암아, 나 자신과 죄와 불신앙으로부터 여호와로 만족하는 그 신뢰의 광활한 곳으로 이동하는 기쁜 변환을 조금이라도 맛볼 수 있기를 바란다. 그리스도 안에서 알려지시는 이스라엘의 하나님 여호와, 그분이야말로 우리의 눈물을 변환시키기에 족하시다. 궁극적으로, 여호와께서 나의 눈물을 그치게 하기에 충분하시며, 나 스스로를 잠잠하게 하는 여러 가지 '목록'으로부터 도움받을 필요가 전혀 없으시다.

⋮

시편 기자와 함께 천천히 나아감

하나님은 그의 약속들을 신뢰하는 방향으로 움직이는 기도를 사용하셔서 우리를 변화시키신다. 하나님은 성령으로 말미암아 말씀과 성례에서 예수 그리스도를 친히 나타내시는 것과 함께, 기도를 사용하셔서 우리를 그리스도의 이야기 속으로 병합하신다. 나는 이 책에서 이것과 관련한 특정한 측면, 특히 시편으로 기도하는 것과 관련한 측면을 살펴보았다. 전능자의 앞에 나아가기 전에 반드시 분노나 혼란 혹은 비참함을 짓누를 필요가 없다. 우리는 열린 마음으로 이 모든 것을 언약의 주님 앞에 내어놓고, 우리의 부르짖음을 들으시기를 탄원하며, 또한 그의 사랑 어린 신실하심과 언약의 약속들을 신뢰하는 쪽으로 나아간다. 더 나아가, 그리스도와 더불어 그리스도 안에서 시편으로 기도하는 것이므로, 우리의 모든 기도는 주님이 가르치신 기도와 한목소리가 된다. "주의 나라가 임하시오며, 주의 뜻이 이루어지이다." 우리는 하나님이 "그의 말씀과 성령으로 우리를 통치하셔서 우리가 더욱더 주님께 복종하게 되기를" 구한다.[2] 우리는 이렇게 기도하는 가운데 "나는 나의 것이 아니요"라고 고백하며,[3] 자율성을 추구하던 옛 사람으로부터 변화되어 십자가에 달리신 주님, 곧 성령님이 우리와 하나가 되게 하시는 그분의 생명에서 우리의 참된 생명을 찾는다.

그러나 우리의 옛 사람을 벗어 버리고 그리스도께로 병합되는 이 과정은 기나긴 여정을 필요로 한다. 그 과정이 긴 이유는 우리 죄의 완강한 저항 때문이요, 하나님의 길에서 멀어지는 쪽으로 움직이며 하나님 및 이웃과의 하나 된 교제보다는 우리의 자율성을 추구하는 이 생에 대한 우리의 애착 때문이다. 그러나 이식 수술 후의 회복기 동안에 내가 새로이 발견한 것처럼, 그 여정이 기나긴 이유는 그 나라가 충만한 모습

"나는 나의 것이 아니요"

으로 임하기까지 언약의 주님 앞에서 우리의 삶에 즐거움과 애통이 함께 있을 것이기 때문이기도 하다.

⋮

드디어 암이 호전되는 상태다! 하나님께 감사드린다. "무덤"에서 외치는 하나님을 향한 탄원을 추억하는 감사의 시가 생각난다.

> 여호와여, 내가 주께 부르짖고 여호와께 간구하기를
> 내가 무덤에 내려갈 때에 나의 피가 무슨 유익이 있으리요.
> 진토가 어떻게 주를 찬송하며 주의 진리를 선포하리이까.
> 여호와여, 들으시고 내게 은혜를 베푸소서.
> 여호와여, 나를 돕는 자가 되소서 했나이다(시 30:8-10).

이어지는 구절들은 논조가 급격하게 달라져서 여호와께서 베푸신 구원에 감사를 드린다.

> 주께서 나의 슬픔이 변하여 내게 춤이 되게 하시며
> 나의 베옷을 벗기고 기쁨으로 띠 띠우셨나이다.
> 이는 잠잠하지 아니하고 내 영광으로 주를 찬송하게 하심이니
> 여호와, 나의 하나님이여,
> 내가 주께 영원히 감사하리이다(시 30:11-12).

"무덤"에서 "감사"로 이동하는 이 변화의 일면이 바로 지금 나의 기도다. 대체로 나는 의사들의 기준으로 '아주 잘' 행하고 있고, 암이 호

전되는 상태에 있다. 순전하고도 진지하게 하나님께 감사드린다.

그러나 정직하게 말하자면, 그것이 지금 나의 육체적인 상황이나 감정적인 상태의 전부가 아님을 인정할 수밖에 없다. 하나님께 감사하고 찬송하지만, 여전히 나는 애통 가운데 있다. 유진 피터슨(Eugene Peterson)은 다음과 같이 지적한다. "[한편으로] 많은 시편들은 불평들이다. 어찌할 수 없이 상처를 받는 남자와 여자들이 외치는 도움의 요청이다."[4] 그러나 (시편 30편과 같은) 많은 개별적인 시들과 전체적인 시편은 기뻐 뛰는 찬양으로 끝을 맺는다. 심지어 애통과 불평의 시들도 대개는 하나님의 구원에 대한 신뢰의 말로 끝을 맺는다. 피터슨은 시편의 책이 찬양으로 끝난다는 사실은 다음을 시사한다고 말한다. "우리의 기도가 찬양으로 끝을 맺게 되겠지만 어느 정도 시간이 걸린다. 서두르지 말라. 특정한 기도가 시편 146-150편에 나오는 할렐루야에 도달하기까지 여러 해가 걸릴 수 있고, 심지어 수십 년이 걸릴 수도 있다."[5] 서두르지 말라. 우리의 계속되는 간청과 애통을 짧게 하면, 우리 마음을 하나님으로부터 감추게 되고, 그리하여 감사와 찬송으로 온전히 들어갈 수 없다. "서두르지 말라"는 말은 아주 좋다. 천천히 하라. 하나님은 암이나 다른 여러 시련들보다 크신 분이니 말이다. 그리고 우리 기도의 마지막 장은 반드시 찬양이 될 것이다. 그러나 그때까지, 우리의 삶이 한편으로 치우쳐서 애통의 시들을 뒤에 숨겨 놓고 감사의 시들만으로 기도해서는 안 된다.

로마서 12장에서 바울은 그리스도인들이 감사함으로 그들의 삶을 "산 제사"로 드리는 일에 대해 말하는데, 이는 "즐거워하는 자들과 함께 즐거워하고 우는 자들과 함께 울라"(15절)는 명령을 그대로 실천하는 것을 포함한다. 나는 언제나 이것이 두 종류의 사람, 곧 즐거워하는

"나는 나의 것이 아니오"

사람과 슬퍼하는 사람에게 사역하는 것을 의미한다고 생각했다. 그런데 불치의 암이 호전되었지만 재발할 가능성이 있는 환자로서 지금 발견하는 사실은, 내가 즐거워하는 동시에 슬퍼하고 있다는 점이다.

．．．

그 나라가 충만한 상태로 임할 때까지, 그리스도인의 삶에는 지속적인 애통과 지속적인 즐거움이 있다. 시편은 이 여정을 위해 반드시 필요하다. 애통과 즐거움 속에서 언약의 하나님과 그의 약속들에 시선을 집중시키기 때문이다. 그러므로 나 자신의 기대와는 달리, 모든 좋은 선물들에 대해 하나님께 감사하면서도 여전히 "주의 나라가 임하소서"를 외치는 자들로서, 우리는 즐거워하는 것과 애통하는 것이 별개의 두 그룹에서 나오기를 기대해서는 안 된다.

십자가의 길을 따라 걷기: 고통과 기쁨의 장소를 분별함

그렇다면 그리스도인은 고통을 찾아 나서야 하는 것일까? 나는 설교자들이 대체로 중류층의 교인들 앞에서 이 질문에 대한 답이 "아니다"라고 강변하는 것을 자주 들었다. 특정한 면에서 특정한 정도로는 그 대답이 옳을 것이다. 하나님은 우리를 기쁨을 누리는 피조물로 창조하셨다. 따라서 우리는 하나님과 그가 베푸신 선물 안에서 기뻐하고 그의 신실하신 공급하심을 높이 찬송할 필요가 있다. 존 칼빈은 믿음 그 자체가 "우리의 사랑과 기쁨을" 하나님께 두는 것이라고 말한다.[6] 하나님은 창조주요 많은 선물을 주시는 분이시며, 우리의 숨결과 심장 박동 하나하나를 주시는 분이다. 그러므로 갖가지 비극이 우리를 짓누른다 해도 하나님은 짓눌리지 않으신다. 우리는 하나님의 선물 안에서 기뻐할 수 있고 또한 기뻐해야 하며, 심지어 하나님이 우리가 겪는 시련에서 악한 것들로 선을 이루시는 것에 대해서도 기뻐할 수 있다. 무엇보다도 이것이 우리 자신을 너무 심각하게 대하는 것에서 자유롭게 한다. 피조물들이 하나님의 손안에 있으므로, 마치 기분을 새롭게 해주는 목욕처럼 웃음이 우리를 가득 채우도록 할 필요가 있다. 40세 생일이 되어도 나의 피로감은 여전히 무거울 것이다. 그리고 사람들과 함께하는 시간을 조심스럽게 조정하여 완전히 기진맥진해지지 않도록 해야 할 것이다. 하지만 가족과 친지들과 함께 어울리면서 여전히 즐거운 시간을 가질 것이다. 축하하는 자리에서 나는 네티에게 주는 선물을 개봉했고, 그 아이는 크게 기뻐했다. 펑크스타일의 파란색 가발이었다(내 머리카락이 빠질 것이라는 이야기를 맨 먼저 네티에게 해주었을 때, 네티는 하나님이 내게 파란 머리카락을 주시기를 바란다고 말했었다). "파란 머리카락이야! 파란 머리카락이야!" 하나님이 드디어 네티가 바라던 대로 아빠에게 파란 머리카락을 주셨다(내가 그 가발을 쓴 지 불과 몇 분 만에 네티가 자기도 파란 머리카락을 원한다고 했다). 암 진단을 받은 이후 모처럼 우리 집에 기쁨으로 킥킥거리는 소리와 큰 웃음소리가 가득했다.

우리는 고통 자체를 추구해서는 안 된다. 하지만 "주의 나라가 임하소서"라고 외칠 때, 우리는 성령으로 말미암아 그리스도의 십자가로 이루어진 나라에 우리 자신을 드리게 된다. 이것이 바로 고난에 관한 바울의 고유한 언어 이면에 있는 의미다. "나는 이제 너희를 위하여 받는 괴로움을 기뻐하고"(골 1:24). "내가 그리스도와 그 부활의 권능과 그 고난에 참여함을 알고자 하여 그의 죽으심을 본받아"(빌 3:10). "우리 살아 있는 자가 항상 예수를 위하여 죽음에 넘겨짐은 예수의 생명이 또한 우리 죽을 육체에 나타나게 하려 함이라"(고후 4:11). 바울은 왜 이런 식으로 말했을까? 그리스도와의 연합에서 베풀어지는 새 생명의 선물이 그리스도의 고난에 참여하는 선물을 포함하기 때문이다(이는 십자가에 달리신 주님께 우리를 합당하게 하시는 성령의 역사의 일부다). 마이클 골먼(Michael Gorman)이 로마서 8:17에 대해 지적한 바처럼, 하나님께 입양된 자녀로서 우리의 정체성(그 나라가 충만히 임하기 전의 정체성)의 일부는 그리스도와 "함께 고난당하는 자"이다. "자녀이면 또한 상속자 곧 하나님의 상속자요 그리스도와 함께한 상속자니 우리가 그와 함께 영광을 받기 위하여 고난도 함께 받아야[문자적으로는 "공동으로 고난받아야"(συμπάσχομεν)이다] 할 것이니라."[7] 바울에게 있어서 그리스도와 연합한 삶은 "고난당하는 것이 믿는 삶에 있는 은혜의 일부"라는 사실을 함축한다.[8] 이 사실에 놀라서는 안 된다. 예수님이 이렇게 말씀하셨기 때문이다. "아무든지 나를 따라오려거든 자기를 부인하고 날마다 제 십자가를 지고 나를 따를 것이니라"(눅 9:23).

더 나아가서, 우리 스스로 고통당하기를 구해서는 안 되지만 날마다 자기 십자가를 져야 할 필요가 있다. 또한 고난을 회피하는 일에 숙련된 소비문화의 풍요로운 이상을 섬기는 삶을 살아서도 안 된다. 우리는 세상에 존재하는 고통과 불의와 불신앙의 모습이 정상이 아님을 선포하는 그리스도의 애통에 합류해야 한다. 시편에 나오는 고난의 외침을 재발견하고, 하나님이 그 기도를 사용해 우리를 도우심으로써 우리 가운데서 고통당하는 자들과 친밀하게 되어 함께 "주의 나라가 임하소서"라고 기도하게 해주시기를 구할 필요가 있다. 기독교 예배에서 고통에 관한 시편들이 사라진 현상에 대해 칼 트루먼이 지적한 바와 같이, "고독과 강탈과 유기의 외침들이 예배에서 제외됨으로써, 교회는 교회 안팎에서 고독하고 강탈되며 버려진 자들의 목소리를 효과적으로 잠재

우고 제외시켰다. 그렇게 함으로써, 교회는 암암리에 상업주의에 대한 진부한 열망을 인정해 왔다."[9]

암 진단을 받음으로써 내가 얻은 한 가지 선물은 고통과 시련을 당하는 친구들이 곧바로 자신의 상황을, 특히 생명을 위협하는 질병들에 관한 이야기를 공개하게 되었다는 것이다. 그들은 나를 위해 기도해 왔기에, 그들 역시 자신의 짐을 나와 함께 나누는 일이 극히 자연스러워졌다. 그들은 나의 기도와 비틀거리는 말들이 도움이 된다고 주장했다. 그런데 이상하게도, 나 역시 시편 기자들의 애통의 장소에서 그들을 맞이할 수 있었다. 다른 이들이 그 노래에 동참했을 때 나의 외로움도 약해지게 되었다. 우리는 서로 선물을 나누게 된 것이다.

정말이지 그리스도인들이 고통을 추구해서는 안 되지만, 우리는 고통당하는 자들을 찾아 나서야 한다. 그 일은 우리의 정체성과 소명의 일부요, 십자가를 지는 자로서, 그리고 그리스도의 증인이 되어 세상 속으로 보냄받은 자로서 우리가 행할 본분이다. 우리는 '세상을 변화시키거나' 각 사람의 문제를 해결한다고 기대하지 않는다. 그러나 사랑으로 나아가 그리스도와 그의 나라를 증언하기를 힘쓴다. 오늘날 세상에 있는 고통과 불신앙과 학대는 세상의 본래 모습이 아니다. 그렇게 할 때 우리는 언제나 주는 자와 동시에 받는 자가 된다. 보스턴 지역에 있었던 수용소에서 직원으로 있는 동안 노숙자들과 나눈 많은 대화가 기억난다. 당시 나는 하버드에서 박사 학위를 밟던 학생이었다. 노숙자들은 그 사실에 도무지 신경 쓸 처지가 아니었다. 포스트모더니즘이나 인식론에 관한 최근의 논쟁들에 대해 전혀 관심이 없었다. 그러나 그들과 만나는 중에, 곧 그들의 모든 덕과 악행, 강점과 분명한 도전들을 대하는 중에 나의 교만이 다소나마 치유를 받았고, 일부 헛된 망상에서 자유를 얻었다. 또한 아주 단순한 방식으로 그들과 함께 즐기는 법을 선물로 받기도 했다. 나는 케이크를 구워서 나눠 먹으려고 감히 오븐을 사용하기를 마다하지 않는 친구로 그들에게 알려졌다(오븐에는 온도 조절 장치가 없었다!). 4세기에 니사의 그레고리우스(Gregorius of Nissa)는 이처럼 서로 간에 주고받는 일을 아주 생생하게 묘사한 적이 있다. 그의 교인들은 전염될까 봐 두려워 나병환자들을 섬기기를 꺼려했다. 그러나 그는 그들의 상처를 매만지면서 실제로 우리가 치유를 받을 수 있다고 주장했다. "죄로 인해 우리에게 입혀진 그 상처들을 치유받기 원한다면, 그들의 육체를 망가뜨리는 그 궤양들을 오늘 치료해 주라."[10]

십자가의 신학은 기쁨이 없는 길이 아니다. 그것은 애통의 눈물뿐만 아니라 기쁨과 향연의 눈물이 있는 길이다. 시편 기자들과 함께 애통하는 것이야말로 우리의 상업주의 문화를 상대하는 길이다. 애통은 우리의 시선을 하나님의 약속으로 향하게 하고, 우리 자신과 다른 사람들의 혼란과 고통의 부르짖음을 언약의 주 앞에 내어놓는다. 또한 우리는 시편 기자들과 더불어 하나님이 주시는 풍성한 선물들로 인해 즐거워한다. 우리의 모든 호흡마저 하나님의 선물이다. 그리고 나의 암이 지극히 현실적인 의미에서 '정상이 아니지만', 하나님은 그것을 선물을 베푸시는 기회로 사용하신다. 궁극적으로 나는 시편 기자들과 함께 그것을 서서히 취하면서 여전히 탄식하고 아픔을 토로한다. 나는 깊이 애통한다. 그러나 그리스도의 십자가가 서려 있는 길 속에 동화되는 가운데 시편 146-150편의 찬양을 예고하는 할렐루야도 있다.

새로운 삶에 대한 계산
이식 수술을 받고 난 몇 달 후에, 나는 나 자신이 속해 있는 '새로운 삶'을 들여다보려는 시도로 다음의 글을 올렸다.

:

항암 치료에 기대는 삶, 혹은 삶을 위한 항암 치료

며칠 전에 저강도의 항암 치료를 시작했다. 암이 재발할 때까지 치료를 계속해야 한다. 여러 해 동안 이 상태로 가면 좋겠다. 증세가 호전되는 기간이 길어지기를 바라고 또 그렇게 기도한다. 그러나 이는 동시에 항암 치료를 오랫동안 받기를 바란다는 뜻이기도 하다. 속달 우편을 확인해 보니 입이 떡 벌어진다. (보험 산정 이전의) 1개월 비용이 8,800달러가 넘는다. 하나님이 우리 가족을 위해 건강 보험을 제공해 주셨으니 정말 감사하다. 하지만 보험이 없는 이들을 생각하면 가슴이 아프다.

이 항암 치료를 위해 한 달에 3주 동안 날마다 알약을 복용해야 한다. 그리고 매달 암 센터를 방문해서 뼈 강화제를 받아야 하고, 또 암이 여전히 호전 상태에 있는지를 확인하는 검사를 받아야 한다.

이 항암 치료에 대해 말하자면, 대개는 상대적으로 후유증이 적다고 한다. 가장 큰 문제점은 제2의 암을 유발할 위험도를 증가시킨다고 알려져 있다는 점이다. 그러나 나의 골수종은 재발이 예상되기 때문에, 골수종으로 사망할 위험이 다른 암들이 생길 확률보다 크다. 최근에 한 의사가 내게 해준 말이 생각난다. 곧, 호전 상태에 있다고 해서 암 진단을 받기 이전의 '옛 삶'으로 돌아갈 수는 없다는 것이다. '옛 삶'으로는 돌아갈 수 없다. 오로지 새로운 삶으로 들어갈 가능성만 존재한다.

:

CarePages에 올린 또 다른 글에서 나는 항암 치료에 의존하는 '새

"나는 나의 것이 아니요"

삶'이 지닌 이런 면들을 다루었고, 몇 가지 신학적 성찰들을 함께 제시했다.

⋮

최근에 나는 시편 52:8-9에 대한 존 칼빈의 주석을 읽었다.

그러나 나는 하나님의 집에 있는 푸른 감람나무 같음이여.
하나님의 인자하심을 영원히 의지하리로다.
주께서 이를 행하셨으므로 내가 영원히 주께 감사하고
주의 이름이 선하시므로 주의 성도 앞에서
내가 주의 이름을 사모하리이다.

칼빈은 이 본문에 나오는 "영원히"라는 단어에 대해 묵상하는 중에, 시편 기자가 "하나님께 때를 지정해 드리려 하지 않고, 그의 소망이 영원 속으로 뻗어 나가게 한다"라고 했다. 그리하여 시편 기자는 "이생이나 자신의 죽음과 관련한 모든 일에서 전적으로 하나님께 굴복했다."[11] 우리도 그렇게 되어, 인생의 행로를 따라 하나님을 찬송하고, 그에게 탄원하며, 애통하고, 그를 기리며, 매일을 선물로 여기고 감사할 수 있기를 바란다…….

9월에 진단을 받은 이후로 굉장한 여정이었다. 약 한 달 동안 병원과 암 병동에서 지냈다. 수백 번의 주사를 맞았고, 수많은 항암 치료를 받았으며, 굉장한 비용이 들었다(지난 몇 개월 동안 지출된 의료비의 일부에 대한 청구서를 최근에 받았는데, 보험 처리 전에 청구된 금액이 7만 8천 달러였다). 그리고 이제 이 여정의 끝에서 회복과 증세 호전에 관한 좋은 소식을 받았다.

그러나 미래에 어떤 일이 일어날지에 대해서는 아직 확실하지 않다. "하나님께 때를 지정해 드리려 하지 않는다"는 칼빈의 말이 더욱 설득력 있게 들린다. 애통과 간구 속에는 우리의 유한한 삶의 시간표와 관련해서 우리가 드리고자 하는 몇 가지 지침이 있다. 사실 그래야 한다. 그러나 궁극적으로 영원하신 하나님이야말로 미래에 대한 우리의 전망이 어떠하든지 "영원히" 우리의 신뢰를 받아 마땅한 분이시다.

⋮

미래가 어떨지 나는 모른다. 하지만 통계적인 견지에서 보면, 골수종이 없었을 경우보다는 수십 년 일찍 죽게 될 공산이 크다. 그렇다면 나와 나의 가족 그리고 나의 직업은 어떻게 될지 '계산하며' 시간을 보냈다. 조금도 계산하지 않고 어떻게 목표들을 가지고 미래를 계획하고 맞이할 수 있겠는가? 미래는 나의 새로운 삶이다. 그것이 여기 없는 체해도 소용이 없다. 하루에 네 차례 알약을 복용하고, 발의 국부적인 신경통을 날마다 느끼며, 12시간마다 나 혼자 주사를 찌르며 지내고 있으니, 그런 생각들은 지극히 현실적이다.

매 호흡과 매일을 선물로 받아들여야 한다고 믿지만, 시편 90:12 같은 본문을 인용하여 할 수 있는 대로 매초 단위로 떠날 준비를 해야 한다는 식으로 말하는 분들에 대해서는 회의가 들기도 한다. "우리에게 우리 날 계수함을 가르치사 지혜로운 마음을 얻게 하소서." 이 말씀에 앞서서 시편 기자가 다음과 같이 말하고 있으니 말이다.

우리의 연수가 칠십이요 강건하면 팔십이라도

"나는 나의 것이 아니요"

그 연수의 자랑은 수고와 슬픔뿐이요 신속히 가니

우리가 날아가나이다(10절).

시편 기자가 말하는 "지혜"란 초 단위로 스케줄을 조정하고 매 순간을 더욱 단단하게 붙잡는 식으로 엄격하게 시간을 관리할 필요가 있다는 의미 같지는 않다. 오히려 시편 기자는 우리의 인생을 하나님의 영원과 대조함으로써, 우리의 인생이 얼마나 짧은지를 보여준다.

주여, 주는 대대에 우리의 거처가 되셨나이다.

산이 생기기 전, 땅과 세계도 주께서 조성하시기 전

곧 영원부터 영원까지 주는 하나님이시니이다.

주께서 사람을 티끌로 돌아가게 하시고 말씀하시기를

너희 인생들은 돌아가라 하셨사오니

주의 목전에는 천 년이 지나간 어제 같으며

밤의 한순간 같을 뿐임이니이다(1-4절).

의료계는 암 환자들에게 숫자에 숫자를, 통계에 통계를 제시하여, 개인의 삶의 수명과 질을 예상할 수 있게 해준다. 그러니 나 같은 암 환자들은 많은 시간이 주어진 사람들을 부러워하는 순간을 경험한다. 부모님의 결혼 50주년 행사를 위해 떠나기 전날 밤, 나는 아주 심하게 우울해졌다. 레이철과 충분히 많은 시간을 나눌 만큼 내가 오래 살 확률은 얼마나 될까? 내 자녀들이 성인으로 자라는 걸 보게 될 가능성은, 심지어 손주를 보게 될 가능성은 과연 얼마나 될까?

계산을 넘어서기

그러나 시편 기자는 우리가 우리 삶의 수한을 생각할 때 계산을 넘어서도록 우리를 밀어붙인다. 기나긴 인생의 짧은 연수를 하나님의 영원에 비추어 보면, 사람의 연수를 서로 비교하는 일이 하찮게 여겨진다. 칼빈은 이 시편을 묵상하는 중에 이렇게 말한다. "각 사람마다 자기 자신을 다른 사람들과 비교하면서 자기가 더 오래 살 것이라고 우쭐거린다. 요컨대, 사람들은 30년 혹은 그보다 짧은 세월이 마치 영원하기라도 한 것처럼 생각할 만큼 아둔하다."[12] 30년을 더 산다는 것은 나와 같은 암 환자에게는 영원처럼 느껴진다. 암 진단을 받고 나면, 트로피를 비교하듯이 수명을 비교하는 일이 일상이 된다. 하지만 영원과 비교할 때 30년이 과연 무엇이란 말인가? 때로 우리는 하나님이 우리에게 장수의 빚을 지고 계신 것처럼 생각하지만, 죽음을 앞둔 상황에서는 모든 사람의 삶이 "지나간 어제"(4절) 같은 법이다. 이미 과거가 되었고, 이미 추억이 되었다. 암 환자들이 마치 게임에서의 '당첨'과 같은 것—수십 년 동안의 호전 기간—을 얻더라도 인생은 짧다. 그래서 우리 자신의 유한함을 부정하는 생활은 어리석기 짝이 없다. 마르틴 루터가 시편 90:4에 대해 논평했듯이, "40년 혹은 그 이상을 살 거라고 어제 소망했던 사람도 오늘 죽는다. 혹시 그 사람의 소망이 실제로 이루어진다 하더라도, 그는 여전히 더 오래 살기를 바라는 욕망을 버리지 않을 것이다."[13]

나의 기대 수명이 내가 예상한 것보다 훨씬 짧다는 이야기를 의사에게서 들었을 때, 나의 한편에서는 예전에 가졌던 소망과 기대에 매달리고 싶은 마음이—"안 돼! 어떻게 이런 일이 있을 수 있나?"라고 외치고 싶은 마음이—들었다. 나는 계속해서 시편 기자와 함께 애통하고 간구했다. 지금도 아주 간절하게 애통한다. 나의 죽음으로 내 어린 자녀들과 아내가 받을 충격을 생각하면 더욱 애절한 마음이 든다. 하지만 서서히, 예전에 가졌던 기대에 매달리던 것이 느슨해졌다. 애통하는 시편 기자와 함께 여호와와 그의 언약의 약속들을 신뢰하는 쪽으로 이동하게 되면서, 그 신뢰가 나의 인생 드라마의 진정한 주인공(삼위일체 하나님)과 세상에서 계속되는 그의 역사하심을 바라보는 쪽으로 내 시선을 인도했다. 우리 가운데 어떤 이들은 미래에 대해 생각할 때, 마치 우리가 앞으로 일어날 일들의 주인공이기라도 한 것처럼, 마치 우리의 매일 계획표와 연중 목표를 바라봄으로써 그리스도의 나라의 진행 상황을 추적할 수 있기라도 한 것처럼 계획을 짜고 목표를 세우는 경향이 있다. 또 다른 사람들은 고통스럽게 우선순위를 정하지 않고 그냥 시간을 보내는 듯 처신하기도 한다. 진정 사랑으로 우리 자신을 드려야 할 사람과 과제들을 하루 단위로 결정하며 나아가기도 한다. 어느 쪽이든, 시편 기자가 하나님의 영원을 우리에게 주어진 짧은 날들과 대조함으로써 벗어나게 하려는 헛된 망상 속에서 우리는 살려고 한다. 루터가 이 시편에 대한 주석에서 말하듯 "누구든지 영원토록 살 것처럼 계획을 짜지만", 그것은 망상일 뿐이다. 왜냐하면 "그러는 내내 죽음이 사방에서 우리의 발걸음을 뒤쫓으며, 죽음이 시종일관 가장 가까이 있는 우리의 이웃이기"[14] 때문이다.

죽음은 우리가 물리쳐야 할 마지막 원수이지만, 하나님의 역사하심은 짧은 수명 때문에 제한받거나 위축되지 않는다. 영원하신 하나님은 그의 나라를 그의 때에 임하게 하신다. 그리고 그가 그 목적을 위해 우리를 사용하시지만 우리의 스케줄에 맞추어 사용하시는 것은 아니다. 날마다 분초를 아끼며 쥐어짜려 해도, 그보다 더 큰 일—세상에서 이루어지는 하나님의 지속적인 역사하심—에 부합하지 않으면 그것은 헛되다.

여호와께서 집을 세우지 아니하시면
세우는 자의 수고가 헛되며
여호와께서 성을 지키지 아니하시면
파수꾼의 깨어 있음이 헛되도다.
너희가 일찍이 일어나고 늦게 누우며
수고의 떡을 먹음이 헛되도다(시 127:1-2).

억지로 하나님을 우리의 계획표에, 우리 교회와 대학과 신학대학원의 10년, 20년 계획표에 끼워 맞출 수 없다. 다만 우리는 감사하게도 성령으로 말미암아 그리스도께 연합되어 성부의 자녀가 된 자들로서, 계속 이어지는 영원한 하나님의 일에 참여하려고 힘쓸 뿐이다.

심지어 이러한 하나님의 지속적인 일에 참여하는 것조차도 십자가의 형상을 지닌 길 위에 있다. 기쁨과 놀람으로 가득하지만, 하나님이 우리의 연약함을 통해서, 그 연약함 속에서 역사하시는 일이다. 이식 수술이 끝나고 회복하는 기간 동안 극심한 피곤증과 씨름하는 중에, CarePages에 이 점에 대해 묵상한 글을 올렸다.

⋮

"내 은혜가 네게 족하도다"

고린도후서에서 사도 바울은 육체의 가시를 제거해 주시기를 하나님께 거듭 간구한 일에 대해 말한다. 그러나 하나님은 그가 바라던 대로 응답하지 않으셨다. "이것이 내게서 떠나가게 하기 위하여 내가 세 번 주께 간구했더니"(고후 12:8). 바울은 사도로서 부활과 그 부활이 지금 그리스도인에게 주는 함축된 의미에 대해 훌륭하게 말하지만(고전 15장,

"나는 나의 것이 아니요"

롬 6장), 그는 교회가 현 시대에서 취해야 할 표준적인 패턴이 바로 십자가의 길임을 보았다. "나에게 이르시기를 내 은혜가 네게 족하도다. 이는 내 능력이 약한 데서 온전하여짐이라 하신지라. 그러므로 도리어 크게 기뻐함으로 나의 여러 약한 것들에 대하여 자랑하리니 이는 그리스도의 능력이 내게 머물게 하려 함이라"(고후 12:9).

나의 피곤증이 바울이 지닌 육체의 가시와 같다는 말은 할 수도 없고 하지도 않는다. 잘 견디고 나아가면 내 피곤증은 완화될 것이고, 앞으로 점점 힘이 생겨날 것이다. 암 진단을 받은 나의 전반적인 상태와 병행하는 부분이 더 있을 것이다. 호전된 상태가 아무리 길어진다 해도, 의사들은 항상 암이 재발할 것을 예상해야 한다고 말한다. 이 사실은 암의 호전 여부를 점검하기 위해 검사를 받을 때마다 내가 죽을 인생임을 선명하게 일깨워 줄 것이다. 그럼에도 불구하고, 심지어 피곤증이 있어도, 짧은 순간 성령님이 "내 은혜가 네게 족하도다"라고 말씀하시는 것을 느낄 때도 있다.

좋은지 나쁜지 모르겠지만, 나는 스스로 스케줄을 짜고 목표를 성취하기를 좋아하는 매우 생산적인 노력형의 사람이다. 9월에 암 진단을 받은 후부터, 나는 날마다 해야 할 일의 목록을 계속 만들었다(누구를 만나며 무슨 과제를 해야 하는지 등). 하지만 나의 목록 그대로 다 성공적으로 실천하지 못할 가능성이 더 많다. 피곤증에 발목이 잡혀 많은 일을 할 수 없기 때문이다. 하나님 앞에서 나의 가치가 내가 얼마나 성취하는지에 좌우되지 않음을 잘 알고 있지만, 그럼에도 한편에서는 이런저런 일들을 이룸으로써 나 자신을 정당화하고 싶은 욕구가 있다. "내 은혜가 네게 족하도다. 이는 내 능력이 약한 데서 온전하여짐이라"라는 말씀을 듣는 상태가 되는 것이 내게는 쉽지 않기 때문이다. 이제야 그 말씀을 듣기 시작하는 듯하다. 하지만 그 약속이 내 속에 젖어 들려면 평생이 걸리겠다는 예감이 든다.

바짝 긴장할 때와 피곤에 지쳤을 때 맞는 은혜의 순간

이런 와중에서, 피곤에 지쳤을 때는 물론 긴장했을 때도 은혜의 순간이 있었다. 긴장했을 때는 아주 진지한 독서와 일부 학문적인 저술 작업도 가능함을 발견했다. 이런 일들은 에너지를 필요로 했지만, 그 일들에서 에너지를 얻기도 했다. 이것은 정말 큰 선물이다.

피곤에 지쳤을 때는 흔히 별로 할 수 있는 일이 없다고 느낀다. 에너지가 넘치는 어린 두 자녀와 함께 있을 때 특히 피곤에 완전히 압도되는 느낌이 들기도 한다. 그러나 지난 몇 주 동안, 긴장했을 때나 반쯤 긴장했을 때 아이들과 아주 즐거운 시간을 보내곤 했다.

그런데 며칠 전 세 살짜리 네티를 보고 있었는데, 굉장한 피곤이 몰려왔다. 그때 막 그 아이에게 동화책을 읽어 주기를 마친 상황이었다. 그때 피곤이 몰려오면서 도무지 집중할 수 없었고, 초점을 맞출 수도 없었으며, 에너지도 완전히 고갈되어 버렸다. 하지만 네티는 여전히 에너지가 충만한 세 살짜리 어린애였다. 그러니 어떻게 되겠는가?

최근 몇 달 동안 네티는 공감의 의미를 배우는 속도가 매우 빨라졌다. 그래서 때때로 아주 재미있는 일이 생기기도 한다. 아내와 내가 하는 일을 보면서, 마치 그 일을 자기도 이미 해본 마냥 이야기하는 것이다. 레이철이 너대니얼의 기저귀를 교체하고 있을 때, 네티가 와서는 "내가 엄마였을 때 나도 기저귀를 갈아 줬어"라고 말하는 식이다. 며칠 전부터는 생명이 없는 물건에 대해서도 그렇게 하기 시작했다! "내가 팝콘 봉지였을 때, 나는 전자레인지에 들어갔어."

"나는 나의 것이 아니요"

이번에는 아빠가 정말 피곤하다는 점을 설명해 주자, 더 이상 놀아 달라거나 다른 일을 해달라고 조르지 않았다. 담요를 가져다 소파 위에 누워 있는 내 옆에 웅크리고 누워서는 그냥 그대로 있었다. 에너지가 없어서 활발한 아빠가 되어 주지 못해 '낙제'할 지경이 되는 순간에, 다른 결과가 나타난 것이다. "내 은혜가 네게 족하도다. 이는 내 능력이 약한 데서 온전하여짐이라."

:

이야기의 결말: 나는 예수 그리스도의 것이다

이 이야기의 결말은 무엇인가? 나의 암 투병 이야기의 결말만이 아니라, 그리스도께로 병합되는 이야기와 삼위일체 하나님의 지속적인 역사하심의 이야기 말이다. 암 진단을 받은 사실을 나누면서 인용한 다음의 말씀이, 마지막 장까지 나를 이끌어 줄 만큼 강력한 진리를 증언한다. "사나 죽으나 나의 몸도 영혼도 나의 것이 아니요 나의 신실하신 구주 예수 그리스도의 것입니다." 하나님의 새 창조와 그리스도 안에 있는 생명이라는 동일한 현실이 다음 생까지 계속 이어지고, 하나님과의 하나 된 교제가 더욱 왕성해지고 깊어질 것이다. 하이델베르크 요리문답이 진술하듯이, "마음으로 이미 영원한 즐거움을 누리기 시작한 것처럼, 이 생애가 끝난 후에도 눈으로 보지 못했고, 귀로도 듣지 못했고, 사람의 마음으로도 생각하지 못했던 완전한 복락을 누리며 하나님을 영원히 찬양할 것"이다.[15] 지금과 그때 사이에 있는 연속성이란 다름 아닌 우리가 그리스도 안에서 그 생명에 병합된다는 것이다. 바울의 말처럼, "이는 내게 사는 것이 그리스도니 죽는 것도 유익함이라"(빌 1:21). 그러나 "내가 그 둘 사이에 끼었으니 차라리 세상을 떠나서 그리스도와 함

께 있는 것이 훨씬 더 좋은 일이라"(23절). 그러므로 "사는 것이 그리스
도"요, 죽는 것은 그리스도와 함께 있는 것이다. 그리스도 안에서 하나
님과 누리는 교제의 특권이 마지막까지 이끌어 가는 것이다. 그리스도
의 의가 심판 날까지 계속해서 영광스러운 선물일 것이요(칭의), 성령님
이 가능하게 하시는, 삼위일체 하나님의 거룩하신 사랑과 생명을 나누
는 기쁨이 충만함에 이를 것이다(성화). 이 모든 일이 (사나 죽으나 우리가
속해 있는) 예수 그리스도 안에서 알려지시는 삼위일체 하나님 안에서,
또한 삼위일체 하나님으로 말미암아 이루어진다. 존 칼빈이 지적한 대
로, 선하지만 타락한 창조 세계를 구속하시는 하나님의 역사가 삼위 하
나님의 사랑하시는 교제를 통해 영화롭게 된 인간을 첫 사람 아담보다
더 높은 지위로 이끌어 간다. 왜냐하면 "성령의 능력으로 말미암아 그
[그리스도]가 우리에게 그의 생명과 그가 성부에게서 받으신 그 모든 복
락을 우리에게 베푸시기"[16] 때문이다.

그렇지만 죽음이 때때로 미지의 세계로 인도하는 (혹은 아무런 세계
로도 인도하지 않는) 관문인 것처럼 보이는데, 어떻게 우리가 이런 것들
을 알겠는가? 여기에 한 가지 힌트가 있는데, 그것은 우리가 시편 기자
를 등 뒤에 내버려 두지 않는다는 사실이다. 신학자인 앤서니 티슬턴
(Anthony Thiselton)이 졸도하여 죽음 직전까지 이른 경험을 한 후에 쓴
것처럼, 미래에 대한 그리스도인의 고백은 사색이나 "미래에 대한 가설
적인 단언"에 근거하지 않는다.[17] 우리가 인정하는 사실이지만, 그리스
도인들은 가끔 하나님의 미래를 마치 우리가 통제할 수 있고, 분류할 수
있으며, 조작할 수 있는 정보에 불과한 것처럼 접근하는 함정에 빠진다.
그러나 티슬턴이 지혜롭게 인정하듯이, "오로지 [하나님의] 약속에 근거
해서만 현재 너머의 것을 바라볼 수 있다."[18] 앞에서 보았듯이, 애통과

"나는 나의 것이 아니요"

감사와 찬양의 시들은 모두 우리의 마음을 하나님의 약속으로 향하게 한다. 설교와 세례와 주의 성찬도 모두 우리를 하나님의 언약의 약속으로 향하게 한다. 또한 미래에 대해 우리가 고백하는 내용은 신뢰의 양상을 띤다. 곧, 하나님의 언약의 약속들이 하늘뿐만 아니라 땅에서도 최종적인 절정에 도달하리라는 신뢰 말이다. 오직 하나님만이 이를 행하실 수 있다. 그 약속 자체에 고유하게 담겨 있는 것은 그것이 그리스도 안에서 또한 그리스도로 말미암아 이루어진다는 사실이다. 그러므로 우리는 "아멘. 주 예수여, 오시옵소서"(계 22:20)라고 외친다.

이 약속 가운데서 우리는 하나님이 온 창조 세계를 회복하시고 새롭게 하셔서 예수 그리스도의 발아래 절하게 하실 것을 고백한다. 개혁주의 신학자인 헤르만 바빙크(Herman Bavinck)는 다음과 같이 말했다.

> 언젠가는 그리스도께서 눈에 보이도록 재림하실 것이요, 또한 믿는 공동체 전체를, 아니 온 세상을 그의 영광에 참여하게 하실 것이다. 비단 신자들만 그의 모양대로 변화하는 것이 아니고, "피조물도 썩어짐의 종노릇한 데서 해방되어 하나님의 자녀들의 영광의 자유에 이른"다(롬 8:21). 땅과 하늘이 새로워져서 그 속에 정의가 좌정하게 될 것이다. 지금 위에 있고 또 지상의 예루살렘의 모델이 되는 하늘의 예루살렘이 그때에 땅으로 임할 것이다.[19]

그러나 이렇게 말한다고 해서, 바빙크가 억지로 하나님의 손을 빌어 보편적인 구원을 제시하거나 지옥이 텅 비게 될 거라고 주장하는 것은 아니다. 오히려 그는 마지막 심판을 적절한 종말 직전의 맥락에 두고서, 역사가 향하고 있는 최종적인 종말을 고백한다. "하늘에 있는 자들

과 땅에 있는 자들과 땅 아래에 있는 자들로 모든 무릎을 예수의 이름
에 꿇게 하시고 모든 입으로 예수 그리스도를 주라 시인하여 하나님 아
버지께 영광을 돌리게 하셨느니라"(빌 2:10-11). 이것이 마지막 장이다.
"마지막에는 결국 모든 피조물이 자의든 아니면 억지로라도 하나님을
하나님으로 인정할 것이다."[20] 그리고 이 일은 예수 그리스도께서 중심
에 계신 상태에서 일어날 것이다. "세상의 기초와 모범이 아들 안에 있
으며, 그 목표 역시 그의 안에 있다. 세상이 그로 말미암아 창조되었으
며 또한 그를 위하여 창조되었기 때문이다(골 1:16)."[21] 하나님이 그로
말미암아 만물을 창조하신 분이신 예수 그리스도께서 땅을 하나님이
거하시는 처소로 회복하시며,[22] 피조물들이 특별한 종류의 영광을 직접
알도록 이끄신다. "어두운 데에 빛이 비치라 말씀하셨던 그 하나님이
예수 그리스도의 얼굴에 있는 하나님의 영광을 아는 빛을 우리 마음에
비추셨느니라"(고후 4:6).

우리의 생명이 다른 누구도 아닌 바로 예수 그리스도 안에서 발견
된다는 위로와 소망을 우리는 절대로 잊지 않을 것이다. 그분은 "알파
와 오메가요 처음과 마지막이요 시작과 마침"(계 22:13)이시다. 그는 우
리를 죄에서 구원하기 위한 임시방편이 아니다. 심지어 하나님을 얼굴
과 얼굴로 대면하는 일조차도 언제나 또한 궁극적으로 예수 그리스도
의 얼굴을 바라보는 것이 될 것이다. 왜냐하면 성자께서 "하나님의 영
광의 광채시요 그 본체의 형상"(히 1:3)이시기 때문이다. 성령으로 말
미암아 우리는 성부의 자녀로서 하나님의 새 창조를 지금 예수 그리스
도의 얼굴에서 바라본다. 존 오웬(John Owen)이 고린도후서 4:6에 대
해 묵상하는 중에 한 말을 빌면, 마지막의 아름다운 광경에서 "하나님
을 바라보는 그 복되고 또한 복을 주는 시선이 언제나 '예수 그리스도

의 얼굴에' 있게 될 것이다."[23] 우리는 절대로 그리스도를 넘어서서 나아가지 않는다. 그분이야말로 바울이 죽은 후에 함께 있기를 바란 분이다. 그리고 그리스도의 얼굴에 있는 하나님의 영광을 앎으로 나타날 효과는, 지금 부분적으로 변화한 것이 그때 충만하게 변화한다는 것이다. "하늘에서 우리가 그리스도의 영광을 바라보는 일이 바로 그리스도 안에서……하나님의 영광을 바라보는 일이 될 것이다. 그것은 완전하고도 절대적인 변화다. 그것은 우리를 온전히 그리스도의 형상으로 변화시킨다."[24] 영화로움을 입은 인간이 그리스도 안에서 영화로움을 입는다.

이 마지막 장의 내용에 비추어 볼 때, 온갖 비극 가운데서 하나님이 행하시는 역사에 관한 열린 질문들에 대해 우리는 장차 해답을 알게 될까? 그리스도의 나라가 마지막 절정에 이르면 모든 일이 정상이 될 것이다. 그러나 앞의 장들에서 살펴본 바와 같이, 그런 일이 어떻게 일어나는지를 정확히 해명하는 '신정론'을 제시하는 일이 우리의 몫은 아니다. 하늘의 무수한 무리가 그날에 "할렐루야, 구원과 영광과 능력이 우리 하나님께 있도다. 그의 심판은 참되고 의로운지라"(계 19:1, 2)라고 외칠 것이다. 그러나 그 마지막 장에서 하나님이 만물을 정상으로 만드신다고 성경은 증언하지만, 그렇다고 우리가 영광 중에 부활할 때 현재의 질문들에 대한 답을 모두 알게 될 거라고 성경은 약속하지 않는다. 우리의 질문들 가운데 놀랍게 해답을 얻는 것들도 있을 것이다. 그러나 우리에게 그렇게도 중요해 보이는 많은 질문들이 예수 그리스도 안에서—왕적인 보좌에 앉으신 하나님의 어린양이신 그분 안에서(계 5:6-14)—성취되는 하나님의 목적의 깊이와 넓이를 보게 되면서, 그저 무의미한 것들로 사라질 수도 있을 것이다. 더 나아가서, 그 마지막 장에서조차도 우리는 여전히 피조물이요 하나님은 하나님이실 것이다. 오직 하나님만이 하나님이 하나님이심을 아실 것이다. 우리는 여전히 삼위일체 하나님을, 모든 빛과 생명의 찬란한 근원이시며 우리 인식의 범위를 넘어서는 신비 그 자체로서 예배할 것이다. 지금, 무의미해 보이는 여러 가지 재난 속에서 하나님의 약속 가운데 애통하고 간구하며 소망하는 동안, 우리는 시편 기자와 함께 지금은 그저 희미하게 상상만 할 수 있을 뿐이지만 결국에는 하나님이 만물을 올바른 상태로 변하게 하실 거라고 신뢰할 수 있다.

> 바다와 거기 충만한 것과
> 세계와 그중에 거주하는 자는 다 외칠지어다.
> 여호와 앞에서 큰 물은 박수할지어다.
> 산악이 함께 즐겁게 노래할지어다.
> 그가 땅을 심판하러 임하실 것임이로다.
> 그가 의로 세계를 판단하시며
> 공평으로 그의 백성을 심판하시리로다(시 98:7-9).

온 땅과 합하여 찬양의 노래를 부를 그날까지, 우리는 여전히 애통과 감사와 간구와 찬양을 통해 하나님의 약속에 초점을 맞춘다. 충만한 정의와 회복이 아직 임하지 않았고, 세상이 아직 올바른 상태가 되지 못했기 때문이다. 그리고 성령으로 말미암아 우리가 그리스도 안에서 새 창조를 진정으로 맛보는 동안에도, 우리는 여전히 우리의 양자됨이 충만히 임하기를 탄식하며 기다린다. 우리는 시편 기자와 더불어, 또한 십자가에 달리신 우리 주님과 더불어 십자가로 형성된 길을 걸어간다. 그러나 결국에는 시편의 마지막 장들에 이르게 되어 기쁨으로 노래

"나는 나의 것이 아니요"

할 것이다. "호흡이 있는 자마다 여호와를 찬양할지어다. 할렐루야"(시 150:6). 그때가 되면, 우리의 참된 이야기와 우리의 참된 생명이—이는 다름 아닌 살아 계신 그리스도 안에 있는 생명이다—더 이상 감추어져 있지 않고 환히 드러날 것이다. "우리 생명이신 그리스도께서 나타나실 그때에 너희도 그와 함께 영광 중에 나타나리라"(골 3:4). 그리스도는 지금 감추어져 있는 우리의 생명이시다. 그리고 그때에 온 천하에 드러나는 영광 가운데서 그분이 우리의 생명이 되실 것이다. 하나님이 암보다 크시고 또한 우리의 모든 재난보다 크시다는 사실이 모두에게 분명해질 것이다. 그러므로 지금 우리가 어둠 속에 있든지, 아니면 다가올 내세의 영광스러운 빛 가운데 있든지, 우리가 끝까지 승리하기 위해서는 다음과 같은 복된 소식으로 충분할 것이다. "사나 죽으나 나의 몸도 영혼도 나의 것이 아니요 나의 신실하신 구주 예수 그리스도의 것입니다."[25] 아멘.

주

머리말

1. http://www.carepages.com/carepages/ToddBillings.
2. 이미 출간된 나의 책들을 잘 아는 독자들은, 그 책들 이후로 내가 계속 탐구하고 있는
   지속적인 신학적 관심사를 알 수 있을 것이다(성경의 신학적 해석[*The Word of God for
   the People of God*], 그리스도와의 연합[*Union with Christ*], 그리고 칼빈의 신학과 후기 개혁
   주의 전통[*Calvin, Participation, and the Gift* 그리고 *Calvin's Theology and Its Reception*]
   등). 나의 신학적 작업의 전체적인 틀, 곧 개혁주의적인 방식으로 폭넓은 가톨릭 전통
   을 다루는 일을 조감하려는 분들에게는 다음의 글을 추천한다. "Rediscovering the
   Catholic-Reformed Tradition for Today: A Biblical, Christ-Centered Vision
   for Church Renewal," in *Reformed Catholicity: The Promise of Retrieval for
   Theology and Biblical Interpretation*, ed. Michael Allen and Scott R. Swain
   (Grand Rapids: Baker Academic, 2015).

1 … 안개 속을 걷다

1. 하이델베르크 요리문답 제1문답, *OF*.
2. Siddhartha Mukherjee, *The Emperor of All Maladies: A Biography of Cancer* (New York: Scribner, 2010), 443.
3. 같은 책, 444.
4. 같은 책.
5. Jon Levenson, *Resurrection and the Restoration of Israel: The Ultimate Victory of the God of Life* (New Haven: Yale University Press, 2006), 12-13장; 180쪽에서 인용.
6. W. H. Bellinger, *Psalms: A Guide to Studying the Psalter*, 2nd ed. (Grand Rapids: Baker Academic, 2012), 50. 벨링거는 최소한 67편의 시들을 애통의 시로 분류한다.
7. William Holladay, *The Psalms through Three Thousand Years: Prayer Book of a Cloud of Witnesses* (Minneapolis: Fortress, 1993), 161-90을 보라.
8. Athanasius, *On the Incarnation: The Treatise* De Incarnatione Verbi Dei, rev. ed., ed. and trans. Religious of C.S.M.V. (Crestwood, NY: St. Vladimir's Seminary Press, 1983), 103.
9. John Calvin, *Preface to the Psalms*, in CTS.
10. Dietrich Bonhoeffer, *Psalms: The Prayer Book of the Bible* (Minneapolis: Augsburg, 1970), 21. (『본회퍼의 시편 이해』 홍성사)
11. 같은 책, 20-21.

2 … 문제들을 정리하다

1. Tim Chaffey, *God and Cancer: Finding Hope in the Midst of Life's Trials* (Maitland, FL: Xulon, 2009), 183.
2. '열린 문제'로서의 신정론 문제에 대해 더 알기 원한다면, Daniel Castelo, *Theological Theodicy* (Eugene, OR: Cascade, 2012), 88-89를 보라. 카스텔로는 하나님의 권능을 제한하거나 "세상을 치유하고 올바로 돌려놓는 문제와 관련해 하나님이 하실 수 없는 일이 무엇인지를 사색적으로" 논의하고 해결하려는 자세를 거부한다. 오히려 그는 신정론의 문제에 대해 "거룩하고 진실한 끊임없는 침묵"을 유지해야 한다고 지혜롭게 제안한다.

3. Carol M. Bechtel, "Knowing Our Limits: Job's Wisdom on Worship," in *Touching the Altar: The Old Testament for Christian Worship* (Grand Rapids: Eerdmans, 2008), 180-211. 욥기가 "인간의 지혜의 한계"를 지적하는 부분에 대한 좀 더 상세한 내용은 181쪽을 보라.

4. 욥기 42:6의 번역에 관한 변호에 대해서는 다음을 보라. Roland Murphy, *The Tree of Life: An Exploration of Biblical Wisdom Literature*, 3rd ed. (Grand Rapids: Eerdmans, 2002), 43-44; Ellen Davis, *Getting Involved with God: Rediscovering the Old Testament* (Cambridge, MA: Cowley, 2001), 140-41. (『하나님의 진심』 복 있는 사람)

5. Bechtel, "Knowing Our Limits," 193.

6. Davis, *Getting Involved with God*, 122.

7. Tremper Longman III, *Job*, Baker Commentary on the Old Testament Wisdom and Psalms (Grand Rapids: Baker Academic, 2012), 52, 82-83을 보라. (『욥기 주석』 CLC) 롱맨은 이렇게 설명한다. "많은 번역본들이 '고소하는 자'가 사탄(곧, 신약 성경에서 '마귀'로 알려져 있는)이라는 인상을 주지만, 이 존재를 하나님의 어전 회의의 일원으로 이해하는 것이 가장 좋다." "여기서 하늘은 고대의 왕궁을 빗대어 묘사된다. 왕이 신하들과 회합을 가지며 그들에게서 보고를 받는다. 고소하는 자는 땅을 두루 다니며 살피는 자(욥 1:7, 2:2), 곧 하나님을 섬기는 첩자다"(52쪽). 그러므로 궁극적으로 욥기에 나타나는 고소하는 자는 "말하자면, 마귀의 대리인의 입장을 취하는 휘하의 천사들이요, 사탄 자신은 아니다"(82쪽).

8. Gerald Janzen, *At the Scent of Water: The Ground of Hope in the Book of Job* (Grand Rapids: Eerdmans, 2009), 55.

9. Longman, *Job*, 67, 462를 보라.

10. James Reitman, *Unlocking Wisdom: Forming Agents of God in the House of Mourning* (Springfield, MO: 21st Century, 2008), 63.

11. Bechtel, "Knowing Our Limits," 190.

12. Fyodor Dostoevsky, *The Brothers Karamazov*, trans. Richard Pevear and Larissa Volokhonsky (New York: North Point, 1990), 243. (『카라마조프 가의 형제들』 민음사)

13. 같은 책, 245.

14. 같은 책.

15. James Kugel, *In the Valley of the Shadow: On the Foundations of Religious Belief (and Their Connection to a Certain, Fleeting State of Mind)* (New York: Free Press, 2011), 148-52를 보라.

16. Alvin Plantinga, *God, Freedom and Evil* (Grand Rapids: Eerdmans, 1977), 27. (『신·자유·악』 SFC)

17. Dostoevsky, *The Brothers Karamazov*, 589.

18. Albert Camus, *The Rebel: An Essay on Man in Revolt*, trans. Anthony Bower (New York: Vintage, 1997), 58.

19. George R. Beasley-Murray, *John*, Word Biblical Commentary (Nashville: Thomas Nelson, 1987), 97. (『WBC 요한복음』 솔로몬)

20. Mark Galli, *God Wins: Heaven, Hell, and Why the Good News Is Better Than Love Wins* (Carol Stream, IL: Tyndale, 2011), 148. (『하나님이 이긴다』 포이에마)

3 ··· 신뢰 가운데서 애통하다

1. 아우구스티누스 사상의 이러한 면에 대해 훌륭하게 다룬 내용에 대해서는 Brian Brock, "Augustine's Incitement to Lament, from the *Enarrationes in Psalmos*," in *Evoking Lament: A Theological Discussion*, ed. Brian Brock and Eva Harasta (London: T&T Clark, 2009), 183-203을 보라.

2. John Witvliet, *Worship Seeking Understanding: Windows into Christian Practice* (Grand Rapids: Baker Academic, 2003), 210을 보라.

3. Glenn Pemberton, *Hurting with God: Learning to Lament with the Psalms* (Abilene, TX: Abilene Christian University Press, 2012), 35-41을 보라.

4. Carl Trueman, "Tragic Worship," *First Things*, June/July 2013, 20.

5. John Calvin, 시편 62:8 주석, CTS.

6. *Invitation to the Psalms* (Grand Rapids: Baker Academic, 2013), 42-46에 대한 롤프 제이콥슨과 칼 제이콥슨의 분석을 취했다. (『시편으로의 초대』 대서)

7. 이 점에 대해 월터 브루그만은 애통의 시들에 있는 원망의 네 가지 요소를 지적한다. (1) 현재 진행되는 일들이 합당하지 않다. (2) 그 일들이 그 상태로 있을 필요가 없고 바뀔 수 있다. (3) 화자는 참을 수 없어서 그 일들을 이런 식으로 받아들이지 않을 것이다. (4) 하나님이 일의 상태를 바꿀 책임이 있으시다. Walter Brueggemann, "The Costly Loss of Lament," *Journal for the Study of the Old Testament* 36 (1986): 62.

8. Ellen Davis, *Getting Involved with God: Rediscovering the Old Testament* (Cambridge, MA: Cowley, 2001), 21. (『하나님의 진심』 복 있는 사람)

9. John Calvin, 시편 51:8 주석, CTS.

10. Brevard Childs, *Exodus: A Commentary* (London: SCM, 1974), 76.

11. 사도신경. 신약 성경에서 애통이 탄식과 소망의 상호 작용을 포함한다는 것에 대한 상세한 내용은 Markus Ohler, "To Mourn, Weep, Lament, and Groan: On the Heterogeneity of the New Testament Statements on Lament," in *Evoking Lament*, ed. Eva Harasta and Brian Brock (London: T&T Clark, 2009), 150-65를 보라.

12. Pemberton, *Hurting with God*, 170.

13. Jacobson and Jacobson, *Invitation to the Psalms*, 152를 보라. 또한 Rolf A. Jacobson, "'The Faithfulness of the Lord Endures Forever': The Theological Witness of the Psalter," in *Soundings in the Theology of the Psalms: Perspectives and Methods in Contemporary Scholarship*, ed. Rolf A. Jacobson (Minneapolis: Fortress, 2011), 111-38을 보라.

14. Jacobson, "Faithfulness of the Lord," 112-13을 보라.

15. J. J. Scullion, "God: God in the Old Testament," in *The Anchor Bible Dictionary*, ed. D. N. Freedman (New York: Doubleday, 1992), 2:1046을 보라.

16. Jacobson and Jacobson, *Invitation to the Psalms*, 46-50.

17. 같은 책, 56-60.

18. Miroslav Volf, *Exclusion and Embrace: A Theological Exploration of Identity, Otherness, and Reconciliation* (Nashville: Abingdon, 1996), 124. (『배제와 포용』 IVP)

19. Davis, *Getting Involved with God*, 28.

20. 예수 그리스도의 정체성에 담긴 언약적인 면들에 대해 많은 설명이 있지만, N. T. 라이트는 *Climax of the Covenant: Christ and the Law in Pauline Theology* (Minneapolis: Fortress, 1992)에서 유익한 내용을 제시한다.

21. 아우구스티누스의 시편 85:1 주해. Saint Augustine, *Expositions of the Psalms: 73-98*, trans. Maria Boulding (New York: New City Press, 2002), 4:220.

4 ··· 전능자께 애통을 토로하다

1. Glenn Pemberton, *Hurting with God: Learning to Lament with the Psalms* (Abilene, TX: Abilene Christian University Press, 2012), 93.

2. 같은 책, 102.

3. James Kugel, *In the Valley of the Shadow: On the Foundations of Religious Belief (and Their Connection to a Certain, Fleeting State of Mind)* (New York: Free Press, 2011), 132-36을 보라.

4. Pemberton, *Hurting with God*, 149-60을 보라. 나의 논의는 펨버튼의 분석에서 취했다.

5. James Luther Mays, *Psalms* (Louisville: John Knox, 1994), 350-51을 보라.

6. "하나님은 그의 일상적인 섭리에 있어서는 수단을 사용하시나, 그것이 없이도, 그것을 초월해서도, 또한 그것을 거슬러서도 그의 기뻐하시는 대로 자유로이 일하신다." 웨스트민스터 신앙고백서 5장 3항, 1647.

7. John Calvin, *Treatises against the Anabaptists and against the Libertines*, ed. and trans. Benjamin Wirt Farley (Grand Rapids: Baker, 1982), 322. (『칼빈의 자유주의 반박론』 솔로몬)

8. Michael S. Horton, *The Christian Faith: A Systematic Theology for Pilgrims on the Way* (Grand Rapids: Zondervan, 2011), 356, 361. (『개혁주의 조직신학』 부흥과개혁사)

9. 같은 책, 361, 359.

10. 같은 책, 356.

11. Thomas Aquinas, *Summa Theologica* I.83.1, trans. Fathers of the English Dominican Province, vol. 1 (New York: Benzinger Bros., 1948), 418. (『신학대전』 바오로딸)

12. 이렇게 구분함에 있어서 나는 존 칼빈과 의견을 달리한다. 그는 일차적 원인과 이차적 원인을 서로 구분하면서도, 하나님의 능동적인 뜻과 허용적인 뜻은 구분하지 않는다. 그러나 넓은 범위의 개혁주의 신앙고백들(벨직 신앙고백, 도르트 신조, 웨스트민스터 신조를 포함하여)은 이 문제에 대해 칼빈과 의견을 달리한다. 이들은 능동적인 뜻과 허용적인 뜻을 서로 구별하면서도, 하나님이 그가 허용하시는 뜻ー웨스트민스터 신앙고백서가 경계하는 "그저 허용하기만 하신 것"(5장 4항)ー에서는 수동적이시라는 인상을 피하는 방식을 취한다. 그러므로 나는 섭리에 관해 칼빈보다 좀 더 '공교회적인' 입장을 견지하는 개혁주의 신앙고백서들과 뜻을 같이한다.

13. Matthew Levering, *Predestination: Biblical and Theological Paths* (Oxford: Oxford University Press, 2011), 191.

14. The Reformed Bremen Consensus (1595). Jan Rohls, *Reformed Confessions* (Louisville: Westminster John Knox, 1998), 62-63에서 인용함. 종교 개혁 시대 이후의 신앙고백서들이 "작정했다"라는 용어를 이런 의미로 사용하므로, 그것을 단일인과성과 결부하는 방식으로 이해해서는 안 된다. 왕이신 하나님은 수단(제2의 원인)을 통하도록 작정하시며, 따라서 이러한 작정하심 혹은 뜻하심이 능동적일 수도 있고 허용적일 수도 있다.

15. 하이델베르크 요리문답 제1문답, *OF*.

16. 신학적인 일관성을 유지하면서도 이 두 가지 주장을 어떻게 하나로 묶을 수 있을지 탐구하려면, *Reformed Thought on Freedom: The Concept of Free Choice in Early Modern Reformed Theology*, ed. Willem J. van Asselt, J. Martin Bac, and Roelf T. te Velde (Grand Rapids: Baker Academic, 2010), 110-14를 보라.

5 … 항의에 합류하다

1. Karl Barth, *The Christian Life: Church Dogmatics*, IV/4, trans. Geoffrey Bromiley (Grand Rapids: Eerdmans, 1981), 168, 173. (『교회교의학 IV/4』 대한기독교서회)
2. 같은 책, 211.
3. 같은 책, 207, 212.
4. 우리의 타락한 세상이 정상적인 상태가 아니라는 말은 세상이 우연의 지배를 받는다는 뜻이 아니다. 오히려 나는 "세상이 하나님의 손안에 있지만, 세상의 일들이 정상적인 상태가 아니다"라고 말하고 싶다. 우리의 현 세상은 철학자들이 꿈꾸듯 "모든 가능한 세상의 최상의 상태"가 아니다. 하나님은 왕이시며 창조 세계는 선하다. 그러나 그 창조 세계는 또한 부패했고, 하나님 및 하나님의 길들과 일치하는 방향으로 나아가는 성향을 띠기보다는 오히려 자기 자신에게로 관심을 집중시킨다. 죄를 정상적인 상태로부터의 이탈로 다루는 문제에 대해서는 다음을 보라. Cornelius Plantinga, *Not the Way It's Supposed to Be: A Breviary of Sin* (Grand Rapids: Eerdmans, 1995), 14. (『우리의 죄, 하나님의 샬롬』 복 있는 사람)
5. N. T. Wright, *The Case for the Psalms: Why They Are Essential* (New York: HarperOne, 2013), 139-40. (『땅에서 부르는 하늘의 노래, 시편』 IVP)
6. 우리 주변에 있는 악에 대한 실질적인 대응에 초점을 두기보다는 신정론의 문제에 대한 '이론적인' 답변을 주장하는 일이 위험하다는 사실을 인식하는 성경학자와 신학자들의 논고가 증가하고 있는데, 그러한 문헌들에 대한 개관을 위해서는 다음을 보라. Daniel Castelo, *Theological Theodicy* (Eugene, OR: Cascade, 2012), 특히 1-30, 88-102.
7. Friedrich Nietzsche, *The Gay Science*, trans. Walter Kaufmann (New York: Vintage, 1974), 167. (『즐거운 지식』 청하)
8. Friedrich Nietzsche, *Thus Spoke Zarathustra*, in The Portable Nietzsche, trans. Walter Kaufmann (New York: Penguin, 1982), 439. (『짜라투스트라는 이렇게 말했다』 홍신문화사)
9. 같은 책, 434.
10. 같은 책, 434, 377.

11. Ross Gregory Douthat, *Bad Religion: How We Became a Nation of Heretics* (New York: Free Press, 2012), 235.

12. Christian Smith and Patricia Snell Herzog, *Souls in Transition: The Religious and Spiritual Lives of Emerging Adults* (Oxford: Oxford University Press, 2009), 68.

13. Christian Smith, Kari Marie Christoffersen, Hilary Davidson, and Patricia Snell Herzog, *Lost in Transition: The Dark Side of Emerging Adulthood* (New York: Oxford University Press, 2011), 108-9.

14. 같은 책, 11.

15. Christian Smith and Melinda Lundquist Denton, *Soul Searching: The Religious and Spiritual Lives of American Teenagers* (New York: Oxford University Press, 2005), 162-63.

16. 같은 책, 165.

17. 같은 책.

18. The Reformed Bremen Consensus (1595). Jan Rohls, *Reformed Confessions* (Louisville: Westminster John Knox, 1998), 62-63에서 인용함.

19. 신정론의 문제에 대해 이론적인 답변을 시도하는 일이 명확하게 계몽주의 시대와 계몽주의 시대 이후의 과제라는 사실에 대해 좀 더 상세히 알기 원한다면 다음을 보라. Terrence W. Tilley, *The Evils of Theodicy* (Washington, DC: Georgetown University Press, 1991), 113-40, 221-55; Stanley Hauerwas, *God, Medicine, and Suffering* (Grand Rapids: Eerdmans, 1994), 51-53; David B. Burrell, *Deconstructing Theodicy: Why Job Has Nothing to Say to the Puzzle of Suffering* (Grand Rapids: Brazos, 2008), 107-38.

20. John Sanders, *The God Who Risks: A Theology of Divine Providence* (Downers Grove, IL: IVP Academic, 2007), 262.

21. 같은 책.

22. 같은 책, 15-38을 보라. 이런 식의 입장은 그의 신학적 방법론에 영향을 미쳐 하나님과 인간 사이의 유비적인 구별을 극소화하고, 의인법적인 표현들을 문자적인 방식으로 해석하게 한다. 이는 또한 그의 신론에도 영향을 미쳐서, 신적인 신비와 무한성, 신적 지식과 권능이라는 고전적인 개념을 무시하게 만든다.

23. 같은 책, 255, 262. 샌더스가 '특정한 주권 모델'을 반박하며 논의할 때, 그가 그것을 하나의 기능적인 단일원인적 견해—이는 고전적인 개혁 신학을 포함하여 고전적인 기독교 신학이 명확하게 부인하는 견해다—로 잘못 제시하고 있음을 주목해야 한다. 이는 그의 개념적인 분석(211-213쪽)에서도 볼 수 있고, 또한 목회적인 상황에 대한 심각한 오해에서도 볼 수 있다. 예를 들어, 샌더스는 목회자가 입관 예배에서 "그녀[한 작은 소녀]를

본향으로 데려가신다"라고 말하는 예를 언급한다. "물론 '그녀를 본향으로 데려가신다' 라는 말은 하나님이 그녀를 죽이셨다는 것을 완곡해서 표현한 말이다"(10쪽). 그 목회자 가 단일원인적인 견해를 견지했을 수도 있지만, "그녀를 본향으로 데려가신다"라는 문 구가 반드시 (그녀의 죽음이 하나님의 직접적이며 즉각적인 행위였으니) "하나님이 그녀를 죽 이신 것"이라는 의미를 함축할 필요는 없다. 오히려, 그것은 심지어 그녀의 죽음마저도 우연히 일어난 일이 아니고 하나님의 손안에서 일어난 일임을 나타내는 하나의 표현법 이었을 수도 있다. 혹여 하나님이 왜 제2의 행동자로 하여금 그녀를 죽게 만드는 방식 으로 처신하도록 허용하셨는지 우리가 알지 못하더라도 말이다. 이런 식의 예를 들면서, 샌더스는 계속해서 개방적 유신론에 근거한 섭리관과, 모든 사건 하나하나가 하나님에 의해 직접적이고 즉각적으로 일어난 일로 보는 단일원인적인 섭리관 중에서 선택하라 고 그릇되게 제시한다.

24. N. T. Wright, *Evil and the Justice of God* (Downers Grove, IL: InterVarsity, 2006), 59. (『악의 문제와 하나님의 정의』 IVP)

25. 같은 책, 55.

26. 같은 책.

27. Thomas C. Oden, *The Living God* (San Francisco: Harper & Row, 1987), 279-94, 300-302; Matthew Levering, *Predestination: Biblical and Theological Paths* (Oxford: Oxford University Press, 2011), 188-92; David Bentley Hart, *The Doors of the Sea: Where Was God in the Tsunami?* (Grand Rapids: Eerdmans, 2005), 86-87; Michael S. Horton, *The Christian Faith: A Systematic Theology for Pilgrims on the Way* (Grand Rapids: Zondervan, 2011), 358-59. (『개혁주의 조직신 학』 부흥과개혁사) 칼빈과는 달리 하트의 경우는 하나님의 (능동적인) 뜻과 하나님의 허용 을 구분하는 것이 특별히 열쇠가 된다. Hart, *Doors of the Sea*, 82-87, 90-91을 보 라. (위에 있는 나머지 세 명의 신학자도 그 구분법을 활용한다.) 그러나 하트는 벨직 신앙고백 서, 도르트 신경 그리고 웨스트민스터 신조 등의 주요 개혁주의 신앙고백서들이 칼빈과 는 달리 이 구분법에 동의하고 그것을 활용하는 것은 주목하지 않는다. 이 고전적인 구 분법에 대해 하트는 이렇게 쓴다. "그 구분법은 비논리적이지도 취약하지도 않다. 만일 다른 모든 판단을 추정적이고 확률적이며 제2차적인 것으로 취급하여 제쳐 두고 그리 스도 안에서 하나님에 대해 계시된 바의 충만한 성격에 의해 인도받아야 한다면, 그것 은 절대적으로 필수적이다. 어쨌든, 하나님이 친히 죄, 고통, 악, 죽음 등과 어떻게 관계 하시는지를 아는 것이 바로 그리스도에 근거한다면, 그가 우리에게 제시해 주는 것이라 곤 왕적이며, 끈질기고, 이적적인 적대감―고통은 그가 고쳐 주고, 악은 그가 몰아내며, 죽 음은 그가 정복하는―이외에 아무것도 없을 것이다." Hart, *Doors of the Sea*, 86-87.

28. John K. Roth, "Theodicy of Protest," in *Encountering Evil: Live Options in*

Theodicy, ed. Stephen T. Davis (Louisville: Westminster John Knox, 2001), 11.

29. 같은 책.

30. C. S. Lewis, *A Grief Observed* (New York: Seabury, 1961), 37. (『헤아려 본 슬픔』 홍성사)

31. Roth, "Theodicy of Protest," 14.

32. 같은 책, 36.

33. James Kugel, *In the Valley of the Shadow: On the Foundations of Religious Belief (and Their Connection to a Certain, Fleeting State of Mind)* (New York: Free Press, 2011), 1-17을 보라.

34. John Calvin, 시편 25:20 주석, CTS.

6 ··· 하나님의 이야기 및 교회에 나타나는 죽음

1. N. T. Wright, *Evil and the Justice of God* (Downers Grove, IL: InterVarsity, 2006), 19. (『악의 문제와 하나님의 정의』 IVP)

2. John Calvin, *Inst.*, 1.5.1. (『기독교 강요』 부흥과개혁사)

3. 4, 5장에서 나는 신적인 섭리를 논하면서 고전적인 교리적 범주들을 활용했다. 또한 이 범주들에 대한 보충으로, 이 장에서는 저자, 인물, 이야기 등의 극적인 유비를 사용했다. 신적인 주권과 인간의 자유를 입증하는 방법으로서 이 범주들의 유용성에 대해 학문적으로 해명하기 위해서는 Kevin Vanhoozer, *Remythologizing Theology: Divine Action, Passion, and Authorship* (Cambridge: Cambridge University Press, 2010), 297-386을 보라.

4. Graham Swift, *Waterland* (London: Pan, 1992), 63.

5. 창세기 2:9, 3:22에 대한 존 칼빈의 주석을 보라. 이 점에 대해 더 상세하게 알려면 J. Todd Billings, *Union with Christ: Reframing Theology and Ministry for the Church* (Grand Rapids: Baker Academic, 2011), 112-14를 보라. (『그리스도와의 연합』 CLC)

6. 존 브라운의 설교, "Reconciled," Pillar Church, Holland, Michigan, October 7, 2012.

7. Thomas Long, *The Good Funeral: Death, Grief, and the Community of Care* (Louisville: Westminster John Knox, 2013), 46. (『좋은 장례』 CLC)

8. Carl R. Trueman, "Tragic Worship," First Things, June/July 2013, 20.

9. 같은 책, 20에서 인용.

10. John L. Thompson, "An Exhortation to Martyrdom" (Pasadena, CA: Fuller

Theological Seminary, 1997), 3, http://documents.fuller.edu/sot/faculty/thompson_
john/Exhortation.pdf.

11. 같은 책, 3-4.

12. 같은 책, 4.

7 ··· 치유를 위한 기도와 그 나라를 위한 기도

1. 하이델베르크 요리문답 제125문답, *OF*.

2. Gerhard Forde and Martin Luther, *On Being a Theologian of the Cross:
   Reflections on Luther's Heidelberg Disputation, 1518* (Grand Rapids: Eerdmans,
   1997), 9.

3. Miltinnie Yih, "God's Role in My Son's Autism," *DTS Magazine*, July 3, 2013,
   http://www.dts.edu/read/gods-role-in-my-sons-autism/.

4. "심지어 그런 경우에도 소망이 있다면[불의한 재판장에게 간청하는 과부처럼], 우리
   가 모든 선의 하나님을 대하는 경우라면, 그리고 그 간구하는 자가 하나님이 깊이 관여
   하시는 택한 자 가운데 하나라면, 그보다 얼마나 더 낫겠는가. 하나님은 그 백성들이 그
   의 백성으로서 당하는 모든 일을 신원해 주시기를 바라며 꾸준히 그를 바라볼 때, 그들
   을 위해 분명히 역사하실 것이다." John Nolland, *Luke 9:21-18:34*, Word Biblical
   Commentary (Dallas: Word, 1993), 871. (『WBC 누가복음 중』 솔로몬) 이 비유가 "반
   복적인 기도가 하나님을 움직이는 능력이 있다는 내용이 아니라"는 점에 대해 더 상
   세하게 알려면 David Crump, *Knocking on Heaven's Door: A New Testament
   Theology of Petitionary Prayer* (Grand Rapids: Baker Academic, 2006), 77-89를
   보라.

5. 케빈 밴후저의 말을 빌면, 기도란 "사전에 행해진 신적인 교통의 활동에 응답하여 구하
   는 것이다." Vanhoozer, *Remythologizing Theology: Divine Action, Passion, and
   Authorship* (Cambridge: Cambridge University Press, 2010), 379.

6. C. S. Lewis, "Petitionary Prayer: A Problem Without an Answer," in *Christian
   Reflections*, ed. Walter Hooper (Grand Rapids: Eerdmans, 2003), 144. (『기독교적 숙고』
   홍성사)

7. 아우구스티누스의 시편 102:5 주석. *Augustine in His Own Words*, trans. William
   Harmless (Washington, DC: Catholic University of America Press, 2010), 141.

8. Crump, *Knocking on Heaven's Door*, 43.

9. 같은 책.

10. 같은 책, 45.

11. 크럼프가 지적하듯이, 예수님이 "바람을 잔잔하게 하신 일"과 "무리를 먹이신 일"과 "물 위를 걸으신 일" 등에서 "복음서 기자들은 예수님이 제자들의 믿음 없음에도 불구하고 이 이적들을 행하셨음을 분명히 한다." 같은 책, 43-44를 보라.

12. 이 점은 요한복음에서 특히 선명하게 나타난다. 같은 책, 44-45를 보라.

13. 나는 이 글에서 루이스가 진정한 종말론적 긴장보다는 논리적 모순을 더 많이 그리고 있다고 생각한다. 그럼에도 불구하고, 그는 기도와 치유 등의 주제에 대해 큰 통찰을 제시하며, 이 점은 그의 소설에서 특히 잘 드러난다. 이 점에 관한 루이스의 사상에 대해 명쾌하게 논의한 내용을 보려면 Alan Jacobs, *The Narnian: The Life and Imagination of C. S. Lewis* (San Francisco: HarperSanFrancisco, 2005), 4-9를 보라.

14. Donald A. Hagner, *Matthew 14-28*, Word Biblical Commentary (Dallas: Word, 1995), 606. (『WBC 마태복음 하』 솔로몬)

15. N. T. Wright, *The Lord and His Prayer* (Grand Rapids: Eerdmans, 1997), 67. (『주기도와 하나님 나라』 IVP)

16. S. E. Dowd, *Prayer, Power, and the Problem of Suffering: Mark 11:22-25 in the Context of Markan Theology* (Atlanta: Scholars Press, 1988), 158. 마가복음에 나타나는 겟세마네에 대해, 도우는 "산을 옮기실 뜻을 가지고 계신 하나님이라고 해서 항상 그 잔을 옮기실 뜻을 가지시는 것은 아니다"라고 지적한다.

17. Martin Luther, *LW*, 31:53.

18. N. T. Wright, *The Lord and His Prayer*, 75.

19. 같은 책, 30.

8 ··· 골짜기에서

1. 신약에 나타나는 시편 69편의 인용에 대한 개관을 위해서는 James Luther Mays, *Psalms*, Interpretation (Louisville: John Knox Press, 1994), 229-33을 보라.

2. Augustine, *Augustine in His Own Words*, trans. William Harmless (Washington, DC: Catholic University of America Press, 2010), 142에서 인용.

3. 같은 책, 143에서 인용.

4. John Calvin, 시편 118:18 주석, CTS.

5. 바울은 교회를 "그리스도의 몸"으로 표현하는데, 이는 그리스도 및 서로 간의 집단적인 연합을 표현하는 여러 방식 가운데 하나다. 그리스도인들은 머리이신 그리스도 아래 종속되며, 또한 기능적으로는 서로 의존한다. 그리스도인들을 예수님의 손과 발로 지

칭하기 위해 표현을 바꾸기도 하지만, 실제로 이것은 교회의 주로서 "친히 만물의 으뜸이 되려 하"시는(골 1:18) 그리스도께서 "몸의 머리"가 되신다는 바울의 강조와 상반된다. 이와 관련한 신학적인 이슈에 대해 상세히 알려면 J. Todd Billings, *Union with Christ: Reframing Theology and Ministry for the Church* (Grand Rapids: Baker Academic, 2011), 5장을 보라. (『그리스도와의 연합』 CLC)

6. John Calvin, *Inst.*, 3.11.1. (『기독교 강요』 부흥과개혁사)

7. 같은 책, 3.11.2.

8. 같은 책, 3.3.9.

9. 그리스도와의 연합에 관해 바울이 이처럼 시제를 바꾸어 사용하는 것에 대해 훌륭하게 논의한 내용을 보려면 Herman N. Ridderbos, *Paul: An Outline of His Theology* (Grand Rapids: Eerdmans, 1997), 253-58을 보라. (『바울 신학』 솔로몬)

10. Luther, *LW*, 12:264.

11. 같은 책, 12:260.

12. Calvin, 로마서 6:5 주석, CTS.

13. Calvin, *Inst.*, 3.11.

14. Luther, *LW*, 8:7.

15. 칼빈은 시편 103:3 주석에서 칭의와 성화라는 선물을 하나님의 "약"이라고 칭한다.

9 ··· 어둠 속을 비추는 완전한 사랑의 빛

1. Ellen Davis, *Getting Involved with God: Rediscovering the Old Testament* (Cambridge, MA: Cowley, 2001), 112. (『하나님의 진심』 복 있는 사람)

2. 같은 책, 141-42.

3. Kelly Kapic, "Psalm 22: Forsakenness and the God Who Sings," in *Theological Commentary: Evangelical Perspectives*, ed. R. Michael Allen (London: T&T Clark, 2011), 42를 보라.

4. John Calvin, 시편 88:14 주석, CTS.

5. Kapic, "Psalm 22," 53을 보라.

6. 이러한 소망은 특히 누가복음에서 강조된다. 거기서는 시편 22편에 근거한 그리스도의 부르짖음 뒤에 선명한 신뢰의 선언이 이어지는데, 이는 또 다른 애통의 시인 시편 31:5을 인용한 것이다. "내가 나의 영을 주의 손에 부탁하나이다." 그리스도께서는 이 시편을 인용해 하나님을 "아버지"(눅 23:46)라 부름으로써, 그 신뢰의 선언을 한층 더 선명히 표현하신다.

7. 하이델베르크 요리문답 제44문답, *OF*(한글판 사도신경에는 이 부분이 삭제되어 있다—옮긴이).

8. Ambrose, *Exposition of the Christian Faith, in St. Ambrose: Selected Works and Letters*, trans. H. de Romestin (Grand Rapids: Eerdmans, 1998), 230.

9. 이런 정의의 이슈는 매우 중요하다. 케빈 밴후저가 진술하는 대로, 현대 신학자들은 불감성에 접근하면서 "그것을 '감정을 경험할 능력이 없다'는 뜻으로 듣는 경향이 있다." 그러나 고전적인 정의에서는 그런 것이 전혀 암시되지 않는다. Vanhoozer, *Remythologizing Theology: Divine Action, Passion, and Authorship* (Cambridge: Cambridge University Press, 2010), 397. 또한 랍 리스터의 역사적 개관도 도움이 되는데, 이것은 신적 불감성에 관한 주류의 역사적 전통이 하나님이 감정을 지닐 능력이 없음을 단언하지는 않는다고 말한다. Lister, *God Is Impassible and Impassioned: Toward a Theology of Divine Emotion* (Wheaton: Crossway, 2013), 2-4장.

10. Lister, *God Is Impassible and Impassioned*, 36.

11. 때때로 신학자들은 이 용어가 그저 의인법에 불과한지 논쟁한다. 내 생각에는 하나님의 감정에 대한 성경의 언어는 의인법이다. 그러나 그런 이해를 그저 무엇에 불과한 것이라고 폄하해서는 안 된다. 하나님의 감정에 관한 성경의 언어는 하나님이 주신 의인법이다. 곧, 하나님에 대해 말하고 노래하고 알 수 있게 하는 지극히 신실한 방도로서 하나님이 계시 속에서 베푸신 것이다. 나는 헤르만 바빙크와 함께 "성경에는 여기저기 흩어져 있는 몇 가지 의인법이 있는 것이 아니라 시종일관 의인법적이다"라고 주장하고 싶다. Bavinck, *Reformed Dogmatics*, vol. 2, *God and Creation*, trans. John Vriend, ed. John Bolt (Grand Rapids: Baker Academic, 2004), 99. (『개혁교의학 2』 부흥과개혁사) 그러나 그것은 "임의적이거나" "우리 좋은 대로 생각해 낸 것"이 아니고 (99쪽), 우리의 연약함에 자신을 맞추시는 하나님의 사랑 어린 역사하심의 하나로 베풀어진 고귀한 선물이다. 이 점에 대해 상세히 알려면 J. Todd Billings, *Union with Christ: Reframing Theology and Ministry for the Church* (Grand Rapids: Baker Academic, 2011), 3장을 보라. (『그리스도와의 연합』 CLC)

12. 하나님의 질투와 인간의 질투 사이에 있는 명확한 대조를 살펴보려면 Vanhoozer, *Remythologizing Theology*, 414-16을 보라.

13. Thomas McCall, *Forsaken: The Trinity and the Cross, and Why It Matters* (Downers Grove, IL: IVP Academic, 2012), 70.

14. Paul Gavrilyuk, *The Suffering of the Impassible God: The Dialectics of Patristic Thought* (New York: Oxford University Press, 2004), 38-39, 101-71을 보라.

15. Richard Muller, *Post-Reformation Reformed Dogmatics*, vol. 3, *The Rise and Development of Reformed Orthodoxy, ca. 1520 to ca. 1725* (Grand Rapids:

Baker Academic, 2003), 33.

16. "오직 홀로 살아 계시며 참이신 한 분 하나님만이 계시니, 그는 그 존재와 완전함이 무한하시고, 지극히 순결한 영이시며, 눈에 보이지 않으시고, 육체도 지체도 성정도 없으시며, 불변하시고, 광대하시며, 영원하시고, 불가해하시며, 전능하시고, 지극히 지혜로우시며, 지극히 거룩하시고, 지극히 자유로우시며, 지극히 절대적이시고, 자신의 변하지 않는 지극히 의로운 뜻의 작정대로 자신의 영광을 위해 모든 일을 행하신다. 그는 사랑이 지극하시고, 은혜로우시며, 자비하시고, 오래 참으시며, 선하심과 진리가 풍성하시고, 악과 허물과 죄를 용서하시며, 그를 부지런히 찾는 자들에게 상 주시는 분이시나, 동시에 그는 그의 심판에서 지극히 의로우시고 두려우시며, 모든 죄를 미워하시고, 결코 죄를 범한 자를 그냥 면죄하지 않으신다"(웨스트민스터 신앙고백서 2장 1항). 웨스트민스터 신앙고백서는 불감성을 선명하게 인정하지만, 개혁주의 전통에서는 흔히 신적 불감성의 교리적 요소들이 신적 불변성(immutability)의 일부로서 인정되어 왔다. 역사적으로 불감성과 불변성이 개념적인 견지에서 매우 긴밀하게 연관되었다. 그래서 개혁주의 신앙고백들과 개혁주의의 학문적 경향에서는 "불변성"이라는 용어가 더 흔하게 사용된다. Muller, *Post-Reformation Reformed Dogmatics*, 3:308-20을 보라.

17. Gavrilyuk, *The Suffering of the Impassible God*, 62.

18. Thomas Weinandy, *Does God Suffer?* (Notre Dame: University of Notre Dame Press, 2000), 126-27.

19. Elaine Scarry, *The Body in Pain* (Oxford: Oxford University Press, 1987), 특별히 3-26쪽을 보라(인용은 3쪽에 한 것임).

20. 신학자들은 이러한 어법을 "숙어의 소통"이라 부른다. 이 어법이 지닌 신학적인 의의에 관한 내용들이 다르지만, 칼케돈 공의회는 그것을 예수 그리스도의 충만한 통일성을 단언하는 방법으로 인정하며, 로마 가톨릭교회와 정교회 그리고 대다수의 개신교 신학들도 그 용법을 인정한다.

21. St. Gregory of Nazianzus, *On God and Christ: The Five Theological Orations and Two Letters to Cledonius*, trans. Frederick Williams (Crestwood, NY: St. Vladimir's Seminary Press, 2002), 86.

22. 같은 책, 158, 88, 111.

23. Council of Chalcedon, "Definition of Faith," in *Decrees of the Ecumenical Councils*, ed. Norman P. Tanner (London: Sheed and Ward, 1990), 1:85-86.

24. Paul Gavrilyuk, "God's Impassible Suffering in the Flesh: The Promise of Paradoxical Christology," in *Divine Impassibility and the Mystery of Human Suffering*, ed. James F. Keating and Thomas Joseph White (Grand Rapids: Eerdmans, 2009), 148.

25. Jürgen Moltmann, *The Crucified God: The Cross of Christ as the Foundation and Criticism of Christian Theology* (New York: Harper & Row, 1974), 152. (『십자가에 달리신 하나님』 대한기독교서회)

26. William Stacy Johnson, "Jesus' Cry, God's Cry, and Ours," in *Lament: Reclaiming Practices in Pulpit, Pew, and Public Square*, ed. Sally A. Brown and Patrick D. Miller (Louisville: Westminster John Knox, 2005), 84.

27. Moltmann, *The Crucified God*, 244.

28. 이 점에 관해 몰트만이 주요하게 발언한 개관을 보려면 John Cooper, *Panentheism-The Other God of the Philosophers: From Plato to the Present* (Grand Rapids: Baker Academic, 2006), 241-58을 보라. (『철학자들의 신과 성서의 하나님』 새물결플러스)

29. Moltmann, *The Crucified God*, 146.

30. David B. Hart, "No Shadow of Turning: On Divine Impassibility," *Pro Ecclesia* 11, no. 2 (Spring 2002): 191.

31. Gavrilyuk, "God's Impassible Suffering," 145.

10 ··· "나는 나의 것이 아니요"

1. 하이델베르크 요리문답 제1문답, *OF*.

2. 하이델베르크 요리문답 제123문답, *OF*.

3. 하이델베르크 요리문답 제1문답, *OF*.

4. Eugene Peterson, *Answering God: The Psalms as Tools for Prayer* (San Francisco: Harper & Row, 1989), 121. (『응답하는 기도』 IVP)

5. 같은 책, 127.

6. John Calvin, 시편 91:14-15 주석, CTS.

7. Michael Gorman, *Cruciformity: Paul's Narrative Spirituality of the Cross* (Grand Rapids: Eerdmans, 2001), 385. (『삶으로 담아내는 십자가』 새물결플러스)

8. 같은 책, 301.

9. Carl Trueman, "What Can Miserable Christians Sing?," in *The Wages of Spin: Critical Writings on Historic and Contemporary Evangelicalism* (Fearn, UK: Mentor, 2004), 160.

10. Gregory of Nyssa, "On the Saying, 'Whoever Has Done It to One of These Has Done It to Me,'" trans. Susan R. Holman in the appendix of *The Hungry Are Dying: Beggars and Bishops in Roman Cappadocia* (New York: Oxford

University Press, 2001), 205.

11. Calvin, 시편 52:8-9 주석, CTS.

12. Calvin, 시편 90:4 주석, CTS.

13. Luther, *LW*, 13:100.

14. 같은 책.

15. 하이델베르크 요리문답 제58문답, *OF*.

16. Calvin, 요한복음 17:21 주석, CTS.

17. Anthony Thiselton, *Life after Death: A New Approach to the Last Things* (Grand Rapids: Eerdmans, 2012), 16, 26.

18. 같은 책, 20.

19. Herman Bavinck, *Reformed Dogmatics*, vol. 4, *Holy Spirit, Church, and New Creation*, trans. John Vriend, ed. John Bolt (Grand Rapids: Baker Academic, 2008), 719. (『개혁교의학 4』 부흥과개혁사) 본문 중에 열거된 성경 구절들은 내용을 줄이기 위해 생략되었다.

20. 같은 책, 4:713.

21. 같은 책, 4:685.

22. 창세기 1장이 창조된 우주를 하나님의 거처로 그리는 방식에 대해 알려면 John Walton, *The Lost World of Genesis One: Ancient Cosmology and the Origins Debate* (Downers Grove, IL: IVP Academic, 2009)를 보라. (『창세기 1장의 잃어버린 세계』 그리심)

23. John Owen, *Meditations and Discourses on the Glory of Christ* (New York: Robert Carter, 1839), 292-93. (『그리스도의 영광』 지평서원) 그 복스러운 광경에 대한 오웬의 탁월한 설명을 보려면 Suzanne McDonald, "Beholding the Glory of God in the Face of Jesus Christ: John Owen and the 'Reforming' of the Beatific Vision," in *The Ashgate Research Companion to John Owen's Theology*, ed. Mark Jones and Kelly M. Kapic (Burlington, VT: Ashgate, 2012), 141-58을 참조하라.

24. Owen, *Meditations*, 410.

25. 하이델베르크 요리문답 제1문답, *OF*.